Kerstin Teicher

Reiseführer Paraguay

Insider-Tipps, Abenteuer, Ökotourismus,
Indigene Kultur und vieles mehr

3. Auflage 2023

Bibliografische Information der Deutschen Nationalbibliothek:
Die Deutsche Nationalbibliothek verzeichnet diese Publikation in der Deutschen Nationalbibliografie; detaillierte bibliografische Daten sind im Internet über http://dnb.dnb.de abrufbar.

Alle Rechte vorbehalten. 3. vollständig aktualisierte Ausgabe 2023
© 2016, 2019, 2023 Dr. Kerstin Teicher
Kontakt: paraguaywirtschaft@hotmail.com

Das Werk einschließlich aller seiner Teile ist urheberrechtlich geschützt. Jede Verwertung außerhalb der engen Grenzen des Urheberrechtsgesetzes ist ohne Zustimmung des Autors unzulässig und strafbar. Das gilt insbesondere für Vervielfältigungen, Übersetzungen, Mikroverfilmungen und die Einspeicherung und Verarbeitung in elektronischen Systemen.

Alle Angaben in diesem Buch wurden sorgfältig recherchiert und überprüft. Dennoch können aktuelle Entwicklungen vor Ort dazu führen, dass einzelne Informationen unvollständig oder nicht mehr korrekt sind.

Umschlaggestaltung: BookDesigns, www.bookdesigns.de
Lektorat: Christoph Krempe

Fotos Frontcover: Malerei im Casa de Retiro (Kerstin Teicher), Gaucho, Itaipú-Staudamm, Nationalpark Teniente Enciso (SENATUR)
Foto rückseitiges Cover: Ruinen von Trinidad (Quelle: SENATUR)

Herstellung und Verlag: BoD – Books on Demand, Norderstedt

ISBN: 9-783-7412-8234-8

Quelle: www.mapsofworld.com mit eigener Übersetzung

Inhaltsverzeichnis

Teil I – Praktische Informationen

Paraguay im Überblick	11
Reisezeiten und Reiseplanung	17
Einwohner, Sprache, Religion	18
Transport und Verkehr	20
Unterbringung	32
Paraguay mit Kindern	33
Telekommunikation, Elektrizität	34
Preise, Shopping und Souvenirs	36
Gesundheit und Sicherheit	39
Hintergrundinformationen zu Land und Leuten	40
Essen und Trinken	40
Kultur: Museen, Kunsthandwerk, Musik, Religion	45
Flora und Fauna	50

Teil II – Städte und Tourenvorschläge

Top 10 Reiseziele in Paraguay	56
1. Asunción – Rundgang durch die Altstadt	57
2. Asunción Spezial	63
3. Areguá und Cerro Koi	73
4. San Bernardino und der Ypacaraí-See	77
5. Capiatá und Itauguá	78
6. Caacupé	82
7. Tobatí und Atyrá	86
8. Itá, Yaguarón und Paraguarí	90
9. Eusebio Ayala	92
10. Villarrica und Umgebung	93
11. Ciudad del Este	101
12. Itaipú – Wasserkraftwerk und weitere Attraktionen	104
13. Wasserfall Iguazú	110
14. Encarnación und Umgebung	113
15. Jesuitenreduktionen – Jesús und Trinidad	119
16. San Cosme y Damián	121

17.	Concepción	125
18.	Vallemí und San Lázaro	131
19.	Chaco – Besondere Aktivitäten	134
20.	Chaco – Kurztrip: Villa Hayes und Chacoí	139
21.	Chaco – Mennonitenstädte	142

Teil III – Ökotourismus und Action in der Natur

22.	Öko- und Actiontouren in Ostparaguay	153
23.	Öko- und Actiontouren im Chaco	160
24.	Ranchübernachtung und Rodeo	164
25.	Wandern im Ybytyruzú-Gebirge	167

Teil IV – Thematische Ausflüge

26.	Indigene (Maká-Reservat)	172
27.	Klosterübernachtung	175
28.	Unternehmensbesichtigungen	176
29.	Ruta de Caña (Zuckerrohrschnaps-Tour)	178
30.	Vogelbeobachtung	180
31.	Angeln	185
32.	Golf	186

Teil V – Anhang

Verkehrsverbindungen in Paraguay	187
Wichtige Begriffe und Abkürzungen	191
Stichwortverzeichnis	192

Übersichten und Exkurse

Nr. 1	Übersicht – Autobahnen (Rutas) in Paraguay (2023)	23
Nr. 2	Karte Autobahnen in Paraguay	24
Nr. 3	Übersichtskarte/Orientierung Asunción	27
Nr. 4	Exkurs - Verkehrsregeln in Paraguay	28
Nr. 5	Exkurs – Tereré	43
Nr. 6	Exkurs – Ñandutí	47
Nr. 7	Exkurs – Asunción	62

Nr. 8	Chacarita	70
Nr. 9	Exkurs – Paraguayische Mythen	81
Nr. 10	Exkurs – Das Leben der Paraguayer auf dem Land	89
Nr. 11	Karte – Übersichtskarte Itaipú-Gegend	104
Nr. 12	Exkurs – Jesuiten in Paraguay	122
Nr. 13	Exkurs - Der Chaco und seine Ökosysteme	136
Nr. 14	Karte – Lage der größten Städte im Chaco	143
Nr. 15	Touristinformation und Mennonitenmuseen	145
Nr. 16	Exkurs – Die Mennoniten und Paraguay	146
Nr. 17	Exkurs – Die paraguayischen Wetlands	152
Nr. 18	Exkurs – Indigene in Paraguay	173
Nr. 19	Exkurs – Caña, der paraguayische Rum	179
Nr. 20	Karte – Vogelverbreitung in Paraguay (IBAs)	182
Nr. 21	Besondere Vogelarten in Paraguay	183

Vorwort

Paraguay ist schon aufgrund der fehlenden Küste kein typisches Touristenziel. Die Anreise aus Europa ist langwierig und die Sehenswürdigkeiten, die das Land durchaus vorzuweisen hat, sind zahlenmäßig überschaubar. Die Infrastruktur ist vielerorts nicht auf Touristen eingestellt.

In den letzten Jahren hat sich vieles in Paraguay geändert, und das Land hat große Fortschritte gemacht, die touristische Infrastruktur durch neue innovative Angebote speziell für ausländische Touristen auszubauen. Auch die Infrastruktur allgemein hat in den letzten zehn Jahren einen starken Entwicklungssprung gemacht. Die Corona-Krise hat auch in Paraguays Tourismus zu einschneidenden Veränderungen geführt – im positiven wie im negativen Sinne. Einige Anbieter mussten schließen, andere sind neu entstanden. Vor allem aber hat die Digitalisierung einen Riesensprung gemacht. Aus diesem Grund wurde der Reiseführer von Grund auf aktualisiert – nahezu alle Informationen wurden auf die Verhältnisse „post-Corona" angepasst und entsprechen nun dem Stand von 2023.

Die Zahl der Touristen ist ab dem Jahr 2010 rasant gestiegen: Zwischen 2019 und 2021 gab es natürlich einen starken Einbruch, aber seit 2022 erholen sich die Zahlen wieder. 2022 reisten insgesamt 580.000 internationale Touristen (definiert als Reisende, die auch im Land übernachten) und 969.000 Ausflügler (Besucher ohne Übernachtung) nach Paraguay ein. Die Mehrzahl kommt aus den umliegenden lateinamerikanischen Ländern – derzeit über 85 Prozent allein aus Argentinien und Brasilien (meist zum kurzen Shopping oder für Konferenzen). Aus Europa kamen Touristen vor allem aus Deutschland (knapp 10.000) und Spanien (knapp 8.000). Deutsche Touristen stellen damit insgesamt die viertgrößte Gruppe der Touristen in Paraguay dar. Paraguay ist noch immer weit entfernt davon, zu touristisch zu sein.

Es spricht viel dafür, das Land jetzt zu besuchen, wenn man das ursprüngliche Südamerika sehen möchte. In vielen Bereichen – vor allem im näheren Umfeld um die Großstädte Asunción, Ciudad del Este, Encarnación, aber auch Villarrica – ist die Infrastruktur für Touristen mittlerweile so gut ausgebaut, dass man auch ohne große Erfahrung oder mit Kindern gut Urlaub machen kann. Allerdings ist es in keiner Weise barrierefrei; Reisen mit Rollstuhl sind quasi unmöglich. Viele Bereiche und Gegenden, insbesondere im Inland, sind aber noch immer sehr ursprünglich, was für Individualreisende zu einem wunderbaren Abenteuer werden kann. Nur selten kann man an einer Sehenswürdigkeit Postkarten, Getränke oder ähnliches kaufen. Sehenswürdigkeiten sind im Inland nur wenig ausgeschildert, und das Reisen ist oft abenteuerlich: Es gibt nur wenig asphaltierte Straßen, die Zielorte der Busse stehen meist handgeschrieben auf den Schildern, Bushaltestellen gibt es kaum – Handzeichen reicht – und bei Regen ist vieles ohnehin kaum befahrbar. Und im Internet ist verlässliche Information selten zu finden.

Doch genau dies macht einen Großteil des Charmes von Paraguay aus – fast nirgendwo wird man von Verkäufern belästigt, fast immer kann man die besuchten Stätten allein genießen. Außerdem funktioniert das Postwesen im Land ohnehin so gut wie gar nicht, so kann man sich das Ansichtskartenschreiben sparen auf die Besichtigung und eigene Fotos konzentrieren. Das Land bietet daher all denjenigen, die abseits vom Massentourismus ein Land mit vielfältiger Natur entdecken, Menschen kennenlernen und wirklich Ungewöhnliches erleben möchten, ein ganz besonderes Reiseziel.

Die meisten europäischen Touristen kennen bereits zahlreiche Sehenswürdigkeiten aus aller Welt. Paraguay kann hier kaum mit eigenen Weltrekorden konkurrieren – es gibt andere Länder mit älteren Ruinen, Ziele mit größeren Stränden, Städte mit schönerer Architektur. Aber Paraguay bietet viele Dinge für die Augen eines Menschen aus einem Industrieland, die man fast nur noch hier sehen und erleben kann. Bei Fahrten durch das Land erlebt man zahlreiche kleine Schätze: seien es die die freundlichen Menschen, die Pferdekutschen in Villarrica und Encarnación (die nicht extra für Touristen existieren, sondern für die Einheimischen), die einfachen Reifenreparaturshops (Gomerias) entlang der Fernstraßen, die seltene Gesteinsformation Cerro Koi bei Areguá, viele indigene Einflüsse oder das stimmungsvolle "Luz y Sonido" abends in der Jesuitengegend von Jesús und Trinidad. Einheimischen fällt oft gar nicht auf, dass es genau solche Kleinigkeiten sind, die uns Europäer interessieren – für Paraguayer bedeutet "Urlaub" oder "Tourismus" fast ausschließlich, "irgendwo baden zu gehen".

Dieser Reiseführer soll eine Brücke schlagen – er zeigt Touren im gesamten Land auf, die für Touristen gut allein oder mit Unterstützung lokaler Reiseanbieter gut und praktisch durchführbar sind. Es gibt jeweils genaue individuelle Angaben zur Anreise per Auto oder Bus, zu Kombinationsmöglichkeiten oder zur Dauer, die man für die einzelne Tour einplanen sollte. Viele "Touristen" kommen, um sich das Land als potentielles Einwanderziel anzuschauen. Dabei hat man dann viel bürokratische Schritte zu erledigen, aber immer wieder auch einmal einen oder einen halben Tag frei. Dieser Tatsache wird ebenfalls mit diesem Reiseführer Rechnung getragen, indem viele Touren so beschrieben sind, dass man sie einfach zwischendurch "einschieben" kann und auch außerhalb der Hauptstadt einen guten Eindruck vom Land ermöglichen. Die Fotos zu den einzelnen Zielen wurden bewusst so ausgewählt, dass sie eine Mischung aus den üblichen touristischen Sehenswürdigkeiten und eben diesen Besonderheiten darstellen.

Alle Informationen wurden im 2022 und 2023 intensiv (fast alle persönlich vor Ort) aktuell recherchiert. Diese persönliche Vor-Ort-Recherche ist für Reisende besonders wertvoll, weil die meisten Informationen sowohl im Internet als auch in Broschüren zwar präzise scheinen, es auf den zweiten Blick aber oft nicht sind.

Bei der Erstellung des Reiseführers haben wie immer viele Menschen geholfen, sei es durch Informationen, Kontakte, Fotos, Korrekturvorschläge und vieles mehr.

Spezieller Dank gebührt der paraguayischen Tourismusbehörde SENATUR, deren engagierter Ex-Ministerin (bis August 2023) Sofia Montiel und ihrem Team (Teresa Espinola, Doris Penoni und Juana Quevedo). Sie haben mir Dokumente und Fotos zur Verfügung gestellt und viele Fragen beantwortet.

Bedanken möchte ich mich auch bei vielen einzelnen Personen, die wertvolle Hinweise zu einzelnen Zielen gegeben haben: bei Martin Bachmann von der Grupo Portal del Sol, Clifford Dueck von der Kooperative Chortitzer, Gati Harder von Filadelfia Turismo, Noemí Jara vom Tourismusbüro Hohenau, Mario Pereira Guillén vom Casa de Retiro Marianela in Atyra, Derlis Portillo, Christine Hostettler von ProCosara, Mirian Raatz de Soley von Yerba Mate Pajarito aus Bella Vista, Sonia Riquelme, Veronica Royg von Terranova, Brenda Sawatzki aus Filadelfia, Katarina Geisler, Magali Steinfatt vom Hotel Paraiso in Villarrica, sowie Heinz Wiebe von der Kolonie Neuland. Auch Leser der früheren Ausgaben haben Input gegeben – herzlichen Dank an Markus Giessing und Familie Stübke. Christian Nunez von Chacatours danke ich für die tollen Eindrücke dieser Tour. Besonders möchte ich mich bei Irene Reinhold bedanken, die das Kapitel über die Vogelbeobachtung beigetragen hat. Vom Öko- und Vogelexperten Dr. Alberto Esquivel M. (www.wildlife.com.py) habe ich viele Tipps zu den neuen Ökozielen erhalten, so dass es vor allem an ihm liegt, dass es dieses neue Kapitel gibt. Dr. Beate Pesch, die Paraguay seit 30 Jahren kennt und in Trinidad ihr paraguayisches Zuhause hat, hat netterweise ihre jüngste Reise nach Paraguay genutzt und rund um Encarnación, die Jesuitenruinen, San Rafael und Manantial alle Informationen aktuell verifiziert.

Von Judith Brauner von der Deutschen Botschaft und Simone Herdrich, Direktorin des Goethe-Zentrums ICPA bekomme ich immer wieder tolle Tipps für neue Touren oder Museen. Viele weitere Menschen haben unterwegs beim Besuchen und Testen der einzelnen Ziele auf unterschiedliche und unglaublich hilfsbereite Weise geholfen. Allen herzlichen Dank!

Abseits von Hochglanz-Broschüren oder Youtube-Videos mit gesponserten Empfehlungen ist dieser Reiseführer damit eine Quelle authentischer Erlebnisse basierend auf der langen Erfahrung und den Sprachkenntnissen der Autorin.

Viel Spaß beim Kennenlernen des Landes!

Kerstin Teicher
(Kontakt: paraguaywirtschaft@hotmail.com)

Formale Hinweise und Tipps zur Nutzung

Die meisten Informationen über Paraguay, seine Sehenswürdigkeiten, aber auch die zu Verkehrsverbindungen liegen nur im Land und auf Spanisch vor; nur teilweise auf

Englisch oder Deutsch (oft in etwas verwunderlichen Übersetzungen). Sehr häufig sind – auch offizielle – Informationen zu Öffnungszeiten oder der Ausschilderung von Sehenswürdigkeiten leider falsch oder überholt, egal, ob sie überhaupt im Internet auffindbar sind oder in gedruckter Form vorliegen. Oft werden veraltete Informationen von einem Angebot zum nächsten kopiert, so dass man ein und dieselbe Information zwar vielfach im Internet findet, was sie aber nicht notwendigerweise korrekter macht. Die in diesem Reiseführer vorliegenden Informationen wurden persönlich aktuell recherchiert. Nichtsdestotrotz kann es passieren, dass sich die Situation vor Ort geändert hat oder der einzige Mitarbeiter, der für eine Angelegenheit zuständig ist, gerade nicht da ist. Daher ist es insbesondere vor langen Fahrten unbedingt ratsam, sich rückzuversichern (Telefon bzw. WhatsApp). Verlassen Sie sich nicht auf pauschale Informationen! E-Mail-Anfragen sind wenig erfolgreich – selten erhält man eine Antwort. Viele Anbieter verfügen nicht einmal über eine Website (und wenn, dann nur auf Spanisch) – erfolgversprechender sind dann Einträge in den Sozialen Medien.

Zur besseren Erkennbarkeit sind Straßennamen und einige Sehenswürdigkeiten mit Anführungszeichen gekennzeichnet, da man sie sonst als solche nicht erkennen würde. Sie beruhen häufig auf wichtigen historischen Daten oder Personen (Beispiele: die Straßen "14 de Mayo", "Dr. Bestaro" oder die Stadt "25 de Diciembre").
Verzichtet wurde auf lange Hotel- und Restaurantempfehlungen in den Städten. Zum einen sind auch hier die Informationen nicht immer korrekt oder es gibt keine Website, sondern nur eine Telefonnummer, was ohne Spanischkenntnisse nicht hilfreich ist. Viel besser kann man heutzutage über Hotel-Buchungsmaschinen auch in Paraguay Unterkünfte ansehen und buchen. In Gegenden, in denen es sonst keine Information gibt oder zu besonderen Restaurants gibt es direkt Hinweise im Text. Verzichtet wurde in dieser Ausgabe auf ausführliche Anreiseinformationen: Durch Google Maps oder mapsme ist es heutzutage für die meisten Menschen selbstverständlich, die Orte digital nachzuschlagen. Kartenmaterial in diesem Reiseführer konzentriert sich daher auf Übersichten.
Teilweise gibt es Hinweise auf die Webseiten der Firmen oder Orte, jedoch nur, wenn sie wertvolle Informationen bieten.

Übersicht der verwendeten Symbole

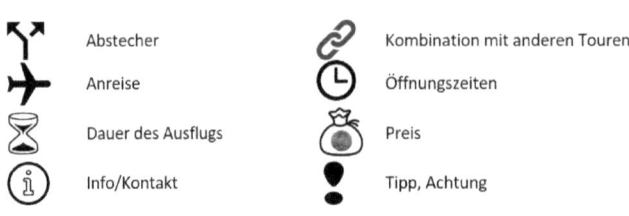

Teil I

Praktische Informationen

Paraguay im Überblick

Paraguay ist eines von nur zwei Binnenländern in Südamerika und grenzt im Norden an Bolivien, im Nordosten und Osten an Brasilien und im Süden und Südwesten an Argentinien.
Die Infrastruktur ist vielerorts nicht auf Touristen eingestellt. Nur selten kann man an einer Sehenswürdigkeit Postkarten, Getränke oder ähnliches kaufen. Sehenswürdigkeiten sind im Inland nur wenig ausgeschildert, und das Reisen ist oft abenteuerlich: Es gibt nur wenig asphaltierte Straßen, die Zielorte der Busse sind meist handgeschrieben auf den Schildern, Bushaltestellen gibt es kaum – Handzeichen reicht – und bei Regen ist vieles ohnehin kaum befahrbar. Doch dies macht einen Großteil des Charmes von Paraguay aus – fast nirgendwo wird man von Verkäufern belästigt, fast immer kann man die besuchten Stätten allein genießen.

Mit 406.752 Quadratkilometern ist Paraguay ungefähr genauso groß wie Deutschland und die Schweiz zusammen. Eingeteilt ist es in insgesamt 18 Verwaltungsbezirke (*Departamentos*, ähnlich der Bundesländer): Alto Paraguay, Alto Paraná, Amambay, Boquerón, Caaguazú, Caazapá, Canindeyú, Central, Concepción, Guairá, Itapúa, Cordillera, Misiones, Ñeembucú, Paraguarí, Presidente Hayes und San Pedro sowie zusätzlich die Hauptstadt Asunción.
Paraguay hat gegenwärtig (2023, nach der neuesten Volkszählung) rund 6,1 Millionen Einwohner, also 14 mal weniger als Deutschland. Es ist ein junges Land - knapp 60 Prozent der Menschen sind unter 30 Jahre alt und nur 6,6 Prozent über 65 Jahre. Zu über 95 Prozent besteht die Bevölkerung aus Mestizen, einer Mischung der indigenen Gruppen und den spanischen Eroberern. Rund 60 Prozent der Paraguayer (vier Millionen Menschen) leben in Städten, der Rest auf dem Land. Die meisten Menschen (über zwei Millionen) wohnen in und um die Hauptstadt Asunción. Im gesamten Chaco hingegen leben insgesamt nur 180.000 Menschen.

Der 842 Meter hohe Cerro Tres Kandú bildet die höchste Erhebung des Landes, das in weiten Teilen ähnlich flach die wie Belgien oder die Niederlande ist. Abgesehen von teilweise sehr starken Stürmen und Regenfällen, die dann ganze Städte und Straßen unter Wasser setzen, kennt das Land keine Naturkatastrophen wie Erdbeben oder Vulkanausbrüche. Die zentrale Lage in Südamerika wird trotz seiner Binnenlage häufig als strategischer Vorteil genannt. Das Land ist von vielen Flüssen durchzogen (sein Landesname bedeutet in Guaraní, der Sprache der Indigenen, in etwa „Wasser, das zum Wasser geht").

Die Ökoregionen Paraguays sind: der Atlantische Wald des Oberen Paraná, der Cerrado, die Savannen des südamerikanischen Mesopotamiens, der Feuchte Chaco, der Trockene Chaco, das Pantanal und die Ökoregion Médanos.

Der Río Paraguay unterteilt das Land in zwei geographisch unterschiedliche Regionen: den Gran Chaco im Westen, der 60 Prozent der Landesfläche ausmacht, und den viel kleineren Osten, in dem allerdings 97 Prozent der Bevölkerung leben. Erkennbar ist diese Zweiteilung auch an den drei großflächigen Verwaltungsbezirken im Westen des Landes auf der Karte ganz vorn im Buch.

Da Paraguay auf der Südhalbkugel liegt, sind die Jahreszeiten genau umgekehrt zu denen in Europa. Im Juli ist es dort also Winter, während Weihnachten in den Hochsommer fällt. Die Zeitverschiebung beträgt im europäischen Winter vier, im europäischen Sommer sechs Stunden. Während der Umstellungsphase, die nicht parallel in Europa (Deutschland) und Paraguay erfolgt, gibt es immer ein paar Tage oder Wochen, in denen der Zeitunterschied fünf Stunden beträgt.
Die Zeitumstellung in Paraguay wird üblicherweise wie folgt gehandhabt: Umstellung auf paraguayische Winterzeit am vierten Sonntag im März (minus 1 Stunde); Umstellung auf paraguayische Sommerzeit am ersten Sonntag im Oktober (plus 1 Stunde).

Paraguay ist ein Entwicklungsland (streng genommen ein „Schwellenland"). Das bedeutet, dass vieles – von der Infrastruktur angefangen, über den Lebensstandard bis hin zu den Hygienebedingungen – vollkommen unterschiedlich zu dem ist, was man aus Europa kennt. In der Hauptstadt merkt man dies jedoch wenig; dort gibt es viele reiche Menschen, und diejenigen, die Geld haben in Paraguay sind meist um ein Vielfaches wohlhabender als der durchschnittliche europäische Tourist. So erklärt es sich, dass es gemessen an der Bevölkerung und dem Durchschnittseinkommen zahlreiche Luxus-Shoppingcenter und Restauraunts gibt, und auch auf den Straßen fahren viele Luxusfahrzeuge, während viele öffentliche Nahverkehrsbusse (Colectivos) Museumsstücken gleichen, die fast auseinanderfallen. Landesweit besitzen aber nur 22 Prozent aller Paraguayer ein eigenes Auto und 13 Prozent ein Motorrad. Jedoch haben quasi alle Paraguayer (99 Prozent) ein Handy, aber kaum ein Haushalt einen Festnetzanschluss. Dementsprechend gehen 90 Prozent aller Paraguayer mit dem Handy ins Internet. Auch sind mittlerweile fast 100 Prozent der Paraguayer an die Stromversorgung angeschlossen; gerade im menschenleeren Chaco war dies lange Zeit nicht selbstverständlich. 80 Prozent der Bevölkerung haben fließendes Wasser über einen staatlichen oder privaten Versorger. Noch heute nutzen viele Haushalte einen eigenen Brunnen; auch hier ist der Anteil auf dem Land höher als in der Stadt. Auch kochen noch immer 23 Prozent der Paraguayer (50 Prozent der Landbevölkerung) mit Feuerholz. All dies führt dazu, dass man als Tourist vielfältige Eindrücke sammeln kann – vor allem, wenn man sich auch ein wenig außerhalb der Hauptstadt umsieht.

Die **Währung** des Landes heißt genauso wie die zweite Amtssprache Guaraní. In diesem Buch wird überwiegend die offizielle Abkürzung PYG verwendet, landesintern wird er zumeist mit „Gs" abgekürzt. International kann man Guaraní außerhalb Südamerikas kaum kaufen (nur auf Vorbestellung mit rund vier Wochen Wartezeit und sehr hohen Kosten), so dass man sich Bargeld vor Ort im Land besorgen muss, entweder durch Tausch von Bargeld, idealerweise bei einer der zahlreichen Wechselstuben (Banken sind aufgrund des fast immer schlechteren Wechselkurses nicht zu empfehlen) oder durch Geldautomaten, wenn man eine Kreditkarte hat. An einigen Geldautomaten steht mittlerweile auch das für EC-Karten gültige „Maestro-Zeichen", aber das funktioniert nicht immer.

Beim Tausch von Bargeld erhält man derzeit (August 2023) pro Euro rund 8.100 Guaraníes (je nach Jahreszeit, wirtschaftlicher Entwicklung usw.). Für einen US-Dollar bekommt man rund 7.200 Guaraníes. Der Wechselkurs des Euro ist derzeit für Europäer besonders gut – bis Anfang 2019 bekam man viele Jahre nur rund 6.000-6.500 Guaraníes für einen Euro. US-Dollar werden durchaus in Hotels akzeptiert, aber im Inland braucht man unbedingt Guaraníes. In größeren Geschäften (Supermarktketten, den meisten Tankstellen) werden Kreditkarten problemlos akzeptiert, doch auch hier gilt, dass es im Inland und insbesondere bei kleinen Geschäften schwierig sein kann.

Es gibt Scheine mit folgenden Werten: 2.000, 5.000, 10.000, 20.000, 50.000 und 100.000 PYG. Der höchste Schein hat also umgerechnet einen Wert von rund 12 Euro. Interessant ist, dass die 2.000 und 5.000 PYG-Scheine aus Plastik sind. Münzen gibt es im Wert von 50, 100, 500 und 1.000 PYG. Vor allem in den Großstädten werden 50 PYG-Münzen kaum verwendet, und auch in Geschäften wird Wechselgeld oft sehr „großzügig" gerundet bzw. mit Bonbons "ausgeglichen".

Die **Anreise** nach Paraguay erfolgt für Europäer üblicherweise mit dem Flugzeug in die Hauptstadt Asunción; es gibt jedoch auch internationale Flüge nach Ciudad del Este in der Nähe der großen Iguazu-Wasserfälle. Direktflüge nach Paraguay gibt es aus den deutschsprachigen Ländern gar nicht. Seit Ende 2015 fliegt die spanische Linie Air Europa ab Madrid direkt nach Asunción und seit Mitte 2018 sogar täglich. Die Umsteigezeit mit den Zubringern aus anderen Städten ist jedoch meist lang. Aus Europa fliegt man ansonsten beispielsweise via Frankfurt/München, Zürich, London, Paris und anderen Flughäfen über Brasilien (meist Sao Paulo, manchmal auch Río de Janeiro) oder Argentinien (Buenos Aires) nach Paraguay. Daher sind Flüge von Deutschland aus sehr lang – unter 20 Stunden sind kaum realisierbar, wenn man nicht direkt ab Frankfurt oder München startet; üblich sind 23 bis 26 Stunden Reisedauer (oder mehr).

Paraguay hat lediglich zwei internationale Flughäfen, Ciudad del Este (Flughafencode CDE) und Asunción (ASU, auch: Petirossi-Flughafen), wobei Ciudad del Este oft als Zwischenstopp auf dem Weg in die Hauptstadt Asunción angeflogen wird.

Der Flughafen in Asunción ist von der Größe her eher mit dem einer Kleinstadt zu vergleichen; er hat etwa so viele Starts und Landungen wie der in Erfurt und auch nur sechs Gates, was ihn sehr übersichtlich macht. Pro Jahr gibt es nur rund 1,3 Millionen Passagiere. Er befindet sich de facto in der Nachbarstadt Luque, ungefähr 10 bis 20 Kilometer von der Hauptstadt entfernt, je nachdem, wo man hinmöchte.

Am zweiten internationalen Flughafen des Landes, in Ciudad del Este, oder am wenige Kilometer entfernt in Brasilien liegenden Flughafen Foz do Iguacu (IGU) lohnt sich ein Aussteigen, wenn man die Reise beispielsweise mit den Wasserfällen von Iguazú im Dreiländereck Argentinien, Brasilien und Paraguay (Tour Nr. 13) beginnen möchte, oder auch für Reisen nach Encarnación und die Jesuitengegend (Touren Nr. 14 und 15).

Einreise/Visum: Als EU-Bürger (auch Schweizer) muss man kein Visum beantragen. Sie erhalten bei der üblicherweise sehr unkompliziert ablaufenden Einreise automatisch ein dreimonatiges Visum in den Pass gestempelt. Ungewöhnlich bei der Zollkontrolle ist lediglich, dass das ankommende Gepäck vollständig (meist inklusive Handgepäck) durch ein Röntgenscreening geschoben werden muss. Wenn man jedoch nichts besonders Auffälliges dabei hat (beispielsweise Waren in größeren, nach Handel aussehenden Mengen, große Mengen Medikamente oder viele Lebensmittel, die eigentlich verboten sind), wird man normalerweise nach der Röntgenkontrolle problemlos durchgewunken.

Wenn man mit Kindern reist, muss man beachten, dass jedes Kind ein eigenes Reisedokument haben muss. Reist ein Erwachsener allein mit Kind, benötigt er unbedingt vom anderen Elternteil (auch bei alleinigem Sorgerecht!) eine schriftliche Einverständniserklärung zur Reise, idealerweise notariell beglaubigt.

Da das Land keine Eisen-, Straßen- oder U-Bahn hat, wird man bei Ankunft in Asunción normalerweise ein Taxi in die Stadt bzw. ins Hotel wählen. Hier haben sich mittlerweile Pauschalpreise etabliert. Der Weg in die Stadt kostet zwischen 90.000 und 150.000 PYG (ca. 11-20 Euro) – je nach Ziel; auf dem Rückweg kann man meist mit den Taxifahrern verhandeln und bekommt die gleiche Fahrt auch schon für die Hälfte. Viele Hotels bieten auch einen Transfer an, teilweise sogar kostenlos.

Es gibt auch Busverbindungen in die Stadt, die wesentlich günstiger sind (2.100 Guaraníes pro Fahrt, also weniger als 50 Cent), jedoch fahren die Busse außerhalb des Flughafengeländes, so dass man sich zunächst mit dem Gepäck auf nicht besonders guten Fußgängerwegen bis zur Straße hochkämpfen und dann das Gepäck in dafür nicht konzipierte Busse (mit sehr steilen und engen Einstiegen) hochbugsieren muss. Darüber hinaus fahren die Busse auch die für die Einheimischen nötigen Strecken ab, die nicht notwendigerweise an den Hotels oder Pensionen liegen. Dadurch wäre meist ein Umsteigen nötig, was ebenfalls nach einem langen Flug sicherlich nicht zu einem entspannten Ankommen führt. Die Buslinie, die den Flughafen bedient und nach Asunción hinein führt, ist die Nummer

30 (blaue und grüne Linie). Sie führt am Conmebol-Hauptquartier und am Shopping del Sol vorbeifährt und dann entlang der Straße „España" ins Zentrum.

Gleich am Flughafen gibt es sowohl eine Wechselstube (teurer als in der Innenstadt), mehrere Autovermietungen als auch eine Touristinformation (direkt am Ausgang des Ankunftsgates), die sehr empfehlenswert ist, um Kartenmaterial zu erhalten. Die meisten Hotels haben auch Informationsmaterial, aber die Auswahl ist am Flughafen vielfältiger.

Trinkgeld ist in Paraguay in Restaurants und Taxis üblich und natürlich sehen es auch Zimmermädchen gern. Mit zehn Prozent macht man dabei nichts falsch. Die Einpacker im Supermarkt erwarten, wenn sie die Ware auch zum Auto bringen, ebenfalls ein kleines Trinkgeld, da dies ihre Haupteinnahmequelle ist; üblich sind hier zwischen 1.000 und 5.000 PYG, je nach Ihrer Großzügigkeit. Verpflichtend ist dies jedoch nicht.

Öffnungszeiten: Aufgrund des Klimas beginnen die Geschäftszeiten in Paraguay tendenziell recht früh morgens. Die früher übliche Sitte der langen Mittagspause ist dennoch im Aussterben begriffen. Zumindest in der Hauptstadt hat der überwiegende Teil der Geschäfte durchgehend geöffnet. Banken haben überwiegend nur bis maximal 14.00 Uhr geöffnet, oft sogar nur bis 13.00 Uhr. Lediglich sogenannte Financieras und Wechselstuben haben längere Öffnungszeiten. Zum Geldwechseln bieten sich, wenn man nicht vom Geldautomaten abheben kann, die allerorts vorhandenen Wechselstuben an, die ohnehin bessere Kurse bieten als die Banken. Normale Geschäfte öffnen zu ganz unterschiedlichen Zeiten – Supermärkte meist auch sonntags. Jeder handhabt es so, wie er es für sinnvoll hält.

! Informationsmaterial, Stadtpläne und Landkarten bekommt man sehr gut und kostenlos bei den Büros des offiziellen **Touristenbüros "SENATUR"**. Es gibt diverse kostenlose Flyer über verschiedene Regionen sowie Stadtpläne der großen Städte. Insbesondere die Jesuitenruinen, aber auch die Wanderpfade und Vogelbeobachtungsgebiete sind sehr gut dokumentiert. Teilweise sind die Flyer auch auf Deutsch erhältlich, jedoch meist in nicht sehr guten Übersetzungen. Ein Besuch eines der Büros von SENATUR ist sehr empfehlenswert. Die am besten ausgestattete Zentrale liegt im historischen Zentrum von Asunción, Adresse: „Palma 468" Ecke „Alberdi" und „14 de Mayo". Sie ist täglich von 7.00-19.00 Uhr geöffnet. Tel.: 0800 11 30 30 (innerhalb Paraguays). Es gibt auch eine Filiale am Flughafen auf der Ankunftsebene. Auch die Website von SENATUR ist sehr informativ, allerdings bislang nur auf Spanisch verfügbar (www.senatur.gov.py).

Reisezeiten und Reiseplanung

Aufgrund der Lage auf der Südhalbkugel und des tropischen (Chaco) bzw. subtropischen (Ost-Paraguay) Klimas, in dem die Temperaturen im Sommer leicht und lange über 40 Grad klettern können, empfiehlt es sich, den paraguayischen Sommer zum Reisen zu vermeiden. Dies ist außerdem deshalb sinnvoll, weil den gesamten Januar und meist auch den Februar über das Land in einen kollektiven Sommerurlaub verfällt. Zudem gibt es vor allem im Sommer sehr starke und plötzliche Regenfälle.

In den Hotels, Shopping-Centern usw. gibt es überall Klimaanlagen, in öffentlichen Bussen und in vielen Taxis jedoch eher selten. Darauf sollte man sich unbedingt bei der Wahl der Kleidung einstellen und idealerweise nach dem Zwiebelprinzip immer etwas zum Aus- und Anziehen dabeihaben, um darauf reagieren zu können. Auch auf plötzliche Regenfälle sollte man immer eingestellt sein. Das ist bei den üblicherweise warmen Temperaturen zumindest kein Kälteproblem, aber bei den meist sehr starken Regenfällen hilft dann auch kein Schirm. Gut ist es beispielsweise, Schuhe dabeizuhaben, die Nässe vertragen oder Ersatzschuhe, die aus Gummi oder Plastik sind, die man dann kurzfristig anziehen kann.

Sehr schöne Reisezeiten mit angenehmen Temperaturen sind der Herbst (März bis Mai ungefähr) und der Frühling (ab September bis November). Im März und November kann es für mitteleuropäische Verhältnisse noch bzw. schon sehr heiß und damit sehr anstrengend sein.
Im Winter (Juli, August) kann es nachts durchaus auch Frost geben, tagsüber erreichen die Temperaturen trotzdem oft zweistellige Werte. Heizungen gibt es nicht. Geheizt wird – sofern vorhanden – mit Klimaanlage. Da die Häuser jedoch sehr schlecht isoliert sind, stellt sich nach Abschalten der Klimaanlage innerhalb von Minuten die Außentemperatur auch innen wieder ein. Im Winter sind die Menschen daher auch innerhalb von Gebäuden sehr warm angezogen.

Feiertage: An Feiertagen sind Behörden, Banken und ähnliche Einrichtungen geschlossen, viele Geschäfte hingegen sind geöffnet. Lediglich an Neujahr (1. Januar) steht wirklich das gesamte Leben in Paraguay still.
Am 8. Dezember findet in Paraguay mit dem Fest der Jungfrau von Caacupé das größte Pilgerfest in Südamerika statt. An diesem Tag wird im Morgengrauen eine Messe an der berühmten Kirche von Caacupé zelebriert, zu der weit über eine Million Menschen traditionellerweise zu Fuß hinpilgern – nicht nur aus allen Teilen des Landes, sondern zum Teil auch aus dem Ausland. An dem Tag selbst aber auch kurz davor und danach wird die Autobahn PY02 zwischen San Lorenzo und Caacupé vollständig gesperrt – es gibt Umleitungen.

Eine noch bedeutendere Reisezeit ist die Osterwoche – dieses Fest ist für Katholiken noch bedeutender als das Weihnachtsfest. An den Tagen zwischen Mittwoch der

Karwoche und Ostersonntag kommt in Paraguay der größte Teil des täglichen, schulischen und wirtschaftlichen Lebens zum Erliegen – mit Ausnahme des Verkehrs: an diesen Tagen ist wegen der Verwandtenbesuche vor allem auf dem Land gefühlt ganz Paraguay auf den Beinen – und den Straßen.

Für jede **Reise- und Zeitplanung** empfiehlt sich dringend, sich nicht zu viel vorzunehmen. Die Entfernungen sind oft nicht groß, aber die Reisedauer wird nahezu immer durch irgendetwas verlängert – sei es, dass die Straße durch einen vorangegangenen Regenfall in schlechtem Zustand ist, durch Verfahren, weil etwas nicht oder anders ausgeschildert ist als es sein sollte oder anderes.
Nachtfahrten sollte man ebenfalls vermeiden. Es ist zwar nicht gefährlich im Sinne der Sicherheit, aber viele Autobahnen sind nicht beleuchtet, Hinweisschilder ebenfalls nicht und Landstraßen sowieso nicht. Daher ist es nachts schwierig, einen unbekannten Weg zu finden. Außerdem gibt es auch auf Autobahnen "Lomadas" (Bremsschwellen), auf die nicht oder nur kurz vorher hingewiesen wird.

Wenn Sie wenig Zeit haben: Planen Sie nur einen Tag Asunción ein und fahren lieber einmal ein paar Kilometer heraus – Asunción ist nicht Paraguay! Bereits ein paar Kilometer hinein in den Chaco (bis Villa Hayes) ändern sich Landschaft, Infrastruktur, Menschen usw. deutlich! Auch ein halbtägiger Abstecher nach Areguá lohnt sich, um mehr als nur die Hauptstadt kennenzulernen und so ein besseres Bild vom Land zu bekommen.

Einwohner, Sprache, Religion

Schon vor der Besiedlung Paraguays durch die Spanier war das Land von indigenen Völkern besiedelt, und noch heutzutage leben in Paraguay 19 verschiedene indigene Stämme (aus fünf völlig unterschiedlichen Sprachfamilien). Zu den bekanntesten Stämmen gehören die Guaraní (deren Sprache ist auch zweite Amtssprache Paraguays), die Ayoreo, die Ache, die Nivaclé und die Lengua (Enlhet). Indigene machen aber nur 1,7 Prozent der Bevölkerung Paraguays aus (117.000 nach letzten Schätzungen).
Die Gruppe mit den meisten indigenen Gesellschaften gehören zur Sprachfamilie der Guaraní, gefolgt von denen der Lengua Maskoy. Rund die Hälfte der Indigenen leben im dünn besiedelten Chaco rund um die drei großen Mennonitenkolonien Fernheim (Filadelfia), Menno (Loma Plata) und Neuland (Neu-Halbstadt). Sie machen rund ein Drittel der Bewohner des Chaco aus. In einigen Verwaltungsbezirken in Ostparaguay gibt es überhaupt keine Ureinwohner, beispielsweise in Ñeembucú, Cordillera, Paraguarí oder Misiones. Je nachdem, wo man als hinfährt, wird man mehr oder weniger von ihnen sehen. Im Straßenbild Asuncións fallen sie vor allem durch den Straßenverkauf ihrer Handwerksprodukte auf – auch hier

haben die unterschiedlichen Stämme unterschiedliche Handwerkskunst entwickelt. Es lohnt sich, das zu entdecken!

Die **Bevölkerung** Paraguays ist also sehr heterogen. Neben Indigenen und Nachkommen der spanischen Eroberer (meist als "Latein-Paraguayer" bezeichnet: Paraguayer, die nicht frisch eingewandert oder Indigene sind, und deren Muttersprache Spanisch ist) gibt es zahlreiche Nachfahren von Immigranten aus der ganzen Welt, vor allem Deutsche, Schweizer, Franzosen, Italiener, Japaner, Koreaner, Brasilianer Argentinier und Russen. Eine besondere Gruppe stellen die Mennoniten dar. Sie gehören einer aus dem calvinistischen Protestantismus hervorgegangenen Freikirche an. Sie nennen sich auch Taufgesinnte, da sie die Erwachsenentaufe praktizieren. Ihre Geschichte geht bis in das 16. Jahrhundert in den Niederlanden zurück. Sie wurden schon immer in Europa verfolgt und wanderten früh in andere Länder aus, behielten ihren etwas ungewöhnlichen deutschen Dialekt aber bis heute vor allem in Paraguay bei, auch wenn sie auf der Suche nach einem friedlichen Leben in unterschiedlichen Ländern (vor allem USA, Kanada, Australien und Russland) lebten. Nach Schätzungen gibt es heutzutage weltweit rund 1,6 Millionen Mennoniten, von denen rund 30.000 in Paraguay (je rund die Hälfte im Chaco und in Ost-Paraguay) leben, vielfach mit deutschem Pass, aber auch mit anderen Staatsangehörigkeiten. Den Dienst an der Waffe lehnen sie ab. Ab den 1930er Jahren haben sie sich in Paraguay vor allem im unwirtlichen Chaco niedergelassen und selbstverwaltete Kolonien gegründet. Durch Viehzucht, Milchwirtschaft und andere landwirtschaftliche Aktivitäten sind sie über ihre wirtschaftliche Organisationsform, die Kooperativen, zu großem Erfolg gekommen. Sie pflegen ein sehr familienorientiertes, christliches Leben und bleiben meist unter sich. Dabei sind insbesondere die Mennoniten im Chaco Fremden und Besuchern gegenüber äußerst aufgeschlossen und sehr modern.

Religion: 90 Prozent der Paraguayer sind katholisch; die Verfassung garantiert Religionsfreiheit.

Sprache: Paraguay ist eines von wenigen Ländern, in denen mehr als eine Amtssprache festgelegt ist: Spanisch und Guaraní. Spanisch wird in Paraguay übrigens Castellano genannt. Zwar unterscheidet sich das lateinamerikanische vom europäischen Spanisch, aber üblicherweise kommt man problemlos klar, auch wenn es hier und da bei einzelnen Wörtern kleine Missverständnisse oder komische Situationen geben kann. Insgesamt ist das lateinamerikanische Spanisch deutlich einfacher, insbesondere bezüglich der Grammatik. Grundsätzlich kann man sich auf Spanisch überall problemlos verständigen, zumal ein reines Guaraní kaum gesprochen wird; meist ist es eine Mischung aus Spanisch und Guaraní, die „Jopará" genannt wird. Englisch hingegen hilft so gut wie gar nicht weiter, vor allem im Inland nicht. Im

Inland ist Guaraní oft die dominierende Muttersprache der Menschen – sie sprechen alle zwar auch Spanisch, aber vielfach fällt ihnen die Verständigung auf Guaraní leichter. Nichtsdestotrotz können sie einfache Themen auf Spanisch ausdrücken und gegenüber Menschen, die kein Guaraní sprechen werden sie es auch immer anwenden. Die Paraguayer sind außergewöhnlich freundlich Fremden gegenüber, und "mit Händen und Füßen" klappt auch bei fehlenden Spanischkenntnissen eine grundlegende Verständigung immer.

Transport und Verkehr

Der Verkehr in Paraguay ist zwar chaotisch, aber wesentlich friedlicher als beispielsweise in Kairo oder Bangkok. In den letzten Jahren wird mehr und mehr auf Einhaltung der Regeln geachtet. War es vor 15 Jahren noch üblich, eine rote Ampel eher als Dekoration im Straßenverkehr anzusehen, so wird sie heute doch überwiegend beachtet. Wenn aber „die Straße frei" ist, werden Regeln gern individuell ausgelegt. So wird auch schon einmal in eine Einbahnstraße verkehrt herum hineingefahren, sich nicht angeschnallt, sehr gern beim Fahren telefoniert usw. Auch die Kenntnis von Verkehrsschildern ist wenig ausgeprägt. In Asunción ist es zwar gesetzlich verpflichtend, eine Fahrschule zu besuchen, aber noch immer ist es in vielen Stadtverwaltungen Usus, Führerscheine einfach ohne Nachweis gegen eine "Gebühr" abzugeben. Das mag für einen Ausländer, der so einfach an einen legalen nationalen Führerschein kommt, praktisch sein, aber für die Verkehrssicherheit ist es abträglich. Vor diesem Hintergrund ist es dann erstaunlich, dass vergleichsweise wenig auf den Straßen passiert, was sicherlich auch damit zusammenhängt, dass Paraguayer eher friedfertige und gelassene Menschen sind.
Der internationale Führerschein gilt in Paraguay (auch wenn es bei Polizeikontrollen schon einmal Schwierigkeiten gibt), ein nationaler Führerschein aus Europa jedoch nicht. Wenn man länger im Land reist, kann sich ein Touristenführerschein (ein Jahr Gültigkeit) lohnen, den man in verschiedenen Stadtverwaltungen offiziell mit wenig Aufwand und geringen Kosten beantragen kann (v.a. in Areguá).

Insgesamt wird in Paraguay fast der gesamte Verkehr und Transport auf der Straße abgewickelt. Eine Bahnlinie gibt es nicht, ebenso wenig wie U-Bahnen. Öffentlicher Nah- und Fernverkehr, soweit er nicht per Auto erfolgt, wird daher ausschließlich mit Bussen durchgeführt. Der Staat bietet diese Infrastrukturleistung gar nicht an, weswegen sowohl in den Städten als auch im Überlandverkehr eine Vielzahl privater Firmen den Markt unter sich aufteilen. Zwischen einigen Städten kann man auch fliegen, aber bis auf Asunción und Ciudad del Este handelt es sich um kleine, oft äußerst abenteuerliche Flugplätze und ebensolche Maschinen. Einige Orte werden durch das paraguayische Militär (SETAM) auch für Privatreisende angeboten; vor allem im Nordosten des Landes wären sonst einige Städte oft von der Außenwelt abgeschnitten.

Wenn man im Inland reisen möchte, ist eventuell ein **Mietwagen** sinnvoll. Busse fahren jedoch zwar an nahezu jeden Ort in Paraguay, da die wenigsten Paraguayer ein eigenes Auto haben. Bei Busreisen muss man jedoch über die reine Fahrtzeit hinaus viel mehr Zeit einplanen.

Autovermietungen gibt es sowohl am Flughafen, aber in der Innenstädten der größeren Städte. Seit wenigen Jahren haben die großen internationalen Anbieter wie Alamo, AVIS, Enterprise, Hertz, National oder Sixt oder in Paraguay eine Niederlassung. Ebenso haben einige Hotels eine eigene kleine Flotte bzw. einige Fahrzeuge, die sie vermieten. Teilweise werden auch Zusatzservices wie Fahrerservice, Vermietung von Telefonen oder WLAN angeboten.

! Achten Sie bei der Anmietung auf guten Versicherungsschutz – in Paraguay hat de facto bei einem Unfall immer der Autofahrer Schuld bzw. muss die Schäden bezahlen. Auch aus diesem Grund ist die Miete für Leihfahrzeuge im Vergleich zu Deutschland sehr teuer. Außerdem lohnt es sich meist, ein geländegängiges Auto (in Paraguay nur 4x4 genannt) auszuwählen, selbst wenn man nicht offroad fahren möchte. Viele Straßen, auch in der Hauptstadt, stehen bei Regen stark unter Wasser, und die Lomadas (die in offiziellem Deutsch "Bremsschwellen" genannten "Huckel" auf der Straße, die ein Langsamfahren erzwingen) sind oft hochhaushoch. Auch Zusammenstöße zwischen Touristen und Kühen, die sogar auf den Autobahnen gern spazieren laufen, sind gar nicht so selten; für solche Fälle ist es praktisch, ein robustes Fahrzeug zu haben. Miepreise werden meist in Dollar angegeben, bezahlt wird jedoch in Guaraníes (oder mit Kreditkarte).

Die Benzinpreise sind etwas günstiger als in Deutschland beispielsweise und betrugen im August 2023 zwischen 6.300 bis zu 9.500 PYG (Super spezial), also zwischen 0,80 und 1,20 Euro (bei dem sehr guten Wechselkurs von rund 8.200 PYG für einen Euro im Jahr 2023).

Straßen: Paraguay hat mittlerweile rund 80.000 Kilometer Straßen – das ist mehr als doppelt so viel wie noch vor 10 Jahren und zeigt deutlich die rasante Entwicklung des Landes. . Davon sind aber nur knapp 10.500 Kilometer (13 Prozent) asphaltiert (spanisch: *asfalto*). Der Rest sind überwiegend unbefestigte Erdstraßen und einige rohe Pflasterstraßen (spanisch: *empedrado*; nicht vergleichbar mit deutschen Pflasterstraßen). Bei den sehr häufig vorkommenden, sintflutartigen Regengüssen werden letztere oft nahezu unbefahrbar. Da viele Straßen in schlechtem Zustand sind, sind Reifenpannen an der Tagesordnung. Aus dieser Tatsache ist ein ganzer Geschäftszweig geworden, die sogenannten "Gomerias" (Reifenwechsel-Service-Stationen). Dies sind meist kleine Einmannbetriebe in sehr dichten Abständen auf den Straßen, auch direkt an der Autobahn. Zu erkennen sind sie überwiegend an einem direkt an der Straße aufgebauten großen Reifen, auf dem mit weißer Schrift "Gomeria" geschrieben steht. Die sich direkt dahinter anschließende Werkstatt besteht oft aus einem abenteuerlich aussehenden Bretterverschlag, die vielfach schöne Fotomotive abgeben. Trotz des Aussehens ist der Service sehr gut und schnell und kostet nur wenige Euro. Im Inland sind diese auch meist für das Luftauffüllen der Reifen zuständig; die Tankstellen überlassen den Gomerias oft diese Tätigkeit, um diesen mehr Einnahmen zu ermöglichen.

Es gibt 22 nationale **Autobahnen** (*Ruta* genannt). Auch dies ist – innerhalb weniger als 10 Jahre – fast eine Verdopplung. Nicht alle sind vollständig von Anfang bis Ende fertiggestellt, aber die Lage der Autobahnen ist eine gute Orientierung im Land (siehe Karte Nr. 2). Die Anbindung einer Stadt an eine Autobahn macht die Anreise auch um ein Vielfaches schneller. Diese Verdichtung hat zwei weitere interessante Konsequenzen: Es gibt jetzt erstmalig Autobahnkreuze (wenn Sie ein solches sehen, heißt das, dass es ganz neu ist) und es gibt mehrere Autobahnen direkt an die Grenze zu Argentinien, Bolivien und Brasilien.

2019 hat es eine Umstrukturierung des Autobahnsystems gegeben. Hießen sie früher schlicht „Ruta 1" (Autobahn 1) usw., sind sie jetzt offiziell als „PY01" usw. bezeichnet. Im Alltag und auch bei Überlandbus-Verbindungen werden sie einfach weiter „Ruta" genannt.

Seit einigen Jahren ist die sogenannte "Bioceánica" im Bau. Das ist eine Eisenbahn-linie, die die beiden Ozeane auf beiden Seiten Südamerikas von Brasilien nach Chile verbinden wird und damit eine Einsparung von 8.000 Kilometer Schifffahrtsweg bedeutet. Dabei durchquert sie auch den Chaco. Paraguay wird mit einer derzeit im Bau befindlichen Auto-Stichstraße mit dieser Bioceánica verbunden, was die Infrastruktur der Region deutlich beeinflussen wird.

Autobahnen entsprechen noch immer oft nicht dem, was man aus Europa kennt, und auch die Verkehrsteilnehmer verhalten sich nicht immer logisch oder regelkonform. Die Spuren sind enger, oft sind die Autobahnen sogar nur einspurig, und sie sind meist nicht an der Seite durch Leitplanken begrenzt. Das gilt nicht für die ganz neu gebauten Strecken.

Auf Autobahnen muss mit Licht gefahren werden – dies kontrolliert die Polizei vorzugsweise tagsüber –, was aber nachts noch immer nicht von allen (oft auch Motorradfahrern) eingehalten wird. Es ist also immer besondere Aufmerksamkeit erforderlich. Eine Übersicht der wichtigsten Verkehrsregeln gibt es in Exkurs Nr. 4).

Bei der Zeitplanung sollte man beachten, dass die Autobahnen am Wochenende sehr voll sind – selbst kleine Strecken beispielsweise in das nur 20 Kilometer entfernte Capiatá werden dann zu stundenlangen Reisen. Doch auch zu „norma-len" Uhrzeiten kann die Dauer einer Reise nicht einfach aufgrund der Kilometerzahl geplant werden. Es lohnt sich immer, Einheimische zu fragen, in welchem Zustand die Strecken sind. Wenn der Straßenzustand schlecht ist, vervielfacht sich die Reisezeit schnell. Auch wegen der recht häufig vorkommenden Regenfälle und Überschwemmungen sollte ausreichend Puffer für Reiserouten eingeplant werden.

Nr. 1   Übersicht – Autobahnen (Rutas) in Paraguay (2023)

Ruta	Von	Nach (fertiggestellt bis)	Länge (km)
1	Asunción	Encarnación	382
2	Asunción	Ciudad del Este	343
3	Asunción	Salto del Guairá	413
4	San Ignacio	Fuerte Itapiru (Pilar)	193
5	Pedro Juan Caballero	Fortin Pilcomayo (Pozo Colorado)	577
6	Encarnación	Minga Guazú	248
7	Cruze Cap. Meza	Pindoty Porá	417
8	Bella Vista Norte	Coronel Bogado	588
9	Puerto Falcón	Fortín Sgto. Rodríguez – Hito III	780
10	Naranjal	Paraguarí	242
11	Antequera	Capitán Bado	227
12	Chaco´í	Pozo Hondo (Parque Nac. Tinfunque)	744
13	Paso Yobai	Interseccion PY17	246
14	Bahía Negra	Fortín Gabino Mendoza	425
15	Carmelo Peralta	Pozo Hondo (Loma Plata)	531
16	Fortín Mayor Ávalos	Hito VII	497
17	Pedro Juan Caballero	Salto del Guairá (Capitán Bado)	380
18	Villeta	Puerto Mayor Otaño (Villarrica)	358
19	Villeta	Pilar (Alberdi)	202
20	San Patricio	Paso de Patria (Yabebyry)	230
21	Puerto Indio	Juan de Mena**	309
22	San Estanislao	San Lázaro (San Estanislao -Villa del Rosario + Concepción-Vallemí)	424

* Strecke nur in nicht zusammenhängenden Teilstücken fertiggestellt

Motorradfahren ist auf dem Land aufgrund der zahlreichen abenteuerlichen Sandstraßen sehr spannend, in den Städten sollte man aber unbedingt mit sehr viel Vorsicht fahren. Unfälle sind deutlich häufiger als in Europa, auch wenn man selbst gut fahren kann. Das Anmieten von Motorrädern ist möglich, aber sehr teuer. Wer plant, das Motorrad länger zu nutzen, kann sogar den Kauf eines Motorrades erwägen, das man am Ende der Reise wieder verkauft. Der Wiederverkaufspreis reduziert sich bei kurzer Nutzungsdauer nur unwesentlich. Allerdings sollte man dann die Zeit für einen Verkauf einplanen oder jemanden kennen, der dabei (und vielleicht auch schon beim Kauf) hilft, um nicht zu viel Zeit zu verlieren. In den heißen Monaten (November bis März) bei über 30 Grad sollte man berücksichtigen, dass körperlich kaum möglich ist, einen Helm zu tragen.
Gerade weil aber der größte Teil der Straßen im Inland nicht asphaltiert ist, ist das Inland von Paraguay ein Paradies für Offroad-Fans.

Nr. 2   Karte Autobahnen in Paraguay

©Kerstin Teicher auf Basis einer allgemeinen Landkarte (Wikipedia)

Busfahren in Paraguay ist ein Abenteuer für sich, als Erfahrung aber sehr wertvoll, da man so einen besseren Einblick in das Leben der Menschen erhält als aus einem Auto heraus. Die Busse heißen in Paraguay "Colectivo". Zusteigen kann man außerhalb Asuncións auch abseits der offiziellen Haltestellen. Man stellt sich einfach sichtbar an den Straßenrand und hebt den Arm, wenn sich der gewünschte Bus nähert. Der Fahrschein wird direkt beim Fahrer gekauft (Fahrpreis möglichst passend bereit halten!), das sind kleine dünne Zettelchen, die auch nicht zum Umsteigen berechtigen; bei jedem Bus muss man eine neue Fahrkarte kaufen.

Zum Aussteigen gibt es in den Bussen zwei verschiedene Systeme: Entweder gibt es direkt über der meist hinteren (Ausgangs-)Tür einen Knopf, den man drückt. Die zweite Variante ist, dass quer durch den Bus von vorn nach hinten an der Decke eine Schnur führt, an der man zieht und die dann eine Klingel beim Fahrer auslöst. Auf dieses Signal hin hält der Busfahrer meist an der nächsten Straßenecke oder Haltestelle. Den Halteort findet man normalerweise durch Ausprobieren heraus.

Die meisten Stadtbusse in allen Städten sind in katastrophalem Zustand – üblicherweise sind es ausrangierte Busse aus Brasilien, Japan, China oder Korea. Seit 2015 gibt es recht viele neuere Busse mit Klimaanlage (*"Servicio diferencial"* oder auch *"preferencial"*) und in den Nachbarstädten. Die Fahrten sind etwas teurer (Stand 2023: 2100 PYG für einen normalen Colectivo, 3.300 für eine Fahrt im klimatisierten Bus).

Öffentliche Abfahrtzeiten oder Linienverläufe gibt es an den Haltestellen meist nicht. Wenn überhaupt, bekommt man eine Information wie "Der Bus fährt alle 15 Minuten". Nur im Zentrum von Asunción gibt es seit Mitte 2016 offizielle und gut beschilderte Haltestellen (blaue Schilder mit weißer Schrift), die seit einigen Jahren verpflichtend für Fahrer und Fahrgast sind. Auf dem Land gibt es aber weiterhin keine offiziellen Haltestellen – die Busse halten, wenn jemand durch Zeichen angibt, dass er aus- oder einsteigen will.

! Es gibt eine Suchmaschine (http://caminospy.com) für Busverbindungen in Asunción, die auch immer besser wird, aber oft noch immer fehlerhaft und auch nur auf Spanisch verfügbar ist. Außerdem gibt es eine Mobiltäts-App namens "TOPA", die wirklich sehr praktisch ist und kostenlos auf das Handy downloadbar ist. Basierend auf einem interaktiven Stadtplan (derzeit vor allem für Asunción und die angrenzenden Städte ausgebaut) kann der Nutzer verschiedene Geo-Informationen abrufen. Dazu gehören vor allem Verkehrsinformationen im öffentlichen Nahverkehr, Sehenswürdigkeiten bzw. spezielle Orte. Bei den Verkehrsinformationen werden je nach Menüpunkt sowohl die Lage von Haltestellen der Omibusse (*colectivos*) angezeigt, aber auch die beste Verbindung von Punkt a zu Punkt b oder der aktuelle Standort und die Geschwindigkeit von Bussen. Besonders gut ist – gerade auch für Menschen, die sich nicht so gut in der Stadt auskennen – die

Funktion, dass man nicht unbedingt den Straßennamen oder die genaue Schreibweise kennen muss: man kann sehr einfach in der interaktiven Karte suchen und dann hineinzoomen. Allerdings ACHTUNG: aufgrund der recht hohen Diebstahlgefahr sollte man das Smartphone beim Laufen und Fahren in Bussen nur mit äußerster Vorsicht benutzen.

! Die beste Form, eine Busverbindung zu erhalten, ist meist: Fragen! Wenn Sie also in Ihrem Hotel morgens zum Frühstück gehen, fragen Sie an der Rezeption nach dem Bus und nach dem Frühstück haben Sie dann vermutlich die Antwort. In der Zwischenzeit haben die Mitarbeiter bestimmt einen Kollegen gefunden, der selbst dieses Ziel oft befährt oder jemanden kennt, der dies tut, und damit haben Sie dann eine gute Information. Lassen Sie sich nicht davon verwirren, dass die meisten Paraguayer es sehr seltsam finden, dass Sie "Colectivo" fahren wollen. Beachten sollte man, dass die Busse morgens sehr früh fahren, aber abends oft nur bis 21 Uhr.

Viele **Adressen oder Ortsangaben** in ganz Paraguay sind mit einer Kilometerangabe versehen (bspw. Hotel-Restaurant Paraíso, Ruta 8, km 168, Villarrica). Diese beziehen sich fast immer auf die Entfernung von Asunción (der "Nullpunkt" ist der Präsidentenpalast) aus gerechnet. Ausnahmen sind die Rutas, die von/nach Ciudad del Este und Encarnación (Ruta 6) führen, deren Angaben sich auf Entfernungen zu diesen Städte beziehen.

Insgesamt ist es nicht immer einfach, eine bestimmte Adresse zu finden. Für Asunción und Großstädte wie Ciudad del Este oder Encarnación gibt es gute Stadtpläne, die man kostenlos im Tourismusbüro und in vielen Hotels erhält. In kleineren Orten und auf dem Land hilft zur Orientierung jedoch nur Fragen – hier wird Ihnen zumeist eine sehr blumige Beschreibung gegeben, wie etwa: „Drei Blocks von der Hauptstraße, dann links beim Geschäft von xy", denn oft gibt es keine Straßennamen bzw. die Paraguayer kennen die Straßennamen oft auch im eigenen Ort gar nicht.

Fotos: Fahrkartenlesegeräte in Bussen in Asunción und die beiden Anbieter dieser Prepaidkarten

Orientierung in Asunción
Asunción ist in Bezirke aufgeteilt, die als grober Anhaltspunkt dienen können. Ganz grob kann man zwischen dem historischen Stadtzentrum in der Nähe des Hafens und dem neuen Zentrum rund um die Shoppingcenter Shopping del Sol und Shopping Mariscal López (Viertel Villa Morra, Carmelitas) unterscheiden. Richtig große Straßen gibt es nur wenige - als grobe Orientierung können die vier großen Straßen in West-Ost-Richtung dienen: "Artigas", "España" (mit Verlängerung in die "Aviadores del Chaco", die zum Flughafen führt), "Mcal López", "Eusebio Ayala" (siehe Karte Nr. 3). Auf diesen Straßen fahren auch besonders viele Buslinien.

Wenn man wenig Zeit hat oder die Fahrt mit dem Bus wegen der Hitze oder ähnlichem scheut, kann man auch problemlos **Taxi** oder **Uber/Bolt** fahren. Die Taxis in Paraguay haben kein einheitliches Erscheinungsbild; sie kommen in allen Farben vor (in Asunción sind sie meist gelb, in Ciudad del Este weiß), haben üblicherweise ein Taxi-Schild auf dem Dach. Sie müssen über ein Taxameter verfügen, das meist auch verlässlich ist. Dennoch können Sie mit den meisten Taxifahrern auch einen Pauschalpreis vereinbaren. Taxihalteplätze gibt es innerhalb von Städten recht zahlreich.

Nr. 3   Übersichtskarte/Orientierung Asunción

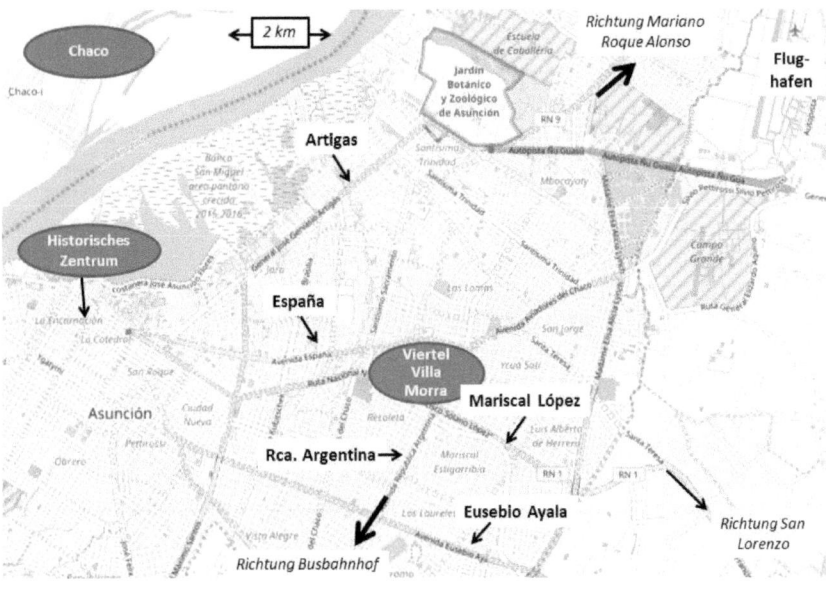

Quelle: Openstreetmap

Nr. 4   Exkurs - Verkehrsregeln in Paraguay

Grundsätzlich ist die Straßenverkehrsordnung in Paraguay der deutschen recht ähnlich – es kennt sie aber kaum jemand (noch immer ist es selten, eine Fahrschule zu besuchen, bevor man einen Führerschein beantragt) und die Regeln werden auch nur wenn nötig eingehalten. Da die Polizei jedoch gerade in Asunción sowie auf den Überlandstrecken oft Kontrollen durchführt, ist es insbesondere als Tourist wichtig, die wichtigsten Regeln zu kennen, um nicht zu oft Bußgelder bezahlen zu müssen:

a) Auf der Autobahn ist Licht Vorschrift, auf normalen Straßen nicht (was dann durchaus manche Autofahrer auch bei Dunkelheit nicht machen!)
b) Man muss vorn einen Sitzgurt anlegen (auch dies tun nur die wenigsten)
c) Im Auto muss man einen Erste-Hilfe-Kasten, zwei (!) Warndreiecke und einen Feuerlöscher mit sich führen. Bei Polizeikontrollen wird das gern geprüft.
d) Offizielle Höchstgeschwindigkeit auf den Rutas (Autobahnen) und auf den Landstraßen ist 110 km/h, in den Städten 50 km/h - es sei denn, es ist etwas anderes angegeben.

Über die Straßenverkehrsordnung hinaus gibt es eine interessante Regelung, wer Vorfahrt hat: Grundsätzlich hat die "wichtigere Straße" Vorfahrt. Dies sind vor allem die (wenigen) asphaltierten Straßen, gefolgt von denen mit Kopfsteinpflaster und schließlich die Sandstraßen. Eine Straße mit Mittelinsel hat Vorfahrt vor einer ohne usw. Am besten ist es immer, sich an den anderen Verkehrsteilnehmern zu orientieren. Die Verkehrsschilder ähneln denen in Europa, wobei Straßenschilder und Ortshinweise auch gern einmal handgeschrieben sind. Das Stoppschild ist das gleiche wie in Europa, aber es steht "Pare" darauf. Da kaum jemand die Bedeutung von Verkehrsschildern kennt (Fahrschulunterricht ist erst seit kurzem Pflicht, und wird ohnehin nur in gewissem Ausmaß in der Hauptstadt durchgeführt), hält man sich auch nicht unbedingt daran. Es gibt jedoch ohnehin wenige Schilder – vor allem verglichen mit dem Schilderwald in Deutschland.

Generell: Auf Schlaglöcher achten, für andere mitdenken (es biegt auch mal ein Auto mit 20 km/h auf die Autobahn ein), auf Kühe achten. Gerade nach Regenfällen entstehen oft riesige Schlaglöcher, die auch fast einen Meter tief sein können. Diese – wie auch Baustellen – werden selten "offiziell" mit Warnschildern gekennzeichnet. Stattdessen steckt die Bevölkerung dann oft einen großen Zweig mit sichtbaren Blättern in das Loch oder stellt ein Hindernis davor, damit man nicht versehentlich einen Unfall macht.

! In Asunción ist in Bussen mittlerweile die bargeldlose Zahlung mit speziellen Prepaid-Karten das alleinige Zahlungsmittel! Es heißt offiziell „Billetaje Electrónico Nacional" (elektronische landesweite Fahrtickets). Trotz des Namens handelt es sich (derzeit) um ein auf Asunción und den Großraum beschränktes System. Das bedeutet auch für Touristen, dass man im Bus in Asunción ausschließlich bargeldlos bezahlen kann. Die Zeiten einfachen Einsteigens und Herauskramens von Münzen oder Scheinen, auf die dann abenteuerlich vom Busfahrer während der Fahrt Wechselgeld herausgegeben wurde, sind vorbei.

Bezahlen kann man nur noch mit einer von zwei Prepaidkarten-Arten. Die eine ist vom Anbieter „JAHA", die andere von „Mas" (siehe Fotos auf Seite 26). Dabei ist es grundsätzlich egal, welchen Anbieter man wählt, in den Bussen werden alle Karten akzeptiert. Der Unterschied liegt im Detail eher darin, dass man nicht jede Kartenart in jedem Laden kaufen oder aufladen kann, aber auch hier sind die Unterschiede eher marginal. Kaufen kann man sie an zahlreichen Verkaufsstellen: In vielen Apothekenketten, in der Supermarktkette Biggies, in Zahlungspunkten (Aqui Pago, Pago Express) und vielen weiteren. Aufladen funktioniert sogar an noch mehr Stellen – beispielsweise bei den Expressschaltern von Banken in den Vorräumen von Supermärkten. Und wer über ein Bankkonto verfügt, kann oft sogar seine Karte digital mit seinem Bankguthaben aufladen. Dazu gibt man einfach seine 16stellige Nummer und den Betrag eingeben. Maximal können 180.000 PYG aufgeladen werden.

Als Tourist muss man jedoch aufpassen: wen man Sonntag morgens feststellt, dass man keine Karte hat, aber Bus fahren möchte, dann kann es schwierig werden, weil zum einen nicht alle Geschäfte geöffnet sind und nicht immer auch Karten vorrätig sind. Wenn man dann in den Bus einsteigt, hält man die Karte an das Lesegerät, bis es piept und der Betrag ist abgebucht. Da die Fahrpreise immer gleich sind, egal, wie weit man fährt (es gibt lediglich zwei unterschiedliche Tarife für „normale" Busse und solche, die klimatisiert sind („servicio preferencial"), wird auch nur ein fester Betrag abgebucht. Im Display kann man auch sehen, wieviel Restguthaben auf der Karte noch vorhanden ist. Unter den Fahrgästen hat sich die schöne Sitte der „Fahrgastselbsthilfe" eingebürgert. Wenn jemand nicht genug Guthaben auf der Karte hat, seine Karte vergessen hat oder ähnliches, dann spricht er einfach einen anderen Fahrgast an, ob dieser mit seiner Karte für ihn bezahlen kann und gibt diesem dann das entsprechende Fahrgeld in bar. Die Busfahrer tolerieren dies (und auch die entsprechende Zeit, die es dauert, bis jemand gefunden ist) und nehmen die meisten Menschen dann schon einmal mit.

Die einfachste Möglichkeit in Asunción und Umgebung (bis ungefähr Capiata, also rund 20 Kilometer Umkreis) ist das **Ridesharing**. Es gibt sowohl Uber als auch BOLT. Uber ist auch in Encarnación verfügbar, Bolt jedoch nicht. Die Kosten sind rund zwei

Drittel günstiger als ein Taxi und damit eine wirklich gute Alternative zum Bus (bequemer) und Taxi (günstiger). Damit entfallen dann die mühsame Suche nach einer Busstrecke und auch Sprachhemmnisse, da man Abfahrts- und Ankunftsort bereits digital eingetragen hat. Auf dem Land gibt es diese Angebote jedoch leider nicht.

Der zentrale **Busbahnhof (Terminal)** in Asunción liegt auf einem großen Gelände an den Straßen "Rca. Argentina" Ecke "Avenida Fernando de la Mora". Dorthin fahren zahlreiche Busse aus der Innenstadt und Villa Morra (auf die Beschilderung „Terminal" achten!) sowie fast alle Überlandbusse, die aus dem Inland nach Asunción kommen. Darüber hinaus dient das Terminal auch als Abfahrtsort für internationale Busverbindungen (z.B. Argentinien, Brasilien, Bolivien, Chile). Der Bahnhof ist dreigeschossig: auf ebener Erde befinden sich im Innern des Gebäudes zahlreiche Geschäfte (Andenkenläden, kleine Restaurants, Zeitungsgeschäfte, Buchladen, Telefonzellen usw.) und außen fahren die Busse für die Langstrecken ab. Im Obergeschoss des Busbahnhofs haben die zahlreichen Busgesellschaften ihre Verkaufsbüros. Wenn man nicht gerade in einer Hauptreisezeit fährt, kann man kurz vor Abfahrt des Buses dort seinen Fahrschein kaufen. Da aber die Fahrpläne nicht per Internet recherchierbar sind, empfiehlt es sich – wie immer – jemanden zu fragen, der die Strecke genau kennt oder an einem Tag vorab hinzufahren (die Fahrzeiten und Preise sind nicht nur nicht online recherchierbar, sondern natürlich schon gar nicht online buchbar) und sich die Verbindungen herauszusuchen. Über 40 Busfirmen bieten Routen an, daher sollte man hierfür Zeit einplanen.Bei langen Fahrten (ab sechs Stunden) gibt es oft auch die Möglichkeit, mit Bussen zu fahren, in denen es Liege- oder sogar Schlafsitze gibt. Bei fast allen Firmen ist nur Barzahlung möglich. Für die meisten Langstrecken-Verbindungen bekommt man einen festen Sitzplatz zugewiesen. Viele der Verbindungen sind sogenannte *"directos"*, d.h. die Busse halten nur an wenigen Orten/Haltestellen unterwegs, sind dann aber meist auch klimatisiert und geringfügig teurer. Dies sollte man unbedingt beim Kauf des Tickets erfragen. Einige der Verbindungen zu den wichtigsten Städten sind im Anhang aufgelistet.

Im Untergeschoss des Terminals in Asunción fahren die Busse zu den nähergelegenen Orten ab (wie beispielsweise Caacupé, Capiatá, Emboscada, Tobatí, Yaguarón usw.). Hierfür kann man die Tickets nicht vorab kaufen, und sie sind fast alle auch nicht klimatisiert. Man bezahlt einfach im Bus und kann unterwegs nahezu überall aus- und zusteigen. In der Vorderscheibe des Busses sind Zusatzschilder angebracht, auf denen die Zwischenstops stehen, so dass man sich gut orientieren kann, welche Strecke der Bus nimmt bzw. wo man gegebenenfalls aussteigen kann.

Von links oben nach rechts unten: 1 Schlagloch-Kennzeichnung in Asunción – 2 Gomeria – 3 Asuncións Straßen nach einem Regenguss – 4 Kreative Platzierung eines Verkehrsschilds mit typischer roter Sandstraße in Ostparaguay – 5 Asphaltstraße in der Nähe von Encarnación – 6 Kühe und Cowboy kreuzen die Autobahn bei Concepción

Unterbringung

Bei der Wahl des Hotels (in Asunción) empfiehlt es sich darauf zu achten, dass es für Ihre Bedürfnisse verkehrstechnisch günstig ist. Staus sind in Asunción die Regel, nicht die Ausnahme. Ein Hotel im historischen Stadtzentrum bietet sich nur an, wenn Sie sehr viel mit Ministerien zu tun haben. Verkehrsgünstiger und moderner ist das neue „Zentrum" der Stadt um das Viertel Villa Morra/Carmelitas herum, wo auch die meisten Hotels sowie die großen Banken, Shopping-Center usw. liegen. Außerdem liegt Villa Morra näher am Flughafen sowie an den Autobahnen ins Inland – egal, ob Sie in den Chaco, Richtung Ciudad del Este oder Encarnación wollen. Von Villa Morra bis ins historische Zentrum sind es rund acht bis zehn Kilometer, die zu Stoßzeiten gut und gern auch eine Stunde dauern können.

Internationale Hotelketten gibt es sehr wenige in Paraguay und nur in Asunción (Ibis, Sheraton, beide gegenüber dem berühmten Shopping-Center „Shopping del Sol" und dem Ende 2015 eröffneten World Trade Center, oder das Crowne Plaza in der Innenstadt). Daneben gibt es eine Vielzahl guter anderer lokaler Hotels, teilweise im Luxussegment, teilweise gute Mittelklasse, auch von deutschstämmigen Eigentümern geführt, so dass man auch bei geringen Spanischkenntnissen gute Unterstützung bekommen kann. Billig sind Hotels in Paraguay nicht. Einfache Hotelzimmer (die aber nicht mit internationalen Standards vergleichbar sind und teilweise die Bezeichnung Hotel tragen, obwohl es sich um eine einfache Unterkunft handelt) gibt es zwischen 30 und 50 Euro. Mittlerweile gibt es zumindest in Asunción auch „Hostels" ab rund 10-15 Euro, die sich an Rucksack- bzw. Individualreisende richten und gut mit den gängigen Suchmaschinen recherchierbar sind.
! In der Zentrale von SENATUR in Asunción gibt es eine Broschüre ("Jaha") mit vielen Hotelinformationen (allerdings nur mit Telefonnummern) im gesamten Land. Außerdem liegen zahlreiche Flyer von Hotels aus.

Im Inland sind die Preise für Übernachtungen deutlich günstiger, die meisten Hotels sind vom Standard her aber noch einfacher als in der Hauptstadt. Fast überall gibt es neben Hotel "Hospedajes" oder "Posadas", die für eine einfache Übernachtung durchaus gut tauglich sind, wenn man bereit ist, auf Komfort zu verzichten. Selbst unter diesen einfachen Unterkünften gibt es mittlerweile viele, in denen die Zimmer mit Klimaanlage ausgestattet sind. Die Bäder sind meist klein und verfügen nur über eine Dusche, die eher einem Tauchsieder ähnelt (und tatsächlich Warmwasser liefert). Ein Handtuch bekommt man meist auch in diesen einfachen Unterkünften gestellt, Seife oder Shampoo eher nicht. Dafür kann man je nach Ort und Art schon ab fünf Euro (30.000 PYG) pro Person übernachten.

In ganz Paraguay gibt es auch zahlreiche Pensionen und Ferienhäuser, in denen die Besitzer Deutsche sind oder Deutsch können. Oft liegen diese sehr abseits gelegen, da sie als Zusatzgeschäft zum eigenen Haus auf dem Land betrieben werden. Es gibt aber auch alteingesessene Betriebe, die verkehrsgünstig liegen. Da es mittlerweile sehr einfach ist, über die üblichen Plattformen nach geeigneten Unterkünften zu recherchieren, gibt es hier im Reiseführer keine konkreten Empfehlungen. Wenn man tatsächlich aus touristischen Gründen nach Paraguay fährt, empfiehlt es sich auch, verkehrsmäßig günstig gelegene Unterkünfte zu wählen. Fährt man jedoch ins Land, um sich über Einwanderung zu infomieren, dann sind deutschsprachige Unterkünfte vielleicht eine Option. Man sollte jedoch immer bedenken, dass viele Tipps von diesen Betreibern nicht uneigennützig sind und bei der Wahl gut aufpassen.

Achtung: Es gibt auch fast überall im Land "**Motels**" – dies sind jedoch keine Motels, wie man sie aus den USA kennt, sondern sogenannte "Love-Hotels", in die man sich stundenweise einmietet, wenn man zu Hause beispielsweise keinen Platz oder Ruhe hat oder aus anderen Gründen einen verschwiegenen Ort benötigt.
Ebenfalls sollte man aus Höflichkeit beachten, nirgendwo (außer in einigen Luxushotels) **WC-Papier** in die Toilette zu werfen. Die Abflussrohre in nahezu allen privaten und geschäftlichen Häusern sind viel enger als in Europa, so dass Papier leicht den Abfluss verstopfen kann.

Paraguay mit Kindern

Paraguay – wie auch die meisten lateinamerikanischen Länder – für seine Kinderfreundlichkeit bekannt. Überall im Land, in jedem Restaurant, sind Kinder nicht nur willkommen, sondern die kleinen Gäste werden oft von den Kellnern, Hotelangestellten usw. besonders liebevoll und individuell begrüßt. Kinderaktivitäten, auch wenn sie mit etwas Lärm verbunden sind, stören in Paraguay niemanden.
In vielen Bereichen – vor allem im näheren Umfeld um die Großstädte Asunción, Ciudad del Este, Encarnación, aber auch Villarrica – ist die Infrastruktur für Touristen mittlerweile so gut ausgebaut, dass man auch als Europäer ohne große Abenteuer-Erfahrung mit Kindern gut Urlaub machen kann.
Grundsätzlich sollte man dennoch immer aufpassen, gesunden Menschenverstand walten lassen und Kinder immer gut im Auge behalten.
Aus den Touren in diesem Reiseführer sind insbesondere die Touren Nr. 12 und 13 oder Tour Nr. 24 ganz besonders auch für (kleine) Kinder geeignet. Auch der Park Manantial bei Encarnación ist mit seinen zahlreichen Aktivitäten, großem Pool mit Rutschen sehr kindertauglich.

Telekommunikation, Elektrizität

Mit einem Smartphone ist eine Reise nach Paraguay aus technischer Sicht unproblematisch, da diese Telefone mit Quadband-Funktion ausgestattet sind und auch im Frequenzbereich von Paraguay (850 und 1900 Mhz) funktionieren. Traditionelle Dualband- oder Triband-Geräte hingegen funktionieren in Paraguay nicht. Beachten sollte man auch bei Smartphones, dass nicht alle europäischen Mobilfunkanbieter ein Roamingabkommen mit Paraguay haben.

! Aufgrund der extrem hohen Roaminggebühren (oft mehr als ein Euro pro Minute) kann es sich lohnen, sich auch für nur einen einzigen Paraguay-Aufenthalt eine paraguayische Handynummer zuzulegen, denn Festnetz oder gar Telefonzellen gibt es so gut wie gar nicht im Land. Oft wird für den Abschluss eines Handyvertrags eine paraguayische Cédula (Personalausweis) verlangt, aber für einen Prepaid-Anschluss reicht auch der Reisepass. Nicht jeder Angestellte weiß das – es lohnt sich, hartnäckig zu bleiben. Da aber viele Informationen in Paraguay nicht per Internet recherchierbar sind (viele Sehenswürdigkeiten haben keine Website und vorhandene Websites sind selten wirklich aktuell), ist ein Telefon zum Nachfragen (auch per WhatsApp, siehe unten) für die Planung meist unverzichtbar, wenn man Fahrten nicht vergebens machen möchte.

Internet ist ebenfalls landesweit flächendeckend verfügbar, allerdings noch immer langsamer als in Europa und deutlich teurer. Außerdem gibt es Zonen, in denen der Empfang sehr schlecht ist oder gar abreißt – vor allem auf den weiter entfernten Straßen – beispielsweise auf der Ruta 5 zwischen Pozo Colorado und Concepción, und auf vielen abgelegenen Straßen. In den einzelnen Städten hingegen ist der Internetempfang fast immer problemlos möglich. Darüber hinaus gibt es zumindest in der Hauptstadt sehr viele Orte mit WLAN-Zugang. Fast alle Hotels sowie viele Restaurants, auch im Inland, bieten kostenloses WLAN an.

! **WhatsApp**: Egal, ob Sie eine deutsche oder eine paraguayische SIM-Karte (Telefonnummer) verwenden: Solange Sie dasselbe Gerät benutzen, auf dem Sie normalerweise WhatsApp verwenden, funktioniert erfahrungsgemäß der Service auch nach dem Wechsel der SIM-Karte! Sie bleiben also erreichbar. Paraguayer nutzen WhatsApp nahezu 24 Stunden am Tag und antworten auf WhatsApp-Anfragen auch deutlich zuverlässiger als auf E-Mails. Auch aus diesem Grund lohnt es sich, in irgendeiner Form per Handy online zu sein. Allerdings sollte man wegen möglicher Diebstähle immer Vorsicht walten lassen.

Elektrizität bzw. Strom basiert in Paraguay auf 220 Volt bei 50 Hertz. Auf dem Land ist häufig ein Einphasensystem anzutreffen; ein Dreiphasensystem gibt es nur mit einem eigenen Transformator, worüber teilweise sogar Privathäuser verfügen. Auf Stromausfälle muss man in Paraguay immer vorbereitet sein, auch in der Hauptstadt. Recht verlässlich kann man bei Gewitter mit Stromausfall rechnen, und auch bei Hitzeperioden kommen Stromausfälle immer wieder vor, da die Klimaanlagen dann zu Verbrauchsspitzen führen und das Netz zusammenbricht. Da auch die wenigsten Gebäude richtig geerdet sind oder Blitzschutz haben, ist es immer ratsam, bei Regen oder längerer Abwesenheit teure Geräte vom Strom zu trennen. Gleiches gilt auch bei Stromausfall, da das Wiedereinschalten des Netzes auch oft zu Stromspitzen führt. Meist dauern die Stromausfälle nicht sehr lang, aber es kommen auch längere Ausfälle von mehreren Stunden vor.

Stecker und **Steckdosen** sind in Paraguay nicht einheitlich geregelt; für beides kann man in Paraguay die ganze Welt finden – oft sogar in einem Gebäude. Es gibt sowohl die zweipoligen NEMA 1-15 Stecker wie in den USA oder Japan üblich, als auch die gleichen in der dreipoligen Ausführung. Eurostecker, Konturen- und Schukostecker gibt es genauso wie auch theoretisch jeden anderen Stecker, wenn irgendjemand ein Gerät mit einem solchen eingeführt hat. Entsprechend des Bedarfs installieren sich die Menschen dann auch die Steckdosen. Leider ist es aber nicht so, dass in jedem Haus oder Hotel eine Steckdose für jede Steckervariante vorhanden ist. Fast immer aber gibt es Steckdosen für den zweipoligen NEMA-Stecker und solchen für Eurostecker. Schukostecker passen meist nur mit Adapter in die Steckdose, da die Kontaktstifte zu dick sind. Nahezu alle Supermärkte führen aber Adapter für fast jede denkbare Stecker-Dosen-Variante, da auch die Einheimischen sie für die gekauften Geräte benötigen.

Post: Die paraguayische Post ist sehr unzuverlässig und wird auch kaum genutzt. Briefkästen gibt es nicht. Wer eine Ansichtskarte verschicken möchte, muss hierzu zu einer Postfiliale gehen, die es in allen größeren Orten gibt. In Asunción gibt es mehrere, wobei viele davon innerhalb der Shopping Center (beispielsweise Shopping del Sol) liegen. Das Porto für eine Postkarte bzw. nach Deutschland und Spanien kostet derzeit 16.000 PYG (fast drei Euro!), in die übrigen europäischen Länder 15.000 PYG. Immerhin kommt Post nach Europa mittlerweile an, wenn auch die Laufzeit teilweise mehrere Wochen beträgt. Post nach Paraguay geht häufig verloren oder wird beschädigt bzw. Inhalte gestohlen. Bei wichtigen Sendungen sollte man unbedingt einen internationalen Kurierservice nutzen oder ggf. Bekannte fragen, die zum passenden Zeitpunkt selbst fliegen.

Preise, Shopping und Souvenirs

Paraguay und auch die Hauptstadt Asunción gelten als relativ günstig. Dennoch sind die Preise in den letzten zehn bis 15 Jahren drastisch gestiegen, was man unter anderem an der Entwicklung des Mindestlohnes ablesen kann. Er betrug im Jahr 2000 noch 680.000 PYG monatlich (weniger als 100 Euro), 2005 bereits knapp 1,1 Millionen PYG und 2023 waren es bereits 2,7 Millionen (rund 335 Euro bei einem Wechselkurs von 8.000).
Vieles erscheint einem Touristen jedoch immer noch als sehr günstig. So kostet eine Busfahrt in der Stadt bis rund 20 Kilometer ins Inland nur rund 30-50 Cent (2.100-4.000 PYG), Brot pro Kilogramm 80 Cent (rund 6.000 PYG) und einheimisches saisonales Obst oft auch nur Centbeträge pro Kilogramm. Teuer sind - aufgrund hoher Importzölle - importierte Waren, aber auch Käse oder Hotelübernachtungen. Ein international sehr gut vergleichbarer Maßstab auch für die Kaufkraft eines Landes ist der Preis für den „Big Mac". Dieser kostet (Sommer 2023) 20.500 PYG (2,60 Euro). In Deutschland lag der Preis zur gleichen Zeit bei 4,99 Euro.

Die Mehrheit der Paraguayer verdient Mindestlohn oder weniger; lediglich eine in Entwicklungsländern typische Oberschicht von rund 5.000 Personen bzw. deren Familien ist auch für europäische Verhältnisse superreich (Millionäre). Eine Mittelschicht wächst zwar stetig, ist aber noch immer klein.
Daher ist es erstaunlich, wie viele große und luxuriöse Shoppingcenter es gibt. Wer Zeit und Lust hat, sollte sich einmal eines von innen ansehen. Bekannt sind in Asunción insbesondere das "Shopping Mariscal López" (im Stadtteil Villa Morra zwischen den Straßen "Charles de Gaulle" und "San Roque González de Santacruz" sowie "Quesada" und "Estigarribia", am besten zu erreichen von der Straße "Mariscal López" auf der Höhe "Charles de Gaulle") und das "Shopping del Sol" an der "Avenida Aviadores del Chaco" Ecke "Profesora Delia Frutos de González"), das 2016 stark erweitert wurde. Riesig ist das (2016 eingeweihte) Shopping Center "Galería Shopping", das nur wenige Meter vom Shopping del Sol entfernt an der Ecke "Avenida Aviadores del Chaco" und "Avenida Santa Teresa" liegt. Dieses hat auch einen für Paraguay bislang untypischen Außenbereich, an dem man nett sitzen und essen kann. Für Touristen sind die Shopping Center zum Einkaufen eher ungeeignet, weil es kaum Souvenirs zu kaufen gibt, aber es lohnt sich, Paraguayern einmal beim Shoppen oder in den obligatorischen Foodcourts (*Patio de Comida*) zuzusehen.

Souvenirs kauft man am besten in den einzelnen Produktionsstätten vor Ort oder in Asunción an speziellen Märkten bzw. Straßenzügen – wie beispielsweise in den Läden der Straßen "Colón" oder "Palma" (ab der Ecke "Iturbe"), im Hauptbüro von Senatur (ebenfalls "Palma"), auf dem "Paseo Artesanal" ebenfalls in der historischen

Innenstadt oder an den Ständen neben dem "Shopping Mariscal López". Feilschen ist in begrenztem Umfang möglich (bis 10 Prozent Preisnachlass sind gut erzielbar).

Da Paraguay keine ausgewiesene Touristendestination ist, gibt es wenige Produkte, die speziell als Souvenirs für Ausländer hergestellt werden. Die oben genannten Empfehlungen sind allgemeine Kunsthandwerkläden bzw. –märkte, an denen Einheimische ebenfalls einkaufen. Dennoch eignen sich diese Waren aufgrund ihrer Authentizität ganz besonders als Mitbringsel, zumal sie auch überwiegend sehr leicht sind und daher in fast jedes Reisegepäck passen. Die „typischen Verdächtigen" wie Kühlschrankmagnete gibt es in Paraguay nicht, und auch T-Shirts mit Paraguay-Motiven sind eher selten. Eine Beschreibung der genannten Produkte gibt es im Kapitel zur Kultur.

Insider-TIPP - Souvenirs

Einige ganz persönliche Tipps für Souvenirs, die typisch für Paraguay sind:

- Schmuckstücke aus „Filigrana", dem Silberkunsthandwerk
- Tischdecken, Ohrringe oder Kleidungsstückr aus den Textilhandwerkskünsten Ñandutí oder Ao Po'i
- Lederwaren
- Trikots lokaler Fußballmannschaften
- Gegenstände aus Palo-Santo-Holz
- Produkte aus Leder (Handtaschen, Gürtel)
- Hängematten
- Rum und Gin aus nationalen Distillerien (viele Sorten auch in guten Supermärkten erhältlich)
- In in jedem Supermarkt erhältlich sind zum Beispiel Guavenmarmelade, kleine Käsekekse „Chipitas", die den „Chipas" nachempfunden sind, ein Metallstrohhalm für den Tereré (Bombilla), ein Becher für Tereré (Guampa) vor allem aus Kuhhorn, Holz oder Metall, Kokosseife aus einheimischen Kokosnüssen.

Von links oben nach rechts unten: 1 Ñandutí - 2 Filigrana – 3 Indigenenkunst (Tasche aus Kürbisfasern) – 4 Traditioneller Flaschentanz – 5 Indigenenkunst der Ayoreos (Gewürzbehälter aus Waldkürbis) – 6 paraguayische Harfe – 7 Lederkunsthandwerk

Gesundheit und Sicherheit

Besucher, die das erste Mal nach Paraguay kommen, empfinden das Land üblicherweise als sehr sicher und berichten meist, dass sie keinerlei ungutes Gefühl hatten, sich im Land – auch allein – zu bewegen. Untersuchungen bestätigen dies; nach einigen Statistiken ist Paraguay sogar das sicherste Land in Südamerika. Dennoch ist die Kriminalitätsrate im Vergleich zu Europa höher, was schon aufgrund des großen Arm-Reich-Gefälles nicht wirklich verwundert. Im Großen und Ganzen muss man sich jedoch nicht unsicher fühlen, auch als offensichtlicher Ausländer nicht. Gesunde Vorsichtsmaßnahmen, dass man also beispielsweise nicht sein Geld offen auf der Straße zählt oder in einsamen Gegenden seinen Schmuck zur Schau trägt, sollten hier wie überall auf der Welt selbstverständlich sein. Demgegenüber fällt auf, dass vor vielen Geschäften bewaffnetes Sicherheitspersonal steht oder dass etwas luxuriösere Häuser von einer oft hohen Mauer umgeben sind. Das verwundert viele Ausländer beim ersten Besuch in Paraguay.

Es gibt eine Gegend in Paraguay, die man sicherheitshalber meiden sollte: Im Norden des Verwaltungsbezirks San Pedro und im Süden des Verwaltungsbezirks Concepción finden Guerillakämpfe der Organisation EPP sowie Drogenhandel statt. Immer wieder werden leider auch Investigativjournalisten ermordet. Die EPP bekämpft zwar "nur" Polizei und Militär, es kann jedoch nie ausgeschlossen werden, dass auch Zivilisten betroffen werden können.

Eine Besonderheit, auf die in Zusammenhang auf Sicherheit allgemein hingewiesen werden sollte, ist, dass das geflügelte Wort „Die **Polizei** – Dein Freund und Helfer" in Paraguay so nicht bekannt ist. Bei Problemen wendet man sich nicht so gern an die Polizei, da häufig berichtet wird, dass sich diese beispielsweise nach einem Einbruch nochmals an den Geschädigten bereichern. Die Verkehrspolizei ist besonders dafür berüchtigt, bei Ordnungswidrigkeiten sofort bar – ohne Quittung – zu kassieren oder Gesetzesübertretungen zu konstruieren, um von den Verkehrsteilnehmern Geld zu fordern. Dies hat in den letzten zehn Jahren jedoch deutlich abgenommen. All dies bedeutet aber nicht, dass man in normalen Alltagsangelegenheiten, z. B. bei Fragen nach dem Weg, Angst haben muss, sich hilfesuchend an einen Polizisten zu wenden. Bei einem **Unfall** mit einem Mietwagen sollten Sie sich zu allererst an den Vermieter wenden, der Ihnen dann sagt, ob er meint, dass die Polizei nötig ist oder nicht. Überfälle auf Touristen oder Gewalttaten sind eher selten, auch wenn die Boulevardpresse sie oft und ausführlich beschreiben. **Diebstähle** (insbesondere von Smartphones) hingegen kommen vor, sowohl auf der Straße als auch in Bussen, man sollte daher aufmerksam sein und im Gedränge oder Bus nicht unachtsam das Smartphone so benutzen, dass es einem leicht entrissen werden kann.

Impfungen sind für Paraguay nicht vorgeschrieben und normalerweise über die üblichen Vorsichtsmaßnahmen hinweg auch nicht nötig. Malaria tritt vereinzelt in einigen wenigen Grenzregionen, nie jedoch in Städten auf, und seit 2018 ist Paraguay laut WTO malariafrei. Dengue hingegen ist in vor allem in den Sommermonaten landesweit verbreitet, ebenso auch das Chikungunyafieber (spanisch *chikunguña*). Meist sind dies Fälle in Gebieten (Haushalten), in denen nicht sorgsam darauf geachtet wird, stehendes Wasser (v.a. durch Wassertonnen am Haus) zu vermeiden. Beide Infektionen werden wie Malaria durch Mücken übertragen und verursachen Fieber, Hautausschlag und starke Gliederschmerzen; in seltenen Fällen kann Dengue tödlich sein. Impfstoffe gibt es nicht; man sollte sich daher durch Vermeiden der Stiche schützen. Die im Nachbarland Brasilien verbreitete Zika-Infektion gibt es zwar mittlerweile auch in Paraguay an der Grenze zu Brasilien, aber nur in sehr wenigen Einzelfällen.

Wenn man in Paraguay krank wird, empfiehlt es sich, in ein privates Krankenhaus zu gehen, da die Behandlung und Einrichtung dort zumindest in den Städten außerordentlich gut und durchaus vergleichbar mit Europa ist. Einen Krankenwagen zu rufen, lohnt sich meist nicht – dies sind private Firmen (nicht die Feuerwehr), deren Ausstattung überwiegend nur aus einer Liege, nicht jedoch aus medizinischen Geräten besteht, so dass ein Eigentransport mit Taxi oder Mietwagen meist schneller und besser ist. Eine Auslandskrankenversicherung, die sehr günstig in Europa abschließbar ist, lohnt sich, da die normalen Krankenversicherungen außerhalb Europas keinen Versicherungsschutz bieten. Benötigt man einen deutschsprachigen Arzt oder Dolmetscher, kann man sich auch an die Deutsche Botschaft wenden, die Listen solcher Dienstleister gern herausgibt (www.Asunción.diplo.de; +595-(0)21-214 009, bei akuten Notfällen Handy-Nummer: +595-(0)981-457 216).

Hintergrundinformationen zu Land und Leuten

Essen und Trinken

Die paraguayische Küche hat viele Ähnlichkeiten, aber auch einige Unterschiede zu der anderer südamerikanischer Länder. Die traditionelle Landesküche besteht aus relativ wenigen Zutaten, an erster Stelle Rindfleisch sowie Maniok (geschmacklich vergleichbar mit Kartoffeln, aber deutlich fester und süßlicher im Geschmack), aber auch Mais wird viel verwendet. Gemüsebeilagen sind eher selten. Viel verwendet werden Zwiebeln, Tomaten (vor allem zur Färbung der Soßen in den Gerichten) und grüne Paprika. Eine kleine Bohnenart (Azukibohne, in Paraguay *poroto* genannt) wird gern zu Eintopf oder auch in Salaten verwendet, jedoch nicht in den Ausmaßen oder als Beilage wie beispielsweise in Mexiko.

Wie fast überall in Südamerika spielt Rindfleisch auch in der paraguayischen Küche eine große Rolle. Wenn ein Paraguayer „Fleisch" (*carne*) sagt, meint er fast immer „Rindfleisch". Im Land kommen über 14 Millionen Rinder auf etwas mehr als sechs Millionen Einwohner. Huhn (*pollo*) und Schweinefleisch (*cerdo* bzw. *chancho*) hingegen werden als solches bezeichnet und oft scherzhaft "vegetarische Beilage" genannt.

Somit lässt sich auch einfach auf die Ernährungsgewohnheiten schließen: die meisten Gerichte enthalten eine nicht allzu knappe Menge Rindfleisch. Der jährliche Pro-Kopf-Verbrauch liegt bei 36 Kilogramm Rindfleisch, aber nur rund 4 Kilogramm Schweinefleisch. In Deutschland sind es rund neun Kilogramm Rind-, aber rund 40 Kilogramm Schweinefleisch. Paraguay hat den Europäern eins voraus: Die Rinder stammen alle aus freilaufenden Beständen und artgerechter Tierhaltung.

Typische Gerichte
- Bori Bori (auch Vori Vori genannt – da es aus der Guaraní-Sprache kommt, gibt es keine einheitliche Schreibweise), ein Hühnereintopf mit Mais-Käse-Bällchen
- Chipa: ein meist rundes Käsegebäck mit Anis – als Snack überall erhältlich und wird vor allem an der Straße, in Bussen oder Mautstationen an Reisende verkauft. Dies sollte jeder Tourist mindestens einmal probieren. Achten Sie darauf, ein frisches, noch warmes Teil zu bekommen. Eine Chipa kostet ab 2.000 PYG (ca.25 Cent), große Ringe um 5.000 PYG (65 Cent).
- Empanadas: nicht nur in Paraguay, sondern in vielen lateinamerikanischen Ländern beliebte Teigtaschen mit Füllung (Fleisch, Gemüse usw.). Einfache Empanadas kosten ab 2.000 PYG. Etwas teurer sind sie, wenn sie gebacken und nicht frittiert sind.
- Sopa Paraguaya: ein salziger Mais-Käse-Kuchen, keine Suppe, wie der Name suggeriert. Wie Maniok, eine sehr typische Beilage zu Gerichten (ähnlich wie Brot), auf die kein Paraguayer verzichten kann.
- Chorizo: kleine (Grill-)Würstchen in verschiedenen Geschmacksrichtungen, die auch an kleinen Straßenständen zum Mitnehmen verkauft werden.

Da fast keine Firma in Paraguay eine eigene Kantine hat, gehen die meisten Arbeitnehmer zum Mittagessen auf die Straße und essen in kleinen Restaurants, Imbißbuden (Copetins) oder einfach an Straßenständen. Je nach Beschaffenheit Ihres Magens kann es sehr interessant sein, an diesen Straßenständen einmal wie die Paraguayer zu essen. Man sieht jedoch, dass die meisten ihr Geschirr in mitgebrachten Eimern waschen und auch sonst sind Hygienestandards eher als niedrig zu bezeichnen.

Paraguayer lieben neben der einheimischen Küche auch Gerichte wie Hamburger, Hot Dog (in Paraguay „*Pancho*" genannt) und Pizza – so sehr, dass man fast denken könnte, sie hätten diese Gerichte erfunden. Ein Hamburger „completo" besteht übrigens neben dem Rindfleisch noch aus Schinken, Käse und Spiegelei! Abends baut dann eine andere Art von Straßenständen ihre fahrenden Restaurants auf: Dann werden Grills auf die Straßen gestellt und Fleisch und Wurst in allen denkbaren Kombinationen (immer begleitet von Maniok) verkauft. Das sollten Sie wirklich einmal probieren!

Frühstück (*desayuno*) ist für Paraguayer weniger wichtig. Meist besteht es aus in großer Hektik eingenommenem Kaffee oder *Cocido* (eine Art gebrannter Kräutertee) bzw. im Sommer *Tereré* (kalter Kräutertee aus Yerba-Kraut) und eventuell einem süßen Teilchen. In Hotels bekommt man jedoch häufig recht gute Frühstücksbuffets. Mittagessen ist sehr wichtig und wird landesweit fast einheitlich genau um 12 Uhr eingenommen. Zu dieser Zeit sind auch die Foodcourts in den Shopping-Centern sehr voll, wo das Essen vielfach auch in Buffetform zum Kilopreis erhältlich ist (je nach Ort und Qualität zwischen 5 und 10 Euro pro Kilogramm). Noch wichtiger ist das Abendessen (*cena*). Wie in vielen südlichen Ländern wird es sehr spät eingenommen; vor 20 Uhr werden Sie in Restaurants kaum einen Paraguayer antreffen. Zumindest in der Hauptstadt aber haben Restaurants aber auch schon um 18.00 Uhr geöffnet.

Auffallend im Straßenbild vor allem in der Hauptstadt und anderen größeren Städten ist auch das aus Brasilien stammende Restaurantkonzept der Churrasquería – das sind meist große, hallenartige Restaurants mit riesigen Buffettheken und Fleisch an Dönerspießen ähnelnden Metallstangen, und von denen die Kellner den Gästen direkt am Platz die gewünschte Art und Menge abschneiden.

Gekocht, gegrillt und gebacken wird auf dem Land oft noch im traditionellen Lehmofen (Tatakua) – achten Sie einmal auf die iglu-förmigen backsteinfarbenen Öfen, die quasi in jedem Garten beim Grillplatz stehen.

Getränke: Die Einheimischen lieben Softdrinks (Limonade) und trinken diese in Unmengen zu den Mahlzeiten. Zwischendurch aber, wenn sie gemütlich zusammensitzen, beim Auto- oder Busfahren trinken sie vor allem Tereré (siehe Exkurs Nr. 5). Obwohl Paraguay über viel Obst verfügt und in nahezu jedem Garten und an den Straßen zahlreiche Obstbäume stehen, wird daraus selten frischer Saft gepresst oder getrunken. Achtung: Der Saft, der auf den Straßen oder in Bussen von mobilen

Verkäufern angeboten wird, ist immer gesüßt und immer mindestens zur Hälfte mit Wasser vermischt!

Kaffee wird automatisch fast immer gesüßt und oft mit Milch ausgeschenkt. Wenn man dies nicht möchte, sollte man es vorsichtshalber vorher direkt sagen (*negro* - schwarz, oder *"con leche"* – mit Milch, bzw. *"sin azucar"* – ohne Zucker)

Leitungswasser ist in den Städten problemlos trinkbar, jedoch stark gechlort, so dass die meisten Menschen Wasser in Flaschen bevorzugen. Auf dem Land kommt das Wasser häufig aus Brunnen, so dass man die Qualität, wenn man den Ort nicht kennt, nicht einschätzen kann. Viele vertragen das Leitungswasser gut, aber dies kann natürlich keine allgemeine Empfehlung sein.

Nr. 5   Exkurs – Tereré

Basiert auf der Pflanze Yerba Mate (der lateinische Begriff „Ilex Paraguaríensis" weist schon auf den Ursprung hin), die mit Wasser vermischt im Sommer eiskalt als „Tereré", im Winter oder morgens, wenn es kühl ist, als Mate bzw. als Cocido speziell mit Kohlearoma und Zucker karamelisiert heiß getrunken wird. Meist werden der Grundmischung weitere Kräuter je nach gewünschter Wirkung beigemischt. Tereré ist offiziell Nationalgetränk in Paraguay und als schützenswertes Kulturgut (Patrimonio Cultural de la Nación) eingetragen. Getrunken wird es aus einem speziellen Becher (genannt *guampa*) mit einem speziellen Strohhalm (*bombilla*) aus Metall, an dessen Ende ein Sieb ist, damit die Kräuter, die sich lose in dem Becher befinden, nicht mit aufgesogen werden. Der Guampa besteht in Paraguay meist aus echtem Kuhhorn, das am Ende flach abgeschnitten und abgedichtet ist, damit er stehen kann. Auch Holzbecher, teilweise ummantelt mit Alumium oder geprägtem Leder, sind weit verbreitet. Zum Set gehört oft noch ein *Termo* genannter 1-2 Liter fassender Behälter, der – oft kunstvoll verziert – den ganzen Tag mit sich herumgetragen wird. Morgens werden die gewünschten Kräuter in den *Guampa* gefüllt, der Strohhalm hineingesteckt und dann immer wieder mit dem eiskalten Wasser aus der Thermoskanne aufgegossen. In Gesellschaft wird Tereré im Kreis herumgereicht und geteilt. Achten Sie einmal darauf: Am Straßenrand im ganzen Land stehen zahlreiche *"yuyera"* genannte Kräuterverkäufer, die für jeden Wunsch Kräuter mischen. Üblich ist, eine Fertig-Trockenmischung im Supermarkt zu kaufen und dazu dann am Straßenrand von den *yuyera* die für den Tag gewünschten Kräuter zu bestellen und zerstampft hinzuzugeben. Bei speziellen Eisverkäufern kauft man dann große Wassereisstangen, um diese in den Termo zu geben.

Von links oben nach rechts unten: 1 Ein Grill fehlt in keinem Haushalt – 2 Im Lehmofen (Tatakuá) wird gebacken – 3 Chipa, das traditionelle Käsegebäck – 4 Bori Bori, ein traditionelles Gericht – 5 Tereré-Set mit Termo, Guampa und Bombilla – 6 Marmeladenverkäuferin bei Capiatá

Kultur: Museen, Kunsthandwerk, Musik, Religion

Fast jeder Ort in Paraguay hat ein kleines Museum, das meist eine Mischung von Heimat- und Geschichtsmuseum ist und insbesondere Artefakte aus den zwei für Paraguay sehr traumatischen Kriegen "**Tripel-Allianz-Krieg**" (auch Dreibundkrieg genannt; spanisch: Guerra de la Triple Alianza) und dem "Chacokrieg". Der Tripel-Allianz-Krieg fand von 1864-1870 statt und wurde von General Francisco Solano López begonnen, indem er Brasilien angriff, um Zugang zum Meer zu erlangen. Daraus wurde ein sechsjähriger Vernichtungskrieg, bei dem am Ende 95 Prozent aller paraguayischen Männer starben. Er gilt als der blutigste Krieg in Lateinamerika und war besonders furchtbar, als bei Acosta Nu auch Kinder in den Kampf geschickt wurden. Heute ist das Verhältnis von Frauen zu Männern wieder gleich verteilt, aber noch immer wird die starke Dezimierung von Männern gern als Argument genutzt, warum ein Mann sich mehrere Geliebte neben der Ehefrau hält. Auch der Chacokrieg 1932-1935 gegen Bolivien ist sehr wichtig für die Paraguayer. Die jahrzehntelangen Streitigkeiten um die Grenzziehung im Chaco mündeten 1932 in einen Krieg, in dem völlig überraschend die zahlenmäßig stark untelegenen Paraguayer am Ende gewannen und den größten Teil des umstrittenen Chaco erhielten. Die jeweiligen Ausstellungsstücke sind jedoch leider nur selten beschrieben (nicht einmal auf Spanisch), so dass sich ein Besuch der Museen meist nur lohnt, wenn man entweder jemanden dabei hat, der sie erklären kann, selbst Hintergrundwissen besitzt oder aber einfach ein paar Eindrücke aus der Geschichte des Landes und seiner Einwanderer mitnehmen möchte. Paraguayer selbst gehen eher selten ins Museum.

Paraguayische Kunst und **Kunsthandwerk** haben keinen Weltruhm, aber es gibt einige schöne handwerkliche Techniken und Gegenstände, die es ausschließlich hier gibt. Interessant ist, dass die einzelnen Techniken meist konzentriert in bestimmten Städten hergestellt werden (bspw. Töpferei in Areguá, Itá oder Tobatí, Ñandutí in Itauguá, Filigrana-Silberkunst in Luque usw.); kaufen kann man die Produkte jedoch landesweit. Eine gute und für Ausländer verständliche Übersicht zum einheimischen Kunsthandwerk kann man in Asunción in dem wunderbares Museum „Museo del Barro" (Offiziell: CAV) sehen. Dort gibt es fast alle Arten Kunsthandwerk (jedoch kein Filigrana). Außerdem gibt es in Zentrale des Tourismusbüros SENATUR in der Innenstadt von Asunción eine kleine Ausstellung der wichtigsten Handwerkskünste.

Die wichtigsten Bereiche sind:
- **Ao Po'i**: Dies ist eine Stickerei (das Wort kommt aus dem Guaraní und bedeutet "feiner Stoff"), die im 19. Jahrhundert im Verwaltungsbezirk Guairá aufkam (rund um Villarrica, speziell in dem kleinen Dorf Yataity). Dabei werden auf Baumwollstoffe Muster meist in der gleichen Farbe aufgestickt.

- **Filigrana**: diese spezielle Silberschmuckherstellung ist – wie der Name andeutet – sehr filigran. Aus feinsten Silberfäden werden insbesondere in Luque wunderschöne Schmuckarbeiten hergestellt: Ringe, Anhänger, Ohrringe, Broschen usw. Filigrana-Arbeiten sind landesweit gut zu bekommen, da viele allgemeine Juweliere sie auch führen, und nicht so teuer, wie die Arbeiten scheinen.
- **Hängematten** (spanisch: *hamaca*) – baumwollweiße oder gefärbte Hängematten werden vor allem in Pirayú und Carapeguá hergestellt.
- Gegenstände aus Holz und Wurzeln: Inbesondere die Indigenen stellen kleine Tiere wie Eulen oder Kaimane aus leichtem Wurzelholz her. Aus dem Holz des **Palo Santo**-Baumes werden vor allem im Chaco nicht nur Möbel, sondern auch zahlreiche Gebrauchs- und Dekorationsgegenständ hergestellt. Für Holzmasken ist Altos bekannt, religiöse Gegenstände aus Holz werden vor allem in Capiatá, Tobatí und Yaguarón gefertigt.
- **Lederhandwerk** – da es viele Kühe und Rindfleischproduktion gibt, fällt auch viel Leder an, das sowohl von Indigenen als auch Latein-Paraguayern in Handarbeit zu unterschiedlichen Produkten wie Taschen, Gürtel, aber auch Souveniren wie Stifthaltern oder Überzuge für die allseits sichtbaren Thermoskannen verarbeitet wird. Wichtige Städte hierfür sind vor allem Villa Hayes, aber auch Tobatí, Atyrá, San Miguel, Ypacaraí oder Concepción.
- **Keramik** und Töpferwaren: hierfür sind Areguá, Itá und Tobatí so bekannt, dass Paraguayer, die Dekoobjekte für Haus oder Garten kaufen möchten, auch gern direkt in die Orte fahren, um eine große Auswahl zu haben. Für Touristen ist der Transport der sehr zerbrechlichen Ware jedoch eher schwierig.
- **Musikinstrumente**: Gitarren und Harfen werden vor allem in Luque produziert.
- **Ñandutí** ist aus der Guaraní-Sprache und bedeutet Spinnennetz. Hier werden Holzrahmen verwendet, um sehr feine Muster zu sticken, die dann für Decken, Hüte, Ohrringe und sogar Kleider verwendet werden (siehe Exkurs Nr. 6).
- Kunsthandwerk der **Indigenenstämme**: Die Indigenen haben ihre eigene Art, Kunst- und Gebrauchshandwerk herzustellen: Oft zu sehen sind vor allem die bunten Textilarbeiten der Maká in Asunción, aber auch der Ayoreos, die mehr und mehr in die Hauptstadt kommen. Jeder Stamm hat seine eigene Tradition. Ähnlich sind sie sich darin, dass sie meist aus Naturfasern, getrockneten Samen, Wurzeln oder ausgehöhlten Kürbissen praktische und dekorative Gegenstände produzieren, die danach mit Pflanzenfarben gefärbt werden. Daraus entstehen Ketten, Armbänder, Taschen, Ohrringe und ähnliches.
- Interessant sind auch die – in jedem Supermarkt erhältlichen – Gegenstände rund um den **Tereré**: Die Guampa (Trinkbecher) aus Kuhhörnern, Palo-Santo-Holz oder anderem Material, die Bombilla genannten Strohhalme mit einem Sieb am Ende (in der einfachen Ausführung aus Metall, aber auch aus Silber).

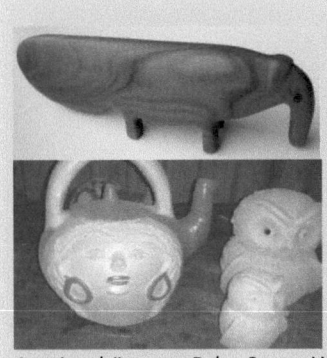 

Ameisenbär aus Palo Santo-Holz Holzstickrahmen für Ñandutí
Keramikkunst aus Itá

Nr. 6   Exkurs – Ñandutí

Eine der berühmtesten Handarbeiten aus Paraguay ist Ñandutí, eine Stickereiarbeit in sehr lebhaften Farben und dem Prinzip des Spinnennetzes nachempfunden. „Ñandu" bedeutet Spinne in der zweiten Landessprache Guaraní. Hauptstadt des Ñandutí ist die Stadt Itauguá, rund 30 Kilometer von Asunción entfernt auf der Autobahn 2. Allein beim Durchfahren der Stadt sieht man viele verschiedene Geschäfte, die ihre Produkte zeigen.

Noch immer stellen Kleinstbetriebe in Handarbeit aus Baumwollfäden weiße oder sehr farbenfrohe Stücke her, die dann zu Tischdecken, Tischsets, aber auch zu Ohrringen und anderen Accessoires und sogar ganzen Kleidungsstücken weiter verarbeitet werden. Aber es werden auch Gegenstände damit verziert: Krüge, Thermoskannen für den Tereré usw..

Ursprünglich für religiöse Rituale verwendet, gehören Ñandutístücke heute zu fast jeder Familie und sind auch Teil der Aussteuer. Frauen wählen auch gern Hochzeitskleider oder Hüte teilweise aus Ñandutí.

Bei dieser aufwendigen Technik wird zunächst ein dünnes Baumwolltuch auf einen Holzrahmen als Träger fest eingespannt. Auf dieses wird dann der Rahmen des zu fertigenden Stückes gemalt – oft ein Kreis, aber auch Ovale oder Rechtecke. Von diesem Rand aus wird dann mit einer Nadel der Baumwollfaden auf die gegenüberliegende Seite gespannt. Je nach gewünschtem Muster werden die Fäden dann immer wieder hin- und her gestickt. Das fertige Stück wird schließlich aus dem Baumwollstoff herausgeschnitten (die Fäden sind nur auf der Umrandung befestigt, und von der Rückseite wird der Trägerstoff vom Muster getrennt.

Musik: Paraguayer lieben Musik. Insbesondere auf dem Land kann man sagen, dass, wenn man keine Musik hört, es sicherlich Stromausfall gibt. Musik wird auch auf jeder Busfahrt gespielt. Bekannt ist Paraguay sowohl für **Gitarren**- als auch **Harfenmusik**. Wenn ein Film oder eine Veranstaltung Musikuntermalung hat, sind das meist Stücke mit einem dieser Instrumente. Dazu gibt es oft auch Tanzaufführungen, beispielsweise in Form des sogenannten **Flaschentanzes** oder der Galopera. Diese basieren auf der Tradition, Dinge auf dem Kopf zu tragen. In farbenprächtigen Kleidern (oft mit Ñandutístickerei) werden oft fünf oder mehr Flaschen während des Tanzes balanciert. In verschiedenen Restaurants in Asunción, aber auch anderorts gibt es sehenswerte Aufführungen, die sich dann mit paraguayischen Grillgerichten verbinden lassen. Es sind ausschließlich Frauen, die tanzen, meist nach freier Choreographie.

Ein besonderer Musikstil in Paraguay ist Guarania. Er wurde 1925 in Paraguay von dem Musiker José Asunción Flores geschaffen, um den Charakter des paraguayischen Volkes zum Ausdruck zu bringen. Dies wird durch die langsamen und melancholischen Rhythmen und Melodien erreicht, die in den Liedern verwendet werden. Viele Lieder sind sehr bekannt und werden oft gespielt, wie beispielsweise Recuerdos de Ypakaraí, Ne rendápe aju, Mis noches sin ti, Panambí Vera und Paraguaýpe. Die Guarania ist in den Städten hoch angesehen, aber nicht auf dem Land. Das liegt daran, dass die Menschen auf dem Land schnellere Lieder bevorzugen, wie zum Beispiel die paraguayische Polka, die mehr getanzt wird. Das Haus des berühmten Musikers kann man in Asunción (siehe Chacarita-Tour) besichtigen, und ein Denkmal gibt es in Stadt San Bernardino.

Weiterhin gibt es einige sehr landestypische Feste. Hierzu gehört vor allem das **Osterfest**, das fast noch wichtiger als Weihnachten ist. Ostereiersammeln ist nicht bekannt, obwohl es heutzutage in den Supermärkten importierte Schokoladenostereier und -hasen zu kaufen gibt. Stattdessen backt man zu Ostern vermehrt Chipa und besucht die Familie – zu der Zeit ist quasi ganz Paraguay unterwegs.

Wenn Sie zu Ostern in Paraguay sind, sollten Sie einmal versuchen, ein paar typische Dinge „mitzunehmen". So gibt es zu Ostern ganz besonders viel Chipa-Angebote, auch in unterschiedlichen Die Chiperien im Land verzeichnen in diesen Tagen die höchsten Umsätze, die Produktion wird eigens dafür gesteigert. In der Nacht auf Karfreitag gehen viele Menschen dann zur traditionellen Fußwaschung in die Kirche, und der Karfreitag wird häufig genutzt, um auf dem Friedhof die verstorbenen Verwandten zu besuchen. Insgesamt ist der Karfreitag ein sehr ruhiger Tag im sonst so lebhaften Paraguay. Anders als in Deutschland ist der Ostermontag in Paraguay kein Feiertag. Auch die in Deutschland und anderen vor allem europäischen Ländern praktizierte Sitte, diese Eier zu verstecken und sie von den Kindern suchen zu lassen, gibt es (noch) nicht in Paraguay. Dennoch wird auch in Paraguay in der Osterzeit mehr und mehr Schokolade, vor allem in Form von Eiern und Hasen, verkauft und gegessen. Eine Besonderheit in Paraguay ist die traditionelle Tañarandy-Prozession, die sich in den letzten Jahren zu einem der wichtigsten religiösen Volksfeste des Landes entwickelt hat. Begleitet werden die landesweit in vielen Ortschaften durchgeführten Prozessionen von traditionellen Gesängen der sogenannten "*estacioneros*". Das sind Gruppen von Musikern und Sängern, die in den Dörfern den Kreuzweg gehen und dabei ihre eigenen Kompositionen oder alte Passionsgeschichten singen. Mittlerweile gibt es Tañarandy-Prozessionen in vielen Orten im ganzen Land.

Das **San Juan-Fest** im Juni geht auf alte spanische Traditionen zurück und hat Verbindungen zum Johannesfeuer. In Paraguay hat es besondere Ausprägungen entwickelt, die stark von von der Kultur der Guaraní beeinflusst wurden. Es wird es mit zahlreichen lustigen, in Europa unbekannten Spielen auf zentralen Plätzen in den Städten gefeiert (siehe Foto). Essen und Spiele (vor allem in Form „sogenannter" Tests oder Mutproben (*pruebas*) sind die Hauptmerkmale des Festes in Paraguay. Höhepunkt ist die „Verbrennung des Judas", der Jesus verraten hat: das Anzünden einer mit Stoffresten gefüllten lebensgroßen Puppe (*mbokavícho*), die an einem hohen Baum oder ähnlichem aufgehängt ist. Der Judas wird in Paraguay oft auch durch einen Politiker, eine unerwünschte Person oder den Präsidenten der Republik selbst ersetzt. Darum herum gibt es Essensstände mit typisch paraguayischen Gerichten wie Mbejú, Bouletten (*pajagua maskada*), Chipa Soó (Maisklöße mit Fleischfüllung), geflochtenem Schweinefleisch (*chicharo trenzado*) und anderen.

Paraguayer lieben Feste, Umzüge und ähnliche Veranstaltungen, so dass die Wahrscheinlichkeit groß ist, eines zu erleben, wenn man auf dem Land unterwegs ist.
San Juan ist zwar kein offizieller Feiertag, aber es wird an einem Wochenende Mitte/Ende Juni in zahlreichen Orten im ganzen Land ausgiebig gefeiert.

San Juan-Spiele (von Jorge Pavón)

Flora und Fauna

Da es in Paraguay vielfältige Ökosysteme gibt – von Regenwald bis zur Trockensavanne, ist auch die Tier- und Pflanzenwelt sehr vielfältig und kann hier nicht in ihrer Gesamtheit dargestellt werden.
Klimabedingt gedeihen vor allem tropische und subtropische Pflanzenarten, die viel Wärme brauchen. Obst und Gemüse, das auch einmal Frost oder kühlere Temperaturen benötigt (Grünkohl, Äpfel) werden importiert. Je nach Jahreszeit kann man als Tourist verschiedene Früchte frisch genießen: Ananas, Avocados, Bananen, Mango, Maracuja (achten Sie einmal drauf – sie wachsen wie Weintrauben an rankenden Pflanzen und haben wunderschöne Blüten), Wassermelone sowie Zitrusfrüchte aller Art. Guaven werden wegen ihrer Empfindlichkeit vor allem zu Marmelade oder Süßigkeiten (*Dulce de Guayaba* verarbeitet, schmecken aber auch frisch hervorragend und können mit Schale gegessen werden. Papayas wachsen an einem eher hässlichen Baum mit Blättern nur in der Krone, doch die frischen und reifen Früchte sind mit nichts vergleichbar, was man in Europa kaufen kann. Die meisten Obstbäume wachsen wild fast überall, sogar auch in Asunción an der Straße. Für Europäer etwas unverständlich ist, dass viele Paraguayer diese Fruchtvielfalt nicht schätzen. Statt frischen Mandarinensaftes, den sie selbst aus Früchten im eigenen Garten herstellen könnten, trinken sie meist lieber Softdrinks, so dass viele Früchte nicht einmal geerntet werden.

Aus europäischer Sicht interessant und oft auch unbekannt ist beispielsweise der **Lapacho**, dessen hartes Holz auch als Bauholz sehr beliebt, aber heutzutage kaum noch erhältlich ist. Im ganzen Land stößt man immer wieder auf den herrlichen - Baum, dessen gelbe, rosarote oder weiße Blütenpracht im ab Juli ungefähr jeden Fotografen entzückt.

Einen völlig ungewöhnlichen Anblick bietet der **Flaschenbaum**, ein nativer Baum der Tropen und Subtropen in Südamerika. Sein Stamm besitzt die Form einer dickbauchigen Flasche, die ihm den Namen *palo borracho* (betrunkener Stamm, auf Guaraní heißt er Samu'u; lateinische Bezeichnung: *Ceiba chodatii*) eingebracht hat. In dieser flaschenförmigen Ausbuchtung sammelt er Wasser für die Trockenzeit – daher ist die Form im trockenen Chaco so ausgeprägt. Er blüht im Frühling etwa ab September mit großen Blüten und entwickelt dann avocadogroße samentragende Früchte, die nach und nach aufplatzen und einer Art Baumwolldekoration Platz machen, in denen diese Samen im wahrsten Sinne des Worte wie in Watte gehüllt eingebettet sind. Die Samen werden mit diesen weißen Fasern durch den Wind oft kilometerweit durch das Land getragen, so dass sich der Baum gut vermehren kann. Die Bäume werden je nach Region und Alter zwischen 5 und 23 Meter hoch, und die

Rinde der jungen Baumstämme ist mit dicken, kegelförmigen Stacheln besetzt. Auch wenn der Anblick anderes vermuten lässt – als Kopfkissenfüllung eignet sich diese „Wolle" leider nicht, dazu ist sie zu fein. Die Indigenen haben jedoch – und tun dies teilweise noch heute – die Fasern zu Seilen verarbeitet. Eine besonders eindrucksvolle Sammlung – ein Wald fast – von Flaschenbäumen steht übrigens in Filadelfia im Park neben dem Museum. Seine typisch bauchige Form bildet er jedoch nur im Chaco aus; in Ostparaguay fällt der Baum, auch wenn es ihn durchaus häufig gibt, daher fast gar nicht auf.

Überall im Land stehen **Mangobäume**, von denen es zwei Arten gibt: die paraguayische Mango mit kleinen gelben Früchten (sehr faseriges Fruchtfleisch) und die brasilianische mit großen mehrfarbigen Früchten. Fast noch wichtiger als die Früchte ist für Paraguayer jedoch ihre Funktion als Schattenbaum, unter dem man sich gern, wann immer Zeit ist, hinsetzt und mit der Familie oder Freunden Tereré trinkt. Die Bäume sind meist sehr groß und ähneln von der Form her einem Pilz, da sie ein sehr dichtes Blattwerk haben, das unten oft fast waagerecht abschließt und so ein schönes Dach für den Schattenplatz bietet.

Ebenfalls interessant sind die **Kokospalmen** (Coco del Paraguay, der deutsche Fachbegriff lautet Macauba-Palme) in Paraguay. Ihre Früchte sind nicht die auch in Europa bekannten Football-großen, mit Kokoswasser gefüllten Nüsse, sondern kleine golfballgroße Nüsse, die auch keine Flüssigkeit enthalten. Die Früchte werden in Paraguay zu organischer Seife (schönes Souvenir!), Öl und anderen Produkten verarbeitet. Der Baum wird bis zu 12 Meter hoch, hat fiese Stacheln am Stamm und blüht in 50-100 Zentimeter großen Blütenrispen, aus denen die Kokosnüsse (mehrere Hundert pro Rispe) wachsen. Diese Rispen duften sehr angenehm und werden in Paraguay an Weihnachten als Dekoration verwendet, weswegen für Paraguayer die Blüte stets die Assoziation mit diesem Fest weckt. Neben dieser Kokospalme gibt es noch zahlreiche andere Palmenarten in Paraguay.

Der **Palo Santo** (lateinisch: *Bulnesia sarmientoi, auf Deutsch oft mit Palisander verwechselt*) genannte Baum wächst nur im Chaco, hat sehr hartes Holz von hoher Dichte und geht daher in Wasser auch unter. Paraguayer schätzen das Holz sehr für den Bau von Möbeln, aber vor allem auch kleineren Gefäßen oder Dekoobjekten (Souvenir), als Duftstoff ähnlich wie Weihrauch beim Abbrennen sowie als Heilmittel in verschiedener Form: das Holz pulverisiert und als Tee aufgegossen oder die Rinde aufgegossen, soll gegen viele Krankheiten helfen. und auch das Öl wird kommerziell verwendet als Farbe. Die Farbe des Holzes reicht von olivbraun bis dunkelbraun; meist ist eine deutliche Maserung erkennbar, die bei Dekoobjekten gut zur Geltung kommt.

Nadelbäume gibt es nur sehr wenige in Paraguay. Da die meisten Laubbäume auch im Winter ihr Laub behalten, ist die Landschaft in Ostparaguay fast immer ein Meer von Grüntönen auf tiefroter Erde.

Auch die **Tierwelt** Paraguays ist außerordentlich differenziert und unterschiedlich zu Europa. So gibt es unter anderem Gürteltiere, Capybaras (Carpinchos; Wasserschweine), Tapire, Jaguare, Ameisenbären, Wildschweine, Echsen, Kaimane (Yacaré genannt) und viele Fischarten. Jedoch muss man nach den meisten Tieren explizit suchen, um sie zu sehen - die meisten Paraguayer in den Städten sehen täglich genauso viele Tiere wie ein durchschnittlicher Stadtmensch in Europa. Wenn man durch den Chaco oder in einen Nationalpark fährt, hat man jedoch gute Chancen, das ein oder andere Tier zu sehen. Der bis zu zwei Meter große fossil anmutende Ameisenbär ist beispielsweise eine vom Aussterben bedrohte Art, der aufgrund seiner Langsamkeit leider oft im Chaco überfahren wird.

Wenn man Wanderungen auf dem Land unternimmt, kann es schon einmal vorkommen, dass man Echsen sieht und auch mal einen Skorpion oder eine Schlange. Auch wenn dies nur selten vorkommt und nur die wenigsten Schlangen in Paraguay giftig sind, sollte man dann lieber vorsichtig sein und dies nicht näher begutachten wollen. Gefährlicher für Touristen sind eher die Kühe, die in Paraguay nicht im Stall stehen, sondern frei umherlaufen und gern auch mal die Autobahn nutzen!

International herausragend ist die Vielfalt der Vögel in Paraguay. Während für den normalen Touristen eher die auffälligen Vögel wie Tukane, Ibisse, Reiher, Rebhühner, Kolibri, Sittiche und andere Papageien sowie Nandus (Straußenart) hervorstechen, sind ornithologisch interessierte Reisende über die weit über 700 Vogelarten und fast 60 sogenannte IBA (*important bird areas*; wichtige Vogelgebiete) in Paraguay begeistert. Viele Arten, wie Kolibris (in Gärten), Reiher oder Flamingos (an den Lagunen entlang der Autobahn im Chaco) kann man einfach so entdecken, für andere **Vogelarten** muss man in spezielle Gebiete fahren, die jedoch auch ganz in der Nähe der Hauptstadt zu finden sind (Details siehe Kapitel 30).

Von links oben nach rechts unten: 1 Guave – 2 Obstverkauf an der Straße – 3 Carpincho (Wasserschwein) – 4 Tapir – 5 blühender Lapacho – 6 Gürteltier – 7 Kokosblüte

Von links oben nach rechts unten: 1 und 2 Costanera bei Tag und bei Nacht – 3 Beleuchteter Präsidentenpalast – 4 Fußballmuseum in Luque 5 Asunción aus der Luft über Villa Morra mit Shopping Paseo La Galeria und World Trade Center

Teil II

Städte und Tourenvorschläge

Top 10 Reiseziele in Paraguay

Eine Liste der „Top"-Reiseziele kann nur subjektiv sein. Nachfolgend stelle ich meine persönlichen Highlights in alphabetischer Reihenfolge vor.

NR.	REISEZIEL (ORT)	BESONDERHEIT	KAPITEL
1.	Asunción	Chaotische Großstadt im Spannungsfeld zwischen Tradition und Moderne. Viel Kultur, wenn man sie sucht.	1 + 2
2.	Cerro Koi (Areguá)	Seltene Gesteinsformation inmitten eines kaum besuchten Nationalparks	3
3.	Chacarita (Asunción)	Die Wiege Asuncións mit 60 tollen Wandgemälden (Street Art) in einer Tour für alle 5 Sinne	2
4.	Chaco: Mennonitenstädte	Unglaublich, was man in unwirtlicher Natur schaffen kann. Interessante Kultur, Indigene und gute Basis für Naturexkursionen	21
5.	Chaco: Natur	Fast unberührte Natur, Abenteuer pur, viele Tiere.	23
6.	Concepión	Meine Lieblingsstadt in Paraguay: ganz anders als der Rest des Landes, abgelegen, doch gut erreichbar und sehr ursprünglich. Viel Kultur mitten im Stadtbild - gleichzeitig viel Natur in der Nähe.	17
7.	Indigenenkultur	Fast überall im Land anzutreffen – von Handwerkskunst über indigene Dörfer und Touren. Auch in Kirchen gibt es indigene Malereien.	2, 6, 8, 11, 15, 21, 22, 26
8.	Jesuitenruinen	UNESCO-Welterbestätte. Beeindruckende Ruinen, Lichtspiele und vieles mehr	15
9.	Wasserfall Salto Monday (Ciudad del Este)	Toller Wasserfall, zu Unrecht wenig besucht, im Schatten der berühmten „Foz de Iguazú"-Fälle	13
10.	Wasserkraftwerk Itaipú	Hightech an der Grenze zwischen Paraguay und Brasilien mit zahlreichen weiteren zu besichtigenden Highlights. Zweitgrößtes Wasserkraftwerk der Welt	12

1. Asunción – Rundgang durch die Altstadt

Auf einem Rundgang von rund 3,5 Kilometern Länge lassen sich viele Sehenswürdigkeiten gut ablaufen:

1. Alte Bahnstation
2. Kathedrale „Catedral Nuestra Señora de la Asunción"
3. Cabildo
4. Präsidentenpalast
5. Costanera
6. Hafen von Asunción
7. Colón
8. Calle Palma
9. Casa de la Independencia
10. Panteón de los Héroes

Dieser Rundgang kann an jedem dieser Punkte begonnen werden und aufgrund der dicht beieinander liegenden Objekte auch in anderer Reihenfolge absolviert werden. Wenn man aus Villa Morra oder Carmelitas kommt, dann bietet es sich jedoch an, gleich bei der alten Bahnstation an der Plaza Uruguaya zu beginnen und die vorgenannte Reihenfolge zu erlaufen.

1. Alte Bahnstation (Ferrocarril Central)

Dieses Gebäude liegt auf der Straße Eligio Ayala direkt gegenüber der „Plaza Uruguaya", einem der vielen grünen Plätze Asuncións, der jedoch leider immer wieder von protestierenden und wenig hygienisch hausenden Indigenen bevölkert wird.
Die Bahnstation ist außer Betrieb; es gibt keinen Bahnverkehr mehr in Paraguay. Er gilt aber als der älteste Bahnhof Südamerikas; eine Tatsache, die immer wieder behauptet wird, jedoch nicht bewiesen ist, da die erste Bahn zwar in Paraguay gebaut wurde, aber erst 1861 fuhr, während in Peru die erste Bahn bereits 1851 gefahren ist. Im Inneren des auch von außen sehenswerten Gebäudes steht eine alte Lokomotive, die gern fotografiert wird. Noch interessanter sind die wenigen, aber sehr authentischen Exponate wie alte Fahrkarten, Personalausweise, ein alter Fahrkartenschalter sowie sonstige technische Geräte.

💰 Ausländer 10.000 PYG, Einheimische 5.000 PYG

🕐 Montag-Freitag 8.00-16.00 Uhr, Samstag/Sonntag 9.00-13.00 Uhr

Vom Bahnhof geht es Richtung Westen (aus der Bahnstation kommend nach rechts) auf der Eligio Ayala wieter, biegt in die 5. Querstraße namens "Independencia Nacional" rechts ein und überquert die Straße "Mariscal López". Direkt an dieser Straßenecke liegt die

2. Kathedrale "Catedral Nuestra Señora de la Asunción"

Die Kirche wurde 1850 in der Regierungszeit von Carlos Antonio López rekonstruiert, nachdem die erste Kirche an diesem Ort 1543 durch einen Brand fast vollständig zerstört worden war. 2009 wurde sie zu einem der sieben nationalen Kulturerbe *(Tesoro del Patrimonio)* von Asunción erklärt.

Nur einen Straßenblock weiter ist man bereits am Cabildo. Hierfür geht man auf der Straße Independencia Nacional am Parkplatz entlang weiter Richtung Fluss und biegt in die zweite Querstraße (Avenida República) links ein. An der Ecke zur Straße Tebicuary liegt das

3. Cabildo/Altes Parlamentsgebäude

Das historische lachsrosafarbene Gebäude ist eines der sieben nationalen Kulturerbestätten von Asunción. Es war Sitz der Senatorenkammer (quasi Oberhaus) des Parlaments, bis dieses in den neuen Regierungspalast umzog. 2004 wurde es in ein Kulturzentrum (Centro Cultural) umgewandelt und beherbergt heute mehrere Museumssäle. Eines davon ist das "Museo del Immigrante" mit zahlreichen Exponaten und detaillierter Aufzählung von Jahreszahlen und Einwanderergruppen nach Paraguay (allerdings alles nur Spanisch). Auch der alte Sitzungssaal des Parlaments kann besichtigt werden. Aus dem zweiten Stock hat man einen guten Überblick über "Chacarita" (siehe Tour in Exkurs Nr. 8).

Der Eintritt ist frei.

Montag-Freitag 9.00-20.00 Uhr, Samstag, Sonntag und Feiertage: 9.30-17.00 Uhr.

Nun geht man auf der "Avenida República" weiter und biegt in die nächste Straße „Río Jejuí" links ein. Das Gebäude mit der Sandsteinfassade vor der Glasfront direkt an der Ecke ist übrigens die Senatorenkammer.

Gleich die nächste Straße ("Paraguayo Independiente") biegt man wieder rechts ein und passiert an der nächsten Kreuzung mit der Straße "Río Ypane" ein etwas hausbacken-futuristisches Gebäude mit einer Art Ufo auf dem Dach – dies ist der Sitz des **Parlament**es **(Congreso Nacional)**

Folgen Sie dem Weg weiter auf der "Paraguayo Independiente". Zwischen den beiden nächsten Querstraßen liegt der Präsidentenpalast (Palacio de Gobierno bzw. Palacio de López)

4. Präsidentenpalast (Palacio de Gobierno/Palacio de López)

Das große weiße Gebäude, das entfernt an das Weiße Haus in Washington erinnert, ist Sitz des Präsidenten und der Regierung. Es wurde 1857-1867 vom Präsidenten Carlos Antonio López als Residenz für seinen Sohn, General Francisco Solano López vom englischen Architekten Alonso Taylor gebaut. Die verwendeten Materialien stammen fast alle aus Paraguay – Holz aus Ñeembucú und Yaguarón, Bruchsteine aus Emboscada und Altos, Ziegelsteine aus Tacumbú usw. Die Dekoration erfolgte durch verschiedene europäische Künstler. Eine Besichtigung ist nur von außen möglich.

"Centro Cultural Manzana de la Rivera"

Dreht man sich vom Präsidentenpalast um und biegt in die senkrecht davon abgehende Straße "Juan E. O´Leary" ein, sieht man auf der linken Seite das Kulturzentrum. Dieses schön restaurierte Kolonialhaus beherbergt eine kleine,

sehr schöne Bibliothek sowie Räume für kulturelle Veranstaltungen und Ausstellungen.
💰 Der Eintritt ist frei.

5. Costanera (Norte)
Geht man am Präsidentenpalast auf der Straße ein klein wenig weiter, sieht man bereits die Straße, die am Fluß entlang führt. Diese "Costanera" (Uferpromenade") genannte Straße wurde erst im Juli 2013 offiziell eingeweiht und ist tagsüber eine relativ normale Straße, aber mit schöner Aussicht.
Ab 2024 wird die Costanera Norte, wie sie offiziell heißt, mit der Costanera Sur vereint. Letztere verläuft über 7,6 Kilometer vom Berg Lambaré bis zur „Avenida Colon" im historischen Viertel (Microcentro) von Asunción.
Abends oder am Wochenende lohnt sich ein Besuch (siehe Tour Nr. 2) besonders. Tagsüber kann man einen kurzen Blick auf die Costanera werfen und läuft dann besser rund 300 Meter weiter am Fluss entlang auf der Straße "Paraguayo Independente" und gelangt so zum

6. Hafen (Puerto) von Asunción
Hier liegen teilweise Containerschiffe. Teile der Zollverwaltung haben ihren Sitz in diesem Gebäude und Gelände, das öffentlich zugänglich ist und auch für Kulturveranstaltungen (Theateraufführungen im Zollgebäude oder Open-Air-Veranstaltungen) genutzt wird. Der Hafen ist sehr klein, aber man kann einige alte Kräne aus dem 19. Jahrhundert sehen und hat einen schönen Blick auf das andere Flussufer, wo schon der Chaco beginnt.
Vom Hafen aus geht man jetzt am besten direkt in die dort im rechten Winkel abgehende Straße

7. Colón
bis zur Straßenecke "Palma". Auf der linken Seite unter einem Säulengang liegen zahlreiche Kunsthandwerkgeschäfte, die schöne Souvenirs haben: Lederarbeiten, Ñandutí, Ao Po'i, Filigrana, Bilder und vieles andere mehr. Die Preise sind meist nicht überteuert.

8. Calle Palma (Einkaufsstraße)
Dann biegt man links in die Shopping-Straße Palma ein (mit dem Auto geht es nicht, da die Einbahnstraße in die Gegenrichtung führt). Nach rund 550 Metern macht man einen Abstecher in die "Jejui" bis zur nächsten Kreuzung (ca. 50 Meter, Ecke "Presidente Franco" und "14 de Mayo") und kann das

9. Casa de la Independencia
besichtigen. Das heute als Museum dienende kleine, alte Kolonialgebäude hat hohen historischen Wert, da es bei der Erlangung der Unabhängigkeit von Spanien im Jahr 1811 eine große Rolle als Versammlungsort spielte. Ein Besuch lohnt sich vor allem, wenn man einen guten Führer dabei hat, der die Exponate erklären kann, da es didaktisch wenig aufbereitet ist. Es enthält alte Originalmöbel, Bilder und sonstige historische Exponate. Interessant ist, dass man einen typischen Aufbau eines paraguayischen Hauses sehen kann.

Insgesamt ist die Hafengegend und das historische Stadtzentrum leider in sehr schlechtem Zustand. Aber die alten Fassaden der zahlreichen Kolonialhäuser lassen den Glanz früherer Zeiten erahnen. Neuerdings wurden gerade in der Gegend einige Fassaden farbenfroh mit Malereien (insbesondere Indigenenthemen) bemalt.

Nach dem Besuch des Hauses geht man zurück auf der 14 de Mayo bis zur Palma, in der man seinen Weg nach links fortsetzt. Schon nach 50 Metern auf der Palma liegt übrigens auf der linken Straßenseite die Zentrale des staatlichen **Tourismusbüro**s "SENATUR" – ein kurzer Halt hier lohnt sich unbedingt. Dort erhält man nicht nur umfangreiches kostenloses Informationsmaterial, sondern kann auch kleinere Exponate wie verschiedene einheimische Harthölzer, versteinertes Holz und anderes ansehen. Außerdem gibt es zahlreiche Souvenirshops, die sehr hochwertiges Kunsthandwerk (entsprechend auch etwas teurer) verkaufen sowie einen Buchstand mit Büchern über Paraguay.

Weiter geht es auf der Palma über die nächsten beiden, sehr eng beieinander liegenden Querstraßen ("Alberdi" und "Chile", insgesamt nur 130 Meter Weg) zum

10. Panteón de los Héroes/Heldenruhmeshalle

Diese ganz in weiß gehaltene Heldengedenkstätte ähnelt vom Aussehen dem Invalidendom in Paris, ist jedoch viel kleiner. Im Innern sind die sterblichen Überreste der Präsidenten Carlos Antonio López und Francisco Solano López sowie die Gebeine des Chacohelden José Felix Estigarribia und die des Unbekannten Soldaten in einem mit einer paraguayischen Flagge dekorierten Sarg aufbewahrt und werden von Gardesoldaten bewacht. Der Bau wurde 1863 begonnen, aufgrund von Kriegen jedoch erst 1936 fertig gestellt.

Vom Pantheon aus gesehen gegenüber auf der anderen Straßenseite der Palma liegt das über 60 Jahre alte Traditionslokal "Lido", das auch bei Paraguayern sehr beliebt ist. Hier kann man verschiedene typisch paraguayische Gerichte wie z.B. Fischsuppe (*caldo de pescado*), Bori Bori (Hühnereintopf mit Mais-Käsebällchen), Empanada und vieles andere mehr probieren und hat dabei einen wunderschönen Blick auf das Pantheon.

Von der "Palma" aus gesehen hinter dem Pantheon liegt eine kleine Grünanlage. An deren nächster Querstraße "Estrella" gibt es wiederum einen kleinen, aber sehr interessanten Souvenirmarkt („Paseo Artesanal") unter freiem Himmel. Direkt von der Straße dahinter (Oliva, 2. Parallelstraße oberhalb der Palma) fahren zahlreiche Buslinien Richtung neues Zentrum Villa Morra – teilweise über die Straße España, teilweise über die Mariscal López, so dass man sehr praktisch fast überall hin kommt (Achtung: Busfahren geht nur mit einer speziellen Prepaidkarte – siehe Kapitel Verkehr).

⛪ **Kirche „Nuestra Señora de la Encarnación"**

Wer noch Zeit, Lust oder Kraft hat, kann vom Panteon auch noch einige Straßenblocks hoch (Richtung Süden) gehen bis zur Kirche Iglesia Nuestra Señora de la Encarnación. Sie befindet auf einem der sieben Hügel, auf denen die Stadt gebaut ist, und nimmt fast einen ganzen Block zwischen den Straßen "Haedo", "14 de Mayo", "Humaita" und "Alberdi" ein. Der Eingang befindet sich auf der Humaíta. Das Gebäude ist leider in sehr schlechtem Zustand. Die Kirche wurde 1893 unter dem italienischen Architekten Juan Colombo im romanisch-korinthischen Stil erbaut, ähnlich der Kathedralen in Europa. 1992 wurde sie zum historischen Monument dekchriert.

Diesen Rundgang macht man am besten zu Fuß. Im Stadtzentrum gibt es viele Einbahnstraßen und wenig Parkmöglichkeiten, so dass die Tour mit dem Auto eher mühsam ist.

✈ Mit dem Bus ist die Anreise ganz einfach – zahlreiche Busse (u.a. die 1, 6, 12-2, 12-5, 16.2, 30, 36, 57, 56 und 88) fahren entweder über die "Mcal. López" oder die "España" ins historische Stadtzentrum. Auf den Bussen sollte "Sajonia" oder "Colón" als eines der Ziele stehen. Dann steigt man dort aus, wo man den Rundgang beginnen möchte, also entweder am Eisenbahnmuseum an der Plaza Uruguaya oder an der Straße "Colón" und beginnt mit der Hafengegend.

Zurück Richtung Villa Morra oder San Lorenzo fahren die Busse auf der "Cerro Corá" bzw. "Herrera".

Eine sehr ähnliche Tour kann man auch in dem **Sightseeing-Bus** „Asunción City Tour" machen. Es werden zahlreiche touristische Sehenswürdigkeiten und Stadtviertel abgefahren, darunter natürlich auch die oben genannten. Tickets gibt es im Shopping del Sol bei „Interviajes del Sol" und im Hauptbüro von SENATUR auf der Palma im Stadtzentrum. Der Reiseführer spricht auch Englisch.

🕐 Zeiten variieren, man muss sich aktuell informieren.

💰 150.000 PYG pro Person

Nr. 7   Exkurs – Asunción

15.8.1537 gegründet, oft auch als Mutter der Städte (*Madre de Ciudades*) bezeichnet, da von hier aus die Exkursionen für die Gründung von Buenos Aires und anderen Städten starteten. Die Stadt liegt auf sieben Hügeln, was man auch in der historischen Altstadt etwas merkt; im Allgemeinen hat sie aber keine steilen Straßen, und die Höhe über dem Meeresspiegel beträgt an keiner Stelle mehr als 120 Meter. Mit 117 Quadratkilometern ist die Stadtfläche ungefähr doppelt so groß wie Manhattan. Die Stadt selbst hat allerdings nur rund eine halbe Million Einwohner, wobei täglich deutlich mehr Menschen zur Arbeit hineinpendeln. Trotz der eher geringen Einwohnerzahl hält die Verkehrsinfrastruktur nicht mit. Da es keine Bahn oder U-Bahn gibt, verläuft sämtlicher Vekehr auf der Straße. Da es wenig mehrspurige Straßen gibt, kaum Brücken oder und keine Kreisverkehre oder ähnliche Verkehrsflussmaßnahmen, ist die vorherrschende Verkehrssituation der Stau. Die Straßenzüge selbst sind sehr übersichtlich und schachbrettartig aufgeteilt, so dass man sich schnell im Zentrum und auf Stadtplänen zurechtfindet. Der Großteil der asphaltierten Hauptstraßen sind Einbahnstraßen; die jeweilige Verkehrsrichtung wird durch einen Pfeil auf den Straßennamens-Schildern angezeigt.

Bis vor 15 Jahren prägten niedrige Gebäude das Stadtbild von Asunción; bis auf wenige Ausnahmen gab es kaum Hochhäuser. Daher erstreckt sich die Stadt über eine große Fläche, auch wenn sie nach wie vor – je nach Defintion – nur rund 600.000 Einwohner hat. Dies hat sich in den letzten rund fünf Jahren dramatisch geändert, vor allem außerhalb des historischen Stadtzentrums (Microcentro) entstanden zahlreiche sehr moderne hochgeschossige Bürogebäude; unter anderem auch die drei Türme des "World Trade Center" gegenüber dem Shopping del Sol.

Direkt anschließend an Asunción sind die Städte Fernando de la Mora (dicht gefolgt von San Lorenzo), Mariano Roque Alonso Richtung Chaco, Luque und Lambaré. Die Übergänge zu diesen de facto eigenständigen Städten sieht man nicht und sind auch nicht ausgeschildert.

2. Asunción Spezial

Neben einem Stadtrundgang in der historischen Altstadt gibt es zahlreiche weitere Attraktionen, die es lohnen, in Asuncíon mehr als einen Tag zu verbringen. Es sind viele Kleinode, die einzigartig sind. Einige davon sind beispielhaft nachfolgend in alphabetischer Reihenfolge aufgelistet.

Bootsfahrt über den Rio Paraguay in den "kleinen Chaco"
Von der Costanera aus gibt es kleine Boote, die auf die andere Flussseite nach Chaco´í (Guaraní für "kleiner Chaco") fahren. Die rund 20-30minütige Fahrt als solche ist bereits lohnenswert, und vom anderen Ufer aus hat meinen einen guten Panoramablick auf die Hauptstadt. Die Fähren werden vom Transportministerium reguliert und sind daher sehr günstig. Es gibt auch auch private Anbieter, die sogar Autos transportieren können (fahren ab "Dr. Mazzei" ab).
🕐 Abfahrten rund alle halbe Stunde während des gesamten Tages
💰 3.500 PYG pro Person und Fahrt (rund 0,60 Euro), da staatlich reguliert (Trinkgeld wird akzeptiert).
✈ Die Boote fahren an der Costanera Ecke "Montevideo" ab.

Friedhof Recoleta
Der Friedhof Recoleta ist für Westeuropäer, aber auch für Asiaten, aufgrund der Besonderheit sehenswert, dass sich die Gräber in hausähnlichen Familiengruften (Panteones, siehe Foto rechts) befinden. Es geht die Geschichte von asiatischen Einwanderern um, die als Broterwerb Zeitungsabonnements verkaufen wollten, zur Kundenakquise die vor allem im Vergleich zu den normalen Wohnhäusern wunderschönen Häuser auswählten und sich wunderten, warum ihnen niemand öffnete…
Der Friedhof hat eine Gesamtfläche von 17 Hektar (170.000 Quadratmeter) und ist letzte Ruhestätte von über 18.000 Menschen. Im gleichnamigen Stadtbezirk direkt an der Straße „Mariscal López" gelegen, nimmt er auch den Großteil der Fläche dieses Bezirkes ein.

Recoleta

Künstlerviertel San Jerónimo und neues Regierungsviertel
Im April 2023 wurde das neue Regierungsviertel in Asunción eingeweiht. Es liegt hinter dem Hafen (siehe Punkt 6 im Stadtrundgang von Asuncíón). Die Idee war, durch den Bau mehrer hoch-

geschossiger Regierungsgebäude auf einer Brache direkt hinter dem Hafen eine bessere Koordination verschiedener Ministerien zu ermöglichen – und den Bürgern Behördengänge an einem einzigen Ort zu ermöglichen. Das Viertel ist jetzt ein sehr modernes geworden, die die Skyline von Asunción deutlich beeinflusst – es gibt dort allein fünf neue Hochhäuser, von denen drei über zehn Stockwerke haben – in Paraguay noch immer eher eine Seltenheit. Über 6.500 Beamte arbeiten dort. Zusätzlich zu den Büros wurde ein Civic Hub mit einem Auditorium mit 1.000 Plätzen und Parkplätzen gebaut, das für künstlerische Aktivitäten genutzt wird. Außerdem gibt es dort eine neue Metrobus-Haltestelle.

Und wenn man nicht deswegen extra dorthin fahren möchte, dann lohnt das in unmittelbarer Nachbarschaft gelegene Künstlerviertel San Jerónimo unbedingt einen Besuch. Die Umgestaltung des Geländes für die Regierung umfasste nämlich auch eine Restaurierung des wirklich sehenswerten, aber unbekannten Künstlerviertels. Dort gibt es interessante Streetart-Kunst, pittoreske kleine Cafés, künstlerisch gestaltete Treppen und Gänge – und einen tollen Blick auf das neue Regierungsviertel.

Mercado 4 (Petirossi-Markt)
Dieser Markt ist der größe Konsumentenmarkt in Paraguay mit rund 2.000 lizensierten Verkäufern, die täglich über 3 Millionen US-Dollar umsetzen. Man kann dort fast alles kaufen – Obst, Gemüse, aber auch wortwörtliche Berge von Turnschuhen, Fleisch und anderen Waren. Der Markt beginnt schon mitten in der Nacht, bis zum späten Vormittag kann man das größte Gewusel besichtigen, danach erst ebbt es etwas ab. Geöffnet sind die meisten Stände bis zum frühen Abend. Es gibt sogar einen international bekannten Kinofilm, der im Mercado 4 spielt und auch dort gedreht wurde (Titel: 7 Cajas). Der Markt nimmt eine große Fläche sowohl in einem Gebäude als auch drumherum ein und befindet sich zwischen den Straßen "Petirossi", "Gaspar Rodríguez de Francia" und "Perú".

Direkt an der "Petirossi" steht eine mehrstöckige Backsteinhalle, die ursprünglich als Marktgebäude vorgesehen war. Sie wird auch als solche genutzt, vor allem im Erdgeschoss sind die vielen Fleischstände mit Schweinedärmen, Innereien usw. sehr beeindruckend für alle Sinne. Das lebhafteste Treiben spielt sich vor allem im Freien ab, mit zahlreichen Ständen mit Obst- und Gemüseständen und teilweise lebenden Tieren. Fotomotive gibt es reichlich, aber ausnahmsweise sollte man hier ein wenig aufpassen, da die Verkäufer mittlerweile wissen, dass viele der gezeigten Dinge auch bedenklich (aus Tierschutz-, Hygiene- und weiteren Gründen) sind und Fotos nicht immer gutheißen. Im Großen und Ganzen lieben es Paraguayer jedoch, fotografiert zu werden. An zahlreichen Imbissständen kann man auch Essen und Getränke kaufen; Menschen mit empfindlichen Magen sollten aber eventuell etwas vorsichtig sein.

Mercado 4

✈ Der Markt liegt 2,5 Kilometer vom historischen Zentrum (Panteón) oder – aus der anderen Richtung – sechs Kilometer vom Shopping Mariscal entfernt ganz in der Nähe der sehr bekannten Straße „Perú" (Seitenstraße der Mariscal López). Auf der Straße „Petirossi" beginnen bereits die vielen Straßengeschäfte, so dass es sich empfiehlt, ab hier zu Fuß zu laufen. Man kann auch über die Straße „Eusebio Ayala" fahren (Parallelstraße südlich zur „Mariscal López"), die dann den Namen in Petirossi ändert, bis zur Querstraße Perú. Parken ist jedoch sehr schwierig und nicht ganz ungefährlich, da hier den ganzen Tag Lieferfahrzeuge kreuz und quer fahren.

Vom Shopping Mariscal López aus kann man alle Busse besteigen, die Richtung Zentrum (Beschriftung beispielsweise „Sajonia" oder „Centro") fahren. Alle biegen links auf die „Perú" ab, um dann die „Azara" weiter Richtung Zentrum zu fahren. An der Ecke „Perú" und „Azara" steigt man aus und läuft am besten die wenigen restlichen Straßen (rund 450 Meter) zu Fuß. Auf der Eusebio Ayala fährt man vom Zentrum oder von San Lorenzo kommend am besten mit dem Bus Nr. 29 fast direkt bis zum Markt. An einigen Buslinien steht als Zwischenziel auch explizit "Mercado 4".

Es gibt in Asunción noch einen weiteren bekannten Markt, den Großmarkt „Abasto", der jedoch nicht so exotisch wie der Mercado 4 ist.

Nachts/Wochenende
Asunción hat ein sehr aktives Nacht- und Partyleben entwickelt. Gerade im Bereich Villa Morra gibt es zahlreiche Restaurants und Bars. Hier ein paar zusätzliche Tips:

- Nachts wird der Präsidentenpalast schön beleuchtet und ist, sowohl von der Vorder- als auch der Rückseite (von der Costanera aus) betrachtet ein schönes Fotomotiv.
- Die Costanera wird sonntags für den Fahrzeugverkehr gesperrt und zu einer Uferpromenade für Fußgänger, Rad- oder Inlinefahrer, Künstler und kleine Händler.
- Wenn es dunkel wird, tauchen landesweit wie aus dem Nichts kleine Straßenstände auf, die auf selbstgebauten Grills oder fahrenden Ständen kleine Snacks (Asadito) und teilweise ganze Gerichte anbieten.
- In den letzten Jahren sind viele Rooftop-Barss mit einer tollen Aussicht über die Skyline von Asunción entstanden. Sie sind sehr einfach in Google Maps zu recherchieren, da Einträge immer

„Rooftop" in der Bezeichnung haben. Rooftop Bars gibt es oft in Verbindung mit Hotels, die meisten sind in der historischen Altstadt, um Recoleta und Villa Morra. Egal, wo man übernachtet, hat man es nicht weit.

Ñandutí-Brücke

Die Brücke „Pasarela de la Cultura" wurde für die Odesurspiele 2022 (Art olympische Spiele für Südamerika) eröffnet. Die Brücke ist der traditionellen Textilkunst Ñandutí nachempfunden und führt vom Park Nu Guasu über die Autobahn in Asuncion zum Olympischen Park. Tolles Fotomotiv, nachts hübsch angeleuchtet.

Ñandutí-Brücke

Asunción hat landesweit die höchste Dichte an unterschiedlichen Museen, von denen nachfolgend einige interessante und ungewöhnliche aufgelistet sind.

Museen

Neben den auf dem Stadtrundgang in Tour Nr. 1 erwähnten Museen verfügt Asunción über eine Vielzahhl unterschiedlicher Museen. Viele sind für Touristen nicht so interessant, weil sie entweder nur sehr wenige Exponate haben, unregelmäßig geöffnet sind oder die Exponate schlecht bis gar nicht erklärt werden. Nachfolgend werden beispielhaft einige für Touristen interessante Museen in alphabetischer Reihenfolge aufgeführt.

Museum CAV / Museo del Barro

Eines der wichtigsten Museen in Paraguay ist das CAV („Centro Arte Visuales", Zentrum für bildende Kunst,) in Asunción, allgemein als „Museo del Barro" bezeichnet, obwohl es strenggenommen nur eines der drei Museen unter dem Dach des CAV ist:

- Museum für indigene Kunst (Museo de Arte Indígina)
- Keramikmuseum (Museo del Barro)
- Museum für zeitgenössische Kunst (Museo Paraguayo de Arte Contemporáneo)

Es ist ein einzigartiges Museum, in dem man an einem Ort viele existierende Kunsthandwerke des Landes kennenlernen kann. Absolut faszierend ist die Ausstellung der indigenen Kunst, die oft aus Kakusfasern besteht, aber auch die höhlenartige „sixtinische Kapelle". Eine Farbexplosion (siehe Fotos Seite 72)!

Die Direktoren sind in Paraguay sehr berühmte Künstler oder Kunstkenner: Ticio Escobar (er war auch einmal Kulturminister), Osvaldo Salerno, Felix

Toranzos und Lia Colombino. Das Museum hat auch einen Youtube-Kanal (www.youtube.com/@museodelbarro8546), der zwar auf Spanisch ist, aber allein das Anschauen der unterschiedlichen Kunsttechniken, die es in Paraguay gibt, ist sehr interessant.
ⓘ www.museodelbarro.org (nur Spanisch, aber sehr übersichtlich und viele Fotos)
Dienstag, Mittwoch und Donnerstag von 14.00-20 Uhr (Eintritt 50.000 PYG); Freitag und Samstag 14.00-20.00 Uhr (Eintritt kostenlos)
✈ Sehr gut zu Fuß erreichbar in der Nähe vom Shopping del Sol bzw. Paseo La Galeria (Grabadores del Cabichuí 2716 Ecke Cañada y Emeterio Miranda).

Kunsthandwerk der Indigenengruppe der Ayoreo

Fußballmuseum
✈ Asunción (genauer gesagt, die Nachbarstadt Luque, in der auch der Flughafen liegt) ist Sitz des südamerikanischen Fußballverbandes CONMEBOL (das Pendant zur UEFA in Europa). Dort befindet sich ein großes Gelände mit mehreren Gebäuden. Der gesamte Komplex wird „Haus des südamerikanischen Fußballs" (La Casa del Fútbol Sudamericano) genannt und beherbergt neben dem Museum auch ein riesiges Konferenzzentrum und ein modernes Luxushotel. Wenn man vom Flughafen nach Asunción fährt, sieht man es nach wenigen Kilometern auf der linken Straßenseite.
Mit seinen beiden riesigen, nachts angeleuchteten Fußbällen ist es auch bei Dunkelheit nicht zu übersehen. Der eine, auf einem Pfal sitzende Fußball ist etwas kleiner und gut von der Hauptstraße aus sichtbar.

Das im Januar 2009 eröffnete Museum beherbergt auf einer Fläche von 9.450 Quadratmetern rund 1.800 Exponate. An der Seite des Gebäudes liegt in einem kleinen Teich ein riesiger Fußball, den man vom Museum aus auch begehen kann (innen ist ein großer Saal mit Videoleinwänden).
Im Vergleich zu vielen anderen Museen in Paraguay ist das Fußballmuseum didaktisch gut aufgebaut, und es gibt zahlreiche erläuternde Schilder zu den Exponaten beziehungsweise großen Themen. Auch das Video ist interessant gemacht. Insgesamt ist es ein kurzweiliger Besuch, der aufgrund schon des begehbaren Fußballs ein wirklich interessanter Ausflug ist
ⓘ Tel.: +595 (0)21 645 781; E-Mail: conmebol@conmebol.com.py (auf E-Mail-Anfragen wird jedoch so gut wie gar nicht geantwortet).

🕐 Montag-Freitag 8.30-12.00 Uhr und von 14.30-18.00 Uhr.

💰 Der Eintritt ist frei.

✈ Autopista Silvio Petirossi Ecke Avenida Sudamericana. Der große Komplex ist gut von der Autopista (Straße, die zum Flughafen führt) zu sehen. Rund 1,7 Kilometer von der Einfahrt des Flughafens entfernt.

❗ Da es nicht so viele Besucher gibt, ist es ratsam, sich vorher telefonisch zu erkunden, ob das Museum geöffnet ist.

Museum der Erinnerungen und Archive des Terrors

Anfang Februar 1989 flüchtete der damalige Diktator Alfredo Stroessner (1954-1989) ins Exil, ohne für 35 Jahre Diktatur Rechenschaft ablegen zu müssen. In der Bevölkerung gab es zwei Extreme: Diejenigen, die den Diktator vergötterten und von seinem Regime profitierten und jene, die sich ihm widersetzt hatten und massiv unter dem Regime gelitten hatten. Eine Aufarbeitung der Geschichte gab es damals nicht. Dies änderte sich, als 1992 Archive der Polizei und der Regierung über seine Regierungszeit wurden – Polizeiaufzeichnungen, Listen von Gefängnisein- und -ausgängen, Dokumente und Fotos von Menschen, die während der Diktatur gestorben waren. Über 700.000 Seiten Dokumente. Nun konnten willkürliche Verhaftungen, Verfolgungen und Folterungen nicht mehr geleugnet werden.

Diese Dokumente – auch als Archiv des Terrors bezeichnet - wurden der Justiz übergeben, um ein Dokumentationszentrum einzurichten, das den Opfern von Menschenrechtsverletzungen eine juristische Dokumentation zur Verfügung stellen sollte, damit sie den Staat für die im Bereich der Menschenrechte verursachten Schäden verklagen konnten. Ab 2006/2007 wurde das Zentrum in ein Museum in den Räumlichkeiten des Justizpalastes umgewandelt (Museo de la Justicia). Für Hunderte von Paraguayern, die während der Diktatur unter Repressionen und Inhaftierungen zu leiden hatten, wurde dieses Archiv zu einer echten Möglichkeit, ihre Tragödie zu dokumentieren.

Museo de las Memorias

Außerdem wurde in der Innenstadt das ehemalige „Nationale Direktorat für technische Angelegenheiten" (DNAT, Dirección Nacional) in ein Museum umgewandelt. Das DNAT war zu Zeiten der Diktatur de facto eine Foltereinrichtung. Mehr als 30 Jahre lang wurden in dieser als „Ausbildungsstätte" für Polizisten und Haftanstalt genutzten Einrichtung Tausende von Gegnern der Militärdiktatur Stroessners inhaftiert und gefoltert. Nach der Schließung der DNAT wurde das

Gebäude zunächst in öffentliche Büros, später in das heute Museum der Erinnerungen (Museo de las Memorias) umgewandelt. Dabei wurde das es in seinem früheren Zustand als Gefängnis rekonstruiert, um eine Erinnerung zu schaffen. Dies geschah auf der Grundlage von Zeugenaussagen ehemaliger politischer Gefangener sowie fotografischem und audiovisuellem Material aus dieser Zeit.

Im Museum sind in 14 Räumen Gemälde, Grafiken und historische Objekte ausgestellt, die die Menschenrechtsverletzungen während der Diktatur eindrucksvoll illustrieren. Dazu gehören auch die Zellen, in denen die Gefangenen menschenunwürdigst hausten und gefoltert wurden. Neben einer wirklich gut verständlichen Art, die Grausamkeiten den Besuchen nahezubringen, gibt es zusätzlich einen sehr engagierten Museumsmitarbeiter, der gern für Informationen bereitsteht und zwei kurze Videos (auch englisch untertitelt), die die Entdeckung der Archive und die Hintergründe sehr eindrucksvoll darstellen und auch Zeugen zu Wort kommen lassen.

Interessanterweise hat genau über den Zellen heute die Organisation für Menschenrechte ihre Büros.

Nach dem Auftauchen dieser Archive änderte sich die Auffassung vor allem der neuen Generationen darüber, was der Stronismus war. Menschenrechtsverletzungen konnten nicht mehr geleugnet werden, und Stroessner konnte nicht mehr als "guter alter Mann" in Erinnerung bleiben, der nicht wusste, was seine Mitarbeiter taten. Der Blick, den die Paraguayer auf das Stroessner-Regime geworfen hätten, wäre viel wohlwollender gewesen, wenn es diese Beweise nicht gegeben hätte.

Übrigens: Stroessner (1912 in Encarnación geboren) war Sohn eines deutschen Einwanderers und einer Paraguayerin.

Beide Museen können besichtigt werden – es lohnt sich!

ⓘ Archive des Terrors: Palacio de Justicia (Justizpalast), Straße Alonso y Testanova. Telefon: (021)425-727. Montag-Freitag 7:00-18.00, Samstag 8.00-12.00 Uhr

ⓘ Museo de las Memorias: Straße Chile 1066, Montag-Freitag 9.00-16.00

Telekommunikationsmuseum

Erst 2015 wurde das Telekommunikationsmuseum (Museo de telecomunicaciones "Saturio Ríos") eröffnet. Saturio Ríos war der erste Telegrafist Paraguays. Das Museum wird von der staatlichen Telekommunikationsbehörde CONATEL betrieben und befindet sich in deren Gebäude. Diverse staatliche und private Firmen haben Exponate beigetragen und erzählen die Geschichte der Telekommunikation in Paraguay.

ⓘ Besucher sollten sich vorher erkundigen. Tel. +595 (0)21 44 00 20

🕒 Montag-Freitag 8.00-15.00 Uhr

💰 Der Eintritt ist frei

✈ "Presidente Franco" 780 (Ecke "Ayolas") im historischen Zentrum ganz in der Nähe des Präsidentenpalastes.

Nr. 8 Chacarita

Wenn man in Paraguay "Chacarita" hört, denkt man zunächst einmal an "Slum". Es handelt sind tatsächlich um eine der ärmsten Gegenden Asuncións, in der 15.000-17.000 Familien leben, am Ufer des Paraguay-Flusses, direkt an der Uferpromenade „Costanera". Es ist aber gleichzeitig auch die Wiege Asuncións, ein Viertel, aus dem zahlreiche Künstler hervorgegangen sind. Der bekannteste ist Musiker José Asunción Flores, der den Musikstil „Guarania" erfunden hat. Sein Haus steht noch immer hier. Seit einigen Jahren gibt es eine Initiative, das 45 Hektar große Viertel aufzuwerten – in jeder Hinsicht. So wurden in mehreren Aktionen bislang über 60 Wandgemälde erschaffen, die für Besucher sichtbar sind. Und wenn man eine Tour mit einem der Initiatoren, Christan Nuñez bucht, dann wird man wirklich von den Füßen gerissen. Er weiß um den Ruf, den „Chacarita" bei den Menschen hervorruft und erklärt gleich zu Beginn, dass viele Menschen, die hier wohnen, im Alltag genau wegen dieser Herkunft diskriminiert werden und dass Chacarita aus zwei Teilen besteht: Dem Chacarita Alta, eine Gegend, in der zwar Menschen aus der Unterschicht wohnen, die aber größtenteils einer Arbeit nachgehen – sei es als Unternehmer oder als Angestellte -, die Kinder zur Schule gehen und in der die Straßen eigentlich so aussehen wie überall in Asunción. Nur Villen gibt es keine – dafür aber durch die Wandgemälde (Streetart) ein Fest für die Augen! Der andere Teil ist das, was man eigentlich im Kopf hat, wenn man Chacarita hört. Nuñez verschweigt diesen Teil auch nicht, und er erzählt, dass es tatsächlich nicht ratsam wäre, in diesen unteren Teil, direkt am Fluss, und einigen wenigen anderen Bereichen allein zu gehen. Gleich zu Beginn der Tour trifft man viele Menschen auf der Straße; fast alle sind in der ein oder anderen Weise in das Projekt involviert. Über neun Jahre hinweg haben Nuñez und sein Team das Projekt vorangetrieben. Jetzt machen mehrere Ministerien mit. Damit ist es wirklich ein ganzheitlicher Ansatz. In der Tour werden alle fünf Sinne angesprochen. Das beginnt damit, dass Nuñez bei einzelnen Wandgemälden die dazu passende Musik abspielt – die Bilder beginnen zu leben! Es geht weiter damit, dass Gastronomieanbieter den Touristen typisches Essen anbieten, so wie die 83jährige Dalia, die auf der Straße auf einem winzigen Hocker sitzend an einem noch winzigeren Ofen leckere Mbejú anbietet. Es riecht lecker - wir kaufen eines, gehen weiter und kommen bei dem Schreiner Marcos vorbei, der in seiner Werkstatt gerade an einem Tisch aus recycleten Materialen arbeitet, gern aber seine Arbeit für ein kleines Schwätzchen unterbricht.

Nr. 8   Chacarita

Überhaupt Recycling – die Menschen hier im Viertel recyclen vieles und schaffen so mit geringsten Mitteln nicht nur neue Gebrauchsgegenstände, sondern richtige Kunst. Wir kommen an einem Haus vorbei, an dem Blumen in einem Autoreifen, der kunstvoll aufgeschnitten und bemalt wurde, als Dekoration hängen.

Nuñez erzählt, dass es seine Utopie bei der Entwicklung des Projektes war, aus Chacarita nicht nur das größte Graffiti-Viertel Lateinamerikas zu machen, sondern als touristische Destination auch Arbeitsplätze für junge Menschen zu schaffen. Chacarita wurde auch von der Regierung als schützenswerter Teil des historischen Zentrums von Asunción definiert, und SNPP und Sinafocal, die Berufsbildungszentren des Arbeitsministeriums, bieten Kurse unter andem in Gastronomie für die Bewohner des Viertels an, damit diese ihre Leistungen den Touristen noch professioneller anbieten und dann von den Einnahmen leben können.

Die Straßen sind sauber, die Menschen kümmern sich um ihre Gegend. Nichtsdestotrotz gibt es auch in Chacarita Alta Probleme, von denen Nuñez auch erzählt. Aber auch Lösungen:

Die Menschen haben oft Probleme mit dem Stromanschluss – viele Häuser verfügen nicht über einen eingetragenen Titel im Katasteramt – Voraussetzung für einen Stromanschluss. Es fehlt an Kanalisierung von Regen- und Abwasser, was zur Erosion der Hänge führt. Immerhin wird derzeit an der Sanierung des Flussbetts gearbeitet, um die Hänge sicherer zu machen. In Zukunft, so erklärt mir Nuñez später, als wir wieder von der Hauptstraße auf Chacarita schauen, plant er, eine Seilbahn über dem restaurierten Flussbett für Touristen anzubieten. Kurz vor der alten Bahnstation an der Hauptstraße „Mariscal López" gibt es ein Grundstück, auf dem ausrangierte Bahnwaggons stehen. Diese sollen, so erzählt Nuñez stolz, nun als Büro für seine Touragentur und als Restaurant „Chaca Resto" umgebaut werden. In dem Gebäude, das auf dem Grundstück steht, sind die Bauarbeiten für ein Restaurant bereits in vollem Gange. Auch hier werden Recyclingmaterialien verwendet: Riesige alte hölzerne Kabeltrommeln dienen beispielsweise als Tische.

Alles in allem ist die Chacarita-Tour ein Muss für jeden Asunción-Besucher. Wer Interesse an der täglich durchgeführten Tour hat, kann sich an Christian Nuñez wenden: Whatsapp +595 992 440 812 oder +595982812549

Von oben nach unten: 1 Die "Sixtinische Kapelle" im Museo del Barro in Asunción – 2 und 3 Streetart in Chacarita

3. Areguá und Cerro Koi

Areguá ist eine kleine Künstlerstadt (rund 11.000 Einwohner), direkt am Ypacaraí-See (*Lago Ypacaraí*) gelegen. Hier kann man noch viele alte Kolonialhäuser in traditionellen Pflasterstraßen sehen, denn die Stadt war früher bevorzugtes Wochenendausflugsziel für die Oberschicht. Areguá ist Heimat vieler Keramikbetriebe und Künstler, die ihr Kunst- und Gebrauchshandwerk direkt an der Straße ausstellen und verkaufen. Dabei ist von Kitsch bis zu hübschen Dekomaterialien und echter Kunst alles vertreten. Entlang der Straßen gibt es auch zahlreiche Galerien und ein paar kleine Museen.

Bekannt ist die Stadt auch als Erdbeerstadt, und zur Erntezeit (im August, teilweise auch schon im Juli), gibt es vor allem an den Einfahrtsstraßen zahlreiche Stände, die Produkte aus Erdbeeren (Marmelade, Schnaps bis hin zu Erdbeer-Empanada usw.) verkaufen.

✈ Die Anreise nach Areguá – je nachdem, was man eventuell an dem Tag noch erledigen möchte – ist auf verschiedenen Wegen möglich:

Die Anreise mit dem Bus ist unproblematisch. Mit der Nummer 11 bzw 111 (weißer, sehr altmodisch aussehender Bus) fährt man von Asunción (die Linie führt in Asunción aus dem historischen Zentrum kommend entlang der "Eusebio Ayala", "Rca. Argentina" (mit Fortsetzung "San Martin") weiter über Shopping del Sol) ohne Umzusteigen direkt nach Areguá ins Stadtzentrum. Ab Shopping del Sol dauert die Fahrt rund 30 Minuten, je nach Verkehr. Der Ortskern ist problemlos zu Fuß zu erlaufen. Wer zur Gesteinsformation Cerro Koi möchte, muss einen Bus nehmen, der Richtung Ruta 2 fährt, und dem Fahrer Bescheid geben, dass man beim Cerro Koi aussteigen möchte, da die Parkeinfahrt nicht gut ausgeschildert ist.

Mit dem Auto fährt man entweder über San Lorenzo und Ruta 2 bis zum Abzweig "Desvío Areguá" (nicht zu verfehlen: an der Ecke liegt ein großes Militärgelände) und folgt dieser Straße dann bis ins Stadtzentrum. Der Vorteil hier ist, dass sie für Ortsunkundige einfacher zu finden ist und der unbedingt sehenswerte Nationalpark "Cerro Koi" mit seiner seltenen Gesteinsformation direkt auf dem Weg liegt (exakt fünf Kilometer ab dem Abzweig von der Ruta 2). Außerdem sieht man bei der Ausfahrt von Asunción Richtung Ruta 2 die Kirche von San Lorenzo (siehe Beschreibung weiter unten). Nachteil ist, dass die Anreise insbesondere bis San Lorenzo immer stark staubelastet ist.

Alternativ fährt man von Asunción Richtung Flughafen und dann beim Conmebol und Fußballmuseum (gut sichtbar am überdimensionalen Fußball) rechts Richtung Luque. Vorteil dieser Strecke ist, dass man ihn mit einem Stop am **Fußballmuseum** (siehe Tour Nr. 2) verbinden kann, und er ist rund 10 Kilometer kürzer.

↱ Kathedrale San Lorenzo

Wenn man den Weg aus Asunción über die Straße Mariscal López Richtung Ruta 2 über San Lorenzo nimmt, kann man an der hübschen Kirche „Kathedrale San Lorenzo" (ganz in hellblau) einen Zwischenstop einlegen, an der man unweigerlich vorbeifährt. Die Kirche wurde 1919 auf Grundlagen von Studien über die gotische Architektur in Belgien gebaut, jedoch entschied man sich für einen neogotischen Stil. Die Arbeiten dauerten fast 50 Jahre und wurden erst 1968 abgeschlossen.

In San Lorenzo beginnen die Autobahnen (Ruta) 1 und 2. Die Stadt zeichnet sich vor allem durch ein großes Gewusel mit viel Verkehr auf den beiden Hauptstraßen (jeweils Einbahnstraßen) aus, da sich dort auch das gesamte kommerzielle Leben fast ausschließlich auf der Straße abspielt.

In Areguá beginnt man seinen Spaziergang durch die Stadt am besten an der "Ruta Areguá-Patiño" (dort kommen auch die Busse ab Asunción vorbei) Ecke "Av. Mariscal Estigarribia" (auch "Doble Avenida" genannt). Zunächst kann man einen kleinen Abstecher (von Asunción kommend) nach links in die "Mariscal Estigarribia" machen, wo schon an der nächsten Querstraße "Gral Díaz" an der linken Ecke die alte Bahnstation zu sehen ist. Dort war früher die Endstation der Touristen-Dampfbahn aus Asunción. Heute ist der Bahnhof verlassen, aber die fast zugewachsenen Gleise und der alte (besteigbare!) Waggon vor dem Bahnhof geben schöne Fotomotive ab.

Wenn man Glück hat, fährt zu der Zeit noch ein Metall- oder Papiersammelwagen mit Pferdezugkraft am Bahnhof vorbei und vervollständigt das malerische Ambiente.

Danach geht man den gleichen Weg zurück, überquert aber nun die "Ruta Areguá-Patino" und sieht auf dem Weg bereits kleine Galerien sowie an den Straßen zahlreiche Stände, die Töpferhandwerk verkaufen. Ins Auge springen vor allem die kitschigen Frösche oder nachgemachten Trickfilmfiguren, aber dazwischen gibt es immer wieder auch interessante Stücke. Auf dem Weg liegt linker Hand die **Stadtverwaltung** von Areguá, vor der sich immer zahlreiche Menschen tummeln. Man kann bei Interesse gern hineingehen. Ganz hinten im Erdgeschoss beispielsweise befindet sich das Verkehrsamt, bei dem die Einheimischen jährlich ihren Führerschein verlängern lassen müssen oder Fahranfänger ihren Führerschein beantragen können. Das Gewusel wirkt auf den ersten Blick sehr unorganisiert, aber am Ende bekommt man wundersamerweise immer, was man benötigt.

Nach weiteren, leicht ansteigenden rund 500 Metern sieht man bereits die weiße **Kirche von Areguá** (Iglesia de Areguá), die über der Stadt liegt und von der man eine schöne Aussicht über den See Ypacaraí hat.

Ein Highlight und eine geologische Besonderheit liegt kurz vor der Stadt Areguá: die Gesteinsformation **Cerro Koi**.

Das sind zwei (Koi und Chorori) Sandsteinformationen, die es nur selten auf der Welt gibt – neben Paraguay unter anderem in Kanada und Südafrika. In allen Ländern sind sie als Nationaldenkmal geschützt. In Paraguay wurde es 1993 zum „Monumento Natural" erklärt. Die Fläche des Parks beträgt rund 26 Hektar.

Die Hügel bestehen aus polygonalen – meist penta- und hexagonalen – übereinander geschichteten und miteinander lose verbundenen Gesteinsschichten, die fast wie Holzlatten übereinander gestapelt aussehen. Solche Formationen kennt man in der Geologie aus vulkanischem Gestein (Basalt), die durch Druck und Hitze entstehen. Im Fall des Cerro Koi handelt es sich jedoch um Sandstein, und das ist eine Besonderheit, die wissenschaftlich auch noch nicht abschließend analysiert ist. Erst 1959 wurden sie überhaupt erstmals erwähnt. Wie viele Nationalparks ist auch dieser weder überlaufen noch infrastrukturell stark erschlossen, so dass die kurze Wanderung vom Parkeingang bis zu dem Gestein ein ungefährlicher, aber fast abenteuerlich anmutender Gang auf nicht befestigten Wegen ist. Teilweise, wenn ein ehrenamtlicher Wächter am Tor ist, schickt dieser seinen Hund der Wandergruppe mit (und bleibt selbst am Tor!), der die Besucher zielgerichtet zum Cerro Koi bringt (ca. 20 minütige Wanderung). Dabei geht der Fußweg zunächst zu einem wunderschönen Aussichtspunkt, von wo man über den Ypacaraí-See und die Stadt Areguá schauen kann, bevor man dann einen kleinen, felsigen Weg hinunter zu der Stelle geht, an der die Schichtung besonders gut zu erkennen ist. Wenn das Tor offen bzw. unbewacht ist, kann man auch mit einem Auto bis zu den Gesteinsschichten fahren kann (Achtung: der Weg ist nicht ausgeschildert). Allerdings empfiehlt sich aufgrund der naturbelassenen Wege eine Fahrt nur mit einem geländegängigen Fahrzeug. Das Auto lässt man direkt vor dem Hügel stehen, erklettert rechts neben dem niedrigen Hügel den oben geschilderten Weg nach oben und hat dann die schöne Aussicht über den See.

💰 Bislang ist der Eintritt frei; wenn ein Parkwächter da ist, freut sich dieser über ein kleines Trinkgeld und wird auch anbieten, eine kleine Erklärung zum Gelände zu geben.

⌛ Für eine Tour von Asunción nach Areguá mit Besichtigung der Kirche, einem kleinen Bummel durch die Straßen der Stadt mit Kunsthandwerk und dem Spaziergang zum Cerro Koi sollte man rund drei bis vier Stunden rechnen – nach oben sind natürlich keine Grenzen gesetzt.

Von links oben nach rechts unten: 1 und 2 Gesteinsformation Cerro Koi in Areguá – 3 Kathedrale von San Lorenzo – 4 typischer Bus für Nah- und Mittelstrecken – 5 Kaiman (Yacaré) in der Laguna von Itá – 6 Zentrum des Kunsthandwerks in Itá

4. San Bernardino und der Ypacaraí-See

San Bernardino (meist als "SanBer" abgekürzt) liegt rund 40 Kilometer östlich von Asunción entfernt am Ypacaraí-See (Lago Ypacaraí), gegenüber von Areguá. Interessant ist es aus verschiedenen Gründen: Zum einen wurde die Stadt 1881 von deutschen Einwanderern gegründet, darunter auch die Schwester des bekannten Philosophen Friedrich Nietzsche. Für Paraguayer ist der Ort vor allem aber ein Wochenendziel in den Sommermonaten (November bis Februar) während der langen Schulferien; viele reiche Einheimische haben hier ein Wochenendhäuschen. Dann nimmt der in den übrigen neun Monaten fast ausgestorbene Ort fast Mallorca-ähnliche Zustände an. Nur in der Zeit öffnet der lokale Mac Donalds Laden, so wie auch viele andere Geschäfte nur in der Ferienzeit geöffnet sind und dann tobt die lokale Jugend sich in den diversen Clubs und Discos aus. Die Autoschlangen reichen dann fast bis zur rund fünf Kilometer entfernten Autobahn.

Der See ist leider recht verschmutzt, aber für einen kurzen Abstecher ist er aus den oben genannten Gründen durchaus interessant. Sehenswert ist vor allem eines der ältesten Hotels Paraguays, das "**Hotel del Lago**" von 1888 im Zentrum des Ortes.

Einen schönen **Überblick über den See** bis zum anderen Ufer nach Areguá hat man, wenn man die Straße über San Bernardino weiter Richtung Altos fährt (leicht ansteigend). Auf dem höchsten Punkt kann man gut rechts ranfahren und einen kurzen Stopp einlegen.

In SanBer gibt es seit 2023 auch ein Denkmal für den Musiker José Asunción Flores, das sich in dem Amphitheater der Stadt befindet.

✈ SanBer ist auf zweierlei Weise ab Asunción zu erreichen. Einfacher zu finden ist der Weg ab San Lorenzo über die Ruta 2. Rund zwei Kilometer hinter der Mautstation von Ypacaraí nimmt man den Abzweig nach San Bernardino und fährt bis in die Stadt. Der See und der Strand liegen auf der linken Seite. Alternativ fährt man in Asunción Richtung Flughafen und biegt am Fußballmuseum Richtung Luque ab und folgt dann der "Ruta Areguá-Patiño" an deren Ende man in Ypacaraí herauskommt und dann wie auf dem vorherigen Weg über die Ruta 2 nach SanBer hineinfährt. Es gibt auch einen Weg nördlich um den See herum nach SanBer, allerdings ist dieser weiter.

🔗 Man kann den Ausflug mit Tour Nr. 3 und/oder Tour Nr. 5 verbinden, bei der zweiten Variante mit dem Fußballmuseum (Tour Nr. 2) oder mit einem Besuch in Areguá (Tour Nr. 3). Dabei fährt man eine schöne Strecke auf der Landstraße durch den Vorort Patiño, wo lokale Möbelhersteller sehr phantasievolle Möbel direkt an der Straße verkaufen.

⏳ Die reine Tour nach San Bernardino und zurück dauert ca. drei Stunden.

⌖ Ruta del Sol

Wenige hundert Meter hinter dem Abzweig nach San Bernardino (von Asunción aus auf der Ruta 2 fahrend) liegt das Hotel-Restaurant "Ruta del Sol".

Auf dem ein Hektar großen Gelände gibt es ein Weinmuseum, ein kleines Museum der „Kolonien" sowie ein einfaches Hotel und ein großes Restaurant, das bekannt ist für seine Musikaufführungen verschiedenster paraguayischer Gruppen am Wochenende und für die beiden Museen, die kostenlos besichtigt werden können. In dem ersten Museum stehen vor allem uralte Geräte wie Traktoren und Maschinen aus der Landwirtschaft und in einem kleinen Raum im hinteren Teil des Geländes sind einzigartige historische Gegenstände aus dem Weinbau liebevoll zusammengestellt (und zumindest mit Namen und Funktion erläutert), da der Eigentümer des Hotels aus Independencia stammt, Paraguays einziger kleiner Weinregion.

5. Capiatá und Itauguá

Capiatá liegt rund 19 Kilometer von Asunción entfernt, nach Itauguá sind es weitere rund 10 Kilometer. Beide Städte liegen direkt an der Autobahn Ruta 2 und wirken auf den ersten Blick sehr unscheinbar. Die reine Fahrtzeit, um beide Städte zu erreichen beträgt je nach Verkehrslage und Startpunkt in Asunción rund 25-45 Minuten.

Capiatá als Stadt ist für Touristen kein besonderes Ziel, aber das kurz vor der Stadteinfahrt gelegenen **Mythenmuseum** lohnt sich für einen Zwischenstop.

✈ Bei der Anreise ist genau zu beachten, dass das Museum zwar direkt an der Autobahn liegt (die Zufahrt zum Grundstück geht von dieser ab), aber nicht ausgeschildert ist.

Daher sollte man sich an ein paar Wegmarken orientieren. In San Lorenzo gibt es eine große Kreuzung von Ruta 2 und Ruta 1. Hier fährt man geradeaus auf die Ruta 2. Nach rund vier Kilometern ist rechts die große Hühnerfabrik „Pechugon" zu sehen, erkennbar an mittelhohen Silos auf einem Fabrikgelände. Von dort aus sind es noch 1,7 Kilometer bis zur Einfahrt des Museums "**Museo Mitológico Ramón Elías**". Mit dem Bus kann man ab San Lorenzo in jede Linie steigen, die mindestens bis Itauguá fährt. Auch hier sollte man ab der Fabrik von Pechugon aufpassen, denn die Busfahrer kennen das Museum meist nicht. Wenn man den ersten großen Supermarkt der Stadt erreicht ("España" gleich rechts an der Autobahn), ist man zu weit gefahren. Dann kann man aber einfach aussteigen und die rund 500 Meter zu Fuß zurücklaufen.

Gleich beim Einbiegen auf das Grundstück kommt man von der lärmenden, stark befahrenen Autobahn 2 in eine ganz andere Welt. Das große, fast naturbelassene Grundstück ist von hohen Bäumen umgeben, die schon auf das Alter des Anwesens hindeuten. Das Haus selbst, über 100 Jahre alt, ist allein schon einen Besuch wert. Kaum noch findet man so schöne alte Holzarbeiten in Türen oder Fenstern. Die Türen sind niedrig, wie es früher oft der Fall war. Vor dem Haus stehen mächtige, dunkle, über 80 Jahre alte Holzbänke. Leider ist inzwischen die Witwe des Künstlers, Elsa de Elías, verstorben, aber ihre Kinder führen das Museum weiter (siehe Hinweise zu den Öffnungszeiten). Da nicht absehbar ist, wie lange dies noch aufrecht erhalten werden kann, lohnt ein Besuch unbedingt, bevor ggf. diese wunderbaren Exponate nicht mehr zu sehen sein könnten.

Durch die mächtigen Wände ist das Haus auch im Sommer angenehm kühl; der Boden ist nach wie vor der Originalsteinfußboden aus der Zeit, als das Haus gebaut wurde. Sobald ein Besucher kommt, wird die Tür aufgeschlossen und der Besuche tritt in eine andere Welt: wenige Lampen erhellen die großen Räume nur schwach, umso mystischer wirken die einzelnen Objekte des Museums. Empfangen wird der Besucher zunächst von einigen religiösen Objekten wie einem Altar und Kreuzen aus der Kolonialzeit. Ein weiterer Raum beherbergt alte Alltagsgegenstände – auch von Indigenen wie bspw. zahlreiche Objekte der Guayaki - und Militaria.

Der größte Raum ist den von Ramón Elías erschaffenen mythologischen Figuren gewidmet. Der Besucher läuft an den teilweise über mannshohen Objekten vorbei und kann sich auf eine Welt teilweise furchterregender Monster einlassen.

Ramón Elías war ein paraguayischer Künstler (1929-1981), der viel durch das Land reiste und alte Kunstobjekte aufkaufte, und der auch der Erschaffer des Wappens Capiatá ist. Später interessierte er sich mehr und mehr für die Guaraní-Kultur und interpretierte ihre Mythen auf plastische Weise in Holz und Metall.

🕒 8.00-12.00 und 14.00-17.00 (Winter) bzw. 18.00 (Sommer). Unbedingt vorher anrufen und bestätigen lassen, dass jemand anwesend ist (+595 (0)986 897362).

Nach dem Museumsbesuch fährt man weiter auf der Ruta 2 nach **Itauguá** (rund sieben Kilometer). Diese kleine Stadt wirkt wie viele Städte in Paraguay, die oft um Hauptstraßen herum gebaut sind, zunächst einmal wie ein häßliches Straßendorf. Biegt man aus Asunción kommen aber rechts ab und fährt die Parallelstraße zur Autobahn entlang, sieht man plötzlich viele hübsche Häuser im Kolonialstil, die auch schon von außen wirklich sehenswert sind. Im Zentrum gibt es auch ein kleines Museum (**Museo San Rafael**) in einem alten Kolonialhaus mit Exponaten zu religiöser Kunst und Heimatmuseum zugleich. Wie viele Museen in Paraguay sind die Ausstellungsstücke kaum beschriftet. Lohnenswerter in Itauguá sind vielmehr die zahlreichen Geschäfte, die „Ñandutí"-Kunsthandwerk in Geschäften direkt an der Autobahn verkaufen. Direkt hinter der Einfahrt in die Stadt (erkennbar an der mehrere Meter hohen silberfarbenen Skulptur, die schon auf das Kunsthandwerk hinweist) nach rund 150 Metern liegt das erste, sehr unscheinbare Geschäft, dessen Besonderheit ist, dass hier die Produkte noch direkt selbst in Handarbeit hergestellt werden. In vielen der anderen, im Straßenverlauf folgenden, Geschäfte gibt es keine Produktion mehr, sondern nur noch Verkauf. Die Eigentümerin hat die Technik schon mit zwölf Jahren gelernt und fertigt zusammen mit mehreren Familienmitgliedern im Hinterzimmer des kleinen Ladens eine große Vielfalt dieser Handwerkskunst. Gern zeigt sie Besuchern auch, wie die Technik funktioniert. Die Produktpalette reicht von weißen und farbenfrohen Deckchen über Hüte, Taschen, Ohrringe bis hin zu ganzen Kleidern aus Ñandutí. Die Preise sind auch sehr günstig, so dass sich ein kurzer Halt am Seitenrand der Autobahn unbedingt lohnt.

♈ Itá

Wenn man den Ausflug etwas verlängern möchte, bietet es sich an, von Itauguá aus nach Itá zu fahren und sich dort die Töpferarbeiten anzusehen. Hierzu fährt man von Itauguá auf Höhe des Supermarktes "Stock" (großer Supermarkt direkt an der Ruta auf der linken Seite von Asunción kommend) in die nächste Querstraße "Teniente Adolfo Martínez" rechts hinein und dann die nächste Straße sofort wieder rechts, um dann direkt in die große asphaltierte Straße "Gral. Marcial Samaniego" links abzubiegen. Dieser Straße folgt man nun rund 13 Kilometer und gelangt dann in die Stadt Itá, die direkt an der Autobahn 1 liegt. Die Sehenswürdigkeiten von Ita sind im Detail in Tour Nr. 8 geschildert.

Nr. 9   Exkurs – Paraguayische Mythen

Tupá ist der höchste Gott der Guaraní („*tupá*" bedeutet auf Guaraní auch „Gott"). Ramón Elías gestaltete ihn auf einer Bank sitzend mit der Sonne in der rechten und dem Mond in der linken Hand. Er heiratete Arasy, die Mutter des Himmels, die auf dem Mond wohnte. Nach der Hochzeit stiegen beide auf die Erde herab und schufen die Flüsse, Seen, Wälder, Blumen und Tiere. Der Legende nach standen sie während der Schöpfung auf einem Hügel in Areguá, ganz in der Nähe des Museums. Die beiden schufen natürlich auch die Menschen: Der erste Mann erhielt den Namen Rupave, die erste Frau hieß Sypave. Sie gaben den beiden ersten Menschen das Gute (Angatupyry) und das Böse (Tau) mit auf den Weg. Dies ist auch der Ursprung der zahlreichen häßlichen Monster in der Guaraní-Mythologie: Tau raubte demnach Kerala, eine hübsche Menschentochter. Die beiden hatten sieben Kinder – alles Monster, die teilweise auch im Museum ausgestellt sind. Ebenfalls zu sehen ist der Raub Keralas durch Tau als Wandfresko. Zu den Monstern gehören Teyú Yaguá, Mbói Tu'i, Moñai, Jasy Jateré, Kurupí, Ao Ao y und Luisón. Kurupí ist nicht nur der Name eines berühmten paraguayischen Mate-Tees, sondern vor allem der häßliche Gnom aus der Mythologie, der mit einem so langen Geschlechtsteil ausgestattet ist, dass er sich dieses um den Bauch wickeln muss. Seine Potenz lebt er nur gewaltvoll aus. Fast niedlich oder comichaft dagegen wirkt Kuarahy Ra´y, Sohn der Sonne, der von seinem Vater die Macht erhielt, das Universum zu beschützen. Er wird von Ramón Elías als kleiner blonder Junge mit Haaren wie Sonnenstrahlen dargestellt (Foto links).

6. Caacupé

Caacupé liegt rund 50 Kilometer von Asunción entfernt direkt an der Autobahn (Ruta) Nr. 2. Die Stadt ist wegen ihrer Kirche, der „**Basílica de la Virgen de Caacupé**", oder auch einfach Basílica, auch international sehr bekannt, weil sie nicht nur beeindruckend aussieht und das Stadtbild dominiert, sondern auch jedes Jahr am 8. Dezember Ziel der Pilgerwanderung von Caacupé ist.

🔗 Die Basilica ist die einzige und dominierende Sehenswürdigkeit in der Stadt, so dass es sinnvoll ist, sie mit anderen Touren zu verbinden:
Es bietet sich an, die Besichtigung von Caacupé entweder auf der Fahrt nach Ciudad del Este als Zwischenstop zu machen oder die Tour zu kombinieren, beispielsweise mit Tour Nr. 3, 4, 5, 7 oder 8.

⏱ Die reine Fahrtzeit nach Caacupé ab Asunción beträgt rund ein bis eineinhalb Stunden, je nach Verkehr und Abfahrtsort in Asunción. An einem Tag ist es beispielsweise möglich, zuerst in die Stadt Eusebio Ayala zu fahren, auf dem Rückweg in Caacupé anzuhalten und danach zum Ypacaraí-See zu fahren, um sowohl San Bernardino als auch Areguá zu besichtigen. Alternativ, aber das dauert etwas länger, kann man auf dem Hinweg zunächst nach Caacupé fahren und auf dem Rückweg einen Abstecher nach Tobatí machen, bevor man zurück nach Asunción fährt.

✈ Anreise mit dem Bus: Weder aus dem historischen Stadtzentrum noch aus Villa Morra fahren Busse direkt nach Caacupé. Am unkompliziertesten ist es, von dem Ort aus, an dem man ist, zunächst einmal bis San Lorenzo zu fahren (beispielsweise Bus Nr. 56). Alle Busse kreuzen dort die Ruta 2, an der man aussteigt und einfach in den nächsten Bus einsteigt, der entweder Caacupé oder eine der dahinter liegenden Städte als Reiseziel hat (beispielsweise Eusebio Ayala, Coronel Oviedo). Alternativ kann man auch zum Busbahnhof (Terminal) fahren und von dort einen Bus nach Caacupé nehmen. Meist dauert dies aber deutlich länger, da diese Busse dann nach Ihrer Anreise zum Busbahnhof auch erst einmal bis zur Ruta 2 fahren. Diese fahren dann die Straße „Eusebio Ayala" entlang. Falls Sie also dort in der Nähe sind, steigen Sie einfach an der Straße zu.

Anreise mit dem Auto: Nachdem man auf der Ruta 2 zunächst die Städte Capiatá und Itauguá (Ñandutí-Kunsthandwerk!) passiert hat, kommt man an eine Mautstatio und fährt danach weiter auf der Ruta 2 geradeaus. Rund 1,5 Kilometer nach dieser Mautstation gibt es links einen Abzweig Richtung San Bernardino und einige hundert Meter weiter auf der Ruta 2 liegt linker Hand ein großer Hotel-Restaurant-Komplex „**Ruta del Sol**", in dem es zwei kostenlose kleine, aber sehr liebevoll gestaltete Museen gibt (siehe Abstecher in Tour Nr. 4).

Knapp sieben Kilometer nach der Mautstation (ab dem Abzweig Pirayú) beginnt die Autobahn deutlich anzusteigen. Am höchsten Punkt hat man eine wunderschöne **Aussicht** über das Tal und kann auch den Ypacaraí-See sehen. Gleich danach kommt man an den Abzweig nach Atyrá, bleibt jedoch einfach immer weiter auf der Ruta 2. Nun führt die Straße wieder bergab, und an dieser Strecke stehen fast immer zahlreiche Obstverkäufer, die je nach Saison frisches Obst (Mango, Melonen, Orangen usw.) quasi direkt aus dem Garten verkaufen. Die Preise sind äußerst günstig, und das Obst ist wunderbar. Anhalten lohnt sich unbedingt.

Kurz danach erreicht man die 19.000 Einwohner zählende Stadt Caacupé, gleichzeitig auch die Hauptstadt des Verwaltungsbezirks Cordillera. An der Kreuzung Ruta 2 und Straße „Juan E. O´Leary" steigt man aus dem Bus aus und biegt in die Straße "O´Leary" ein. Da die Autobahn an dieser Stelle zweigeteilt ist und die Richtung aus Asunción quasi rechts an der Stadt vorbei fährt, muss man diese Straße viereinhalb Blocks Richtung Stadtzentrum laufen/fahren, dann erreicht man die **Basílica von Caacupé**. Die Kuppelkirche mit ihrem großen Vorplatz nimmt einen ganzen Straßenblock ein und ist nicht zu verfehlen. Der Bau wurde 1945 begonnen, konnte aber erst 1980 beendet werden, da die Einheimischen das Geld hierfür allein aufbringen mussten. 1988 wurde die Kirche von Papst Johannes Paul II geweiht – ihm zu Ehren gibt es eines von mehreren großen Glasmosaik-Bildern an der rechten Wand im Inneren der Kirche. Für Katholiken ist die Jungfrau Maria besonders wichtig, eine 60 Zentimeter große, prächtig gekleidete Statue auf einem überlebensgroßen pyramidenförmigen Sockel aus hellblau bemaltem Stein, der mit zahlreichen Handabdrücken verziert ist. Hintergrund der Statue und der Pilgertour ist die Legende der Rettung eines zum Christentum bekehrten Guaraní-Indianers, der auf der Flucht vor Verfolgern war und Maria um Hilfe bat. Nach ihrer Anrufung konnte er sich hinter einem Strauch verstecken, woraus sich auch der Name der Stadt „Caacupé" (auf Guaraní: *ka'akupe* = „hinter dem dem Yerba Mate-Baum") ableitet. Aus Dankbarkeit fertigte er zwei Marienstatuen an, von denen eine in Caacupé steht.

Im Innern an der Seite der Kirche gibt es auch einen Treppenaufgang zum Aussichtspunkt, den man unbedingt nutzen sollte, wenn er geöffnet ist (ganz geringer Eintrittspreis). Von oben hat man nicht nur eine herrliche Aussicht, sondern schon der Aufstieg ist wegen der vielen Malereien (siehe Foto), die Geschichten von den Indigenen wiedergeben, wirklich lohnenswert.

Um die Kirche herum gibt es zahlreiche kleine Souvenirstände mit Devotionalien, Kerzen usw.

Jedes Jahr am 8. Dezember pilgern bis zu drei Millionen Menschen nach Caacupé, um der heiligen Jungfrau zu huldigen und im Morgengrauen an der

Messe teilzunehmen. Traditionell pilgern die Paraguayer über Nacht aus ihrer jeweiligen Heimatstadt zu Fuß dorthin; aus Asunción immerhin über 40 Kilometer. Teilweise kommen Wanderer sogar aus mehreren Tausend Kilometern Entfernung bis Caacupé. In den letzten rund 20 Jahren aber ersparen sich mehr und mehr Pilgerer diese lange Strecke – zumal es mitten im Hochsommer ist –, und fahren mit dem Bus bis Ypacaraí, um dann „nur" noch die verbleibenden rund 17 Kilometer zu laufen. Schon an den neun Tagen vorher (die sogenannte „Novene") gibt es ein erhöhtes Wanderaufkommen. Die Pilger laufen direkt auf der Autobahn. In der Nacht vom 7. auf den 8. Dezember ist die Ruta 2 auf der gesamten Strecke zwischen Asunción und Ciudad del Este stark eingeschränkt und zwischen Ypacaraí und Caacupé für den Autoverkehr vollkommen gesperrt (es gibt aber Umleitungen). Heutzutage wird das Geschäftsleben in Asunción selbst zwar kaum noch beeinträchtigt, die meisten Firmen und Läden haben geöffnet, aber auf dem Land ist es ein sehr wichtiges Ereignis.

⛾ Brunnen Tupasy Ykuá

Wenn man Zeit und Lust hat, kann man noch eine Straßenkreuzung weiter Richtung Norden bis zur Straße „Asunción" laufen und dann nach links über die Autobahn (die innerhalb der Stadt eine ganz normale Straße ist) bis zur Straße „Pozo de la Virgen" (zwei Querstraßen ab der Autobahnüberquerung) gehen. Hier ist der Straßenname Programm: "Pozo" bedeutet Brunnen, und an dieser Stelle steht an einer kleinen weiß-blauen Kirche ein Brunnen mit geweihtem Wasser, das auch trinkbar ist.

Von links oben nach rechts unten: 1 San Bernardino, eines der ältesten Hotels Paraguay – 2 Kirche von Caacupé – 3 und 4 Wandmalereien im Turmaufgang in der Kirche von Caacupé – 5 Ziegelproduktion in Tobatí per Hand und Pferd – 6 Indigenenstatue in Tobatí

7. Tobatí und Atyrá

Tobatí und Atyrá sind zwei Städte, die etwas abseits der großen Autobahnen liegen, aber dennoch sehr sehenswert und gleichzeitig gut erreichbar sind.

🔗 Da es in Atyrá mehr Gelegenheit zum Entspannen gibt, bietet es sich an, zunächst nach Tobatí zu fahren. Man kann aber beide Touren auch allein oder in Kombination mit anderen Touren machen (beispielsweise Tobatí im Anschluss an die Besichtigung von Caacupé, Tour Nr. 6) oder Atyrá im Anschluss an die Besichtigung von San Bernardino (Tour Nr. 4).

Im Folgenden wird die Tour in der Reihenfolge Tobatí-Atyrá mit Start in Asunción beschrieben.

✈ Zunächst einmal fährt man auf der Ruta 2 bis Caacupé und biegt nach links in die Straße "Juan E. O´Leary" ein, die man bis zur Gegenfahrbahn der Ruta 2 kommt.

Man überquert die Autobahn und fährt die "O´Leary" weitere rund 400 Meter geradeaus, bis rechts der Abzweig "Ruta Caacupé-Tobatí" kommt. In diese Straße biegt man ein und erreicht nach rund 15 Kilometer Tobatí.

Genau dieser Weg ist eigentlich schon das Ziel. Tobatí ist nämlich bekannt für seine **Lehmwerkstätten**, in denen Ziegelsteine, Dachziegel und Kunsthandwerk hergestellt werden, von denen viele genau an dieser Straße liegen. Die Bandbreite der **Fabriken** reicht dabei von einfachster manueller und mit Pferdekraft unterstützter Produktion von Lehmziegeln bis zu größeren halbautomatischen fabrikähnlichen Unternehmen. Die meisten von ihnen liegen direkt sichtbar an der Straße, so dass man problemlos anhalten und sie sich anschauen kann. Oftmals sind die anwesenden Mitarbeiter auch sehr erfreut, Besucher zu sehen, unterhalten sich gern mit diesen und erklären den Prozess. Für Besucher aus Europa ist dabei natürlich die manuelle Produktion besonders spektakulär, wenn man sieht, wie mit Pferdekraft das Lehmgemisch angerührt wird, das ein Arbeiter dann per Hand in eine mittelalterlich anmutende Schubkarre und danach in die Formen für die Ziegelsteine füllt, die nach kurzem Brennen im Ofen unter freiem Himmel einige Tage trocknen.

Je näher man zur Stadt kommt, desto mehr Geschäfte gibt es, die Töpfer- und Keramikarbeiten anbieten.

Den Ortseingang erkennt man an der **Töpferskulptur mit drei Indioköpfen**, die an einem Felsen angebracht sind und ein schönes Fotomotiv bieten. Auf die Felsen kann man auch als normaler Spaziergänger gut hinaufklettern – oben gibt es eine kleine Aussichtsplattform.

✈ Um anschließend nach **Atyrá** zu gelangen, gibt es zwei Möglichkeiten: Zum einen kann man nach dem Ortsausgang in Fahrtrichtung noch rund 3,5 Kilometer weiter fahren, dann links in die Straße "Ruta Tobatí-Atyrá" einbiegen und erreicht nach rund 13 Kilometern Atyrá. Dies ist jedoch eine Sandstraße. Alternativ fährt man den Weg, den man gekommen ist, zurück bis zum Abzweig "Ruta Caacupé-Tobatí", den man nun jedoch nach rechts Richtung Atyrá einbiegt. Nach insgesamt 17 Kilometern ist man dann ebenfalls in Atyrá.

Fährt man von Asunción aus direkt nach Atyrá, biegt man auf der Ruta 2 direkt am "Curuzú Peregrino" (auf der Spitze des Bergs) nach links ab und erreicht nach rund 14 Kilometern Atyrá. Sowohl Atyrá als auch Tobatí sind auch mit dem Bus von Asunción aus gut erreichbar, am besten vom Terminal aus (rund 2 Stunden Fahrtzeit) oder man steigt in San Lorenzo dazu. Da die meisten Sehenswürdigkeiten jedoch recht weit auseinander liegen, bietet sich die Fahrt mit einem Auto an.

Atyrá liegt mit rund 300 Höhenmetern höher als die meisten Städte des Landes und ist eine für paraguayische Verhältnisse sehr alte Stadt. Sie wurde 1539 gegründet und hat sich unter den Franziskanern gut entwickelt. Schon bei der Einfahrt in die Stadt fällt der Unterschied zu anderen Orten des südamerikanischen Landes auf. Sie wirkt sehr gepflegt, es finden sich viele Kunstwerke direkt an der Straße zum Anschauen. Aufgrund seiner günstigen Höhenlage ist die Luft fast immer klar, der Ausblick von den einzelnen Sehenswürdigkeiten wunderschön. Schon mehrfach wurde die kleine Stadt mit ihren 16.000 Einwohnern zu einer der saubersten Städte der Welt gekürt. Das Überfahren der Stadtgrenze ist bereits ein kleines Erlebnis. Statt eines langweiligen Ortseingangsschildes fährt der Besucher durch ein liebevoll gestaltetes Stadttor mit einem dreisprachig – spanisch, englisch, portugiesisch – ausgeschilderten Willkommensschild und gelangt schon bald in die Innenstadt mit der Fußgängerzone "**Paseo Peatonal Indio José**", an deren Beginn schöne Holzschnitzereien stehen. Dort gibt es zahlreiche Kunsthandwerkstände, an denen vor allem handgefertigte Lederwaren angeboten werden.

In beliebiger Reihenfolge können die wichtigsten Sehenswürdigkeiten besucht werden, die einfach zu finden oder auch ausgeschildert sind:

Die **Franziskanerkirche** aus dem 16. Jahrhundert im Stil des „Barroco hispano-Guaraní" zeugt noch heute von dem Einfluss und der Kunstfertigkeit der Franziskaner. Allein der massive Holzaltar ist eine Reise wert, aber auch die Seitenaltäre und die vielen kleinen Holzfiguren begeistern den Besucher in der schlicht gehaltenen Kirche, die nicht einmal Bänke hat! Die Gläubigen sitzen neu-paraguayisch auf Plastikstühlen.

Es gibt auch ein **Museum** der religiösen Kunst „**San Francisco de Asis**", dem auch die oben genannte Kirche gewidmet ist, in dem Kunstwerke aus der ersten Periode der Franziskaner um 1600 zu sehen sind. Besucher sollten in diesem Museum nicht zu viel erwarten – selten sind Exponate gut beschildert oder erklärt, aber ein kurzer Blick lohnt sich auf alle Fälle.

Nicht nur für den Hunger zwischendurch, sondern auch für Spaziergänge in wunderschöner Natur lohnt sich ein Besuch des Hotel-Restaurants **Casa del Monte**. Hoch oben über der Stadt bietet der viele Hektar große Park eine grandiose Aussicht über die Gegend; viele ausgeschilderte Spazierwege laden zu großen und kleinen Rundgängen ein, auf denen man bis zu 10 Meter hohe Kakteen, riesige Felsen, auf denen sich alte Bäume mit ihren Wurzeln festhalten, und vieles mehr entdecken kann. Für kleine Besucher gibt es einen Spielplatz sowie einen kleinen Zoo mit einheimischen Tieren, wie beispielsweise dem Guineahuhn, Tapiren, Tukan und anderen. Der Besuch des Parks ist auch für Nicht-Hotelgäste möglich.

Unbedingt besuchen sollte man in Atyrá das „**Casa de Retiro**", ein Refugium mit Hotel- und Gastronomiebetrieb der katholischen Kirche, in dem sich jeder, gleich welcher Religion (oder keiner) er angehört, entspannen kann. Auf 58 Hektar wurde ein 7.000 Quadratmeter großes, fast durchgängig ebenerdiges Gebäude im Stile der Jesuiten gebaut, das 90 Zimmer für Übernachtungsgäste beherbergt, eine kleine Kapelle, eine Kantine, einen Verkaufsladen und einige andere Freizeitbereiche. Um einen mehrere riesigen Innenhof herum ist das Gebäude mit einem überdachten Wandelgang angelegt, der an allen Zimmern vorbeiführt – jedes Zimmer mit einer kunsthandwerklich gefertigten Holztür, die alle unterschiedlich sind. In den Wandelgang eingebettet sind wunderschöne Mosaike und Bilder eines paraguayischen Künstlers. Auch die christlichen Gemälde in der Kapelle lohnen einen Blick – die Art, wie Jesus in Paraguay dargestellt wird, unterscheidet sich stark von der europäischen Form. Im angeschlossenen Andenkenladen des Klosters kann man neben Devotionalien auch selbst vor Ort aus eigenen Früchten hergestellten Liköre günstig erwerben.

Wandmalerei im Casa de Retiro

Nr. 10 Exkurs – Das Leben der Paraguayer auf dem Land

Auf dem Land leben die meisten Menschen in kleinen Häusern oder Hütten in großen Familien. Fünf Kinder pro Familie sind noch immer keine Seltenheit, die sich dann meist wenige Betten teilen. Die Einrichtung ist eher spärlich; gelebt wird überwiegend draußen. Paraguayer sind ausgeprägte Familienmenschen; sie treffen sich am Wochenende fast immer innerhalb der großen Familien und veranstalten die beliebten Grillabende (Asados). Da nur wenige Paraguayer in der staatlichen Rentenversorgung sind (in den Genuss kommen nur Angestellte von Unternehmen; die meisten sind jedoch in irgendeiner Form selbständig), ist man auf den Familienzusammenhalt oft auch ökonomisch angewiesen.

Vor dem Haus steht sehr oft ein großer Mangobaum, in dessen Schatten die Familien gern sitzen und Tereré trinkend den Kindern beim Spielen zuschauen, das Wochenende genießen oder einfach so mit einem Nachbarn plaudern, der gerade vorbeigekommen ist. An der Seite des Hauses gibt es eine Kochstelle – mal direkt an das Haus (außen!) angebaut, mal unter freiem Himmel. Auch das WC befindet sich meist in einem separaten Häuschen und selten mit fließend Wasser. Oft gibt es einen der schönen traditionellen Lehmöfen (Tatakuá, siehe Foto auf Seite 44) im Garten.

Fast immer gibt es einem Garten um das Haus, der als Nutzgarten verwendet wird. In diesem werden Tiere gehalten – eine Kuh, Hühner und/oder Schweine. Angebaut werden je nach Familie meist Maniok und Gemüse. Meist gibt es verschiedene Obstbäume auf dem Grundstück – vielfach Guaven, aber auch Weinreben, Bananen, Papaya usw.
Das Wasser kommt, wenn das Grundstück nicht in der Nähe einer Stadt ist, fast immer aus Brunnen und gekocht wird mit Holz.
Manchmal stellt die Frau des Hauses selbst Guavenmarmelade her oder betreibt eine kleine Despensa, einen kleinen Tante-Emma-Laden oder Stand am Gartenzahn, in dem die Nachbarn dann selbstgemachte Empanada kaufen, ihr Handyguthaben aufladen, Eis für den Tereré kaufen oder einfach nur auf ein Gespräch vorbeikommen.

8. Itá, Yaguarón und Paraguarí

Itá (37 Kilometer von Asunción entfernt), Yaguarón (50 Kilometer) und Paraguarí (70 Kilometer) liegen direkt an der Ruta 1 und sind in einem Halbtagesausflug gut zu besichtigen.
🔗 Man kann sie nach Encarnación oder Villarrica auch gut als Zwischenstop einbauen.
Man kann die drei Städte aber auch wunderbar allein machen und mit Naturtourismus verbinden, indem man auch das Öko-Reservat Mbatoví (siehe Kapitel Ökotourismus) und den schönen Wasserfall Salto Cristal besichtigt.
✈ Busse fahren von Asunción ab Terminal sowohl nach Itá als auch nach Yaguarón (Fahrtzeit rund 1,5 Stunden). Da beide Städte recht klein sind, kann man sie dann jeweils gut zu Fuß erkunden. Zu den Keramikwerkstätten in Itá ist es jedoch etwas weiter.

Itá
Die kleine Stadt Itá gehört zu den franziskanischen Reduktionen. Bekannt ist die Stadt heute für ihre Töpferkunst. Fast alle Werkstätten verkaufen ihre Ware direkt und sind auch für Besucher, die sich für den Herstellungsprozess interessieren, meist sehr offen. Wie viele paraguayische Städte ist die Innenstadt schachbrettmusterhaft aufgebaut. Die Innenstadt liegt südlich der Ruta 1. Noch vor der Stadt auf der Stichstraße "Gral Marcial Samaniego" befindet sich das **Kunsthandwerkszentrum** (**Centro de Artesanía**), in dem man die von lokalen Künstlern hergestellten Keramikprodukte erwerben und auch den Herstellungsprozess beobachten kann. Anders als in Areguá werden die Gefäße und Figuren nicht mit einer Form, sondern per Hand hergestellt.

Wenn man mit dem Bus nach Itá fährt, steigt man auf Höhe des Supermarkts "Stock" aus und geht in Fahrtrichtung rechts in die Straße "Curupayty". Dort gelangt man sofort zu der "**Laguna**" von Itá, einem kleinen Teich, in dem es auch Kaimane gibt. Diese werden von einem Wärter bewacht, weniger zum Schutz der Besucher, die durch einen Zaun vom Teich getrennt sind, sondern vielmehr, um die Einheimischen daran zu hindern, diese zu fangen und aufzuessen. Wenn man die Straße weiter geht, gelangt man an die Straße "Mariscal López". Dort biegt man links ab und kommt nach zwei Querstraßen zur Kirche "**Iglesia Franciscana**". Sie wurde 1698 erbaut und als historisches Monument deklariert.

Fährt man die Ruta 1 weiter Richtung Südosten, gelangt man nach rund zehn Kilometern nach Yaguarón.

Yaguarón
Yaguarón ist ebenfalls eine Franziskanerstadt und vor allem bekannt durch seine Kirche „**Iglesia de San Buenaventura**", die als wichtigstes Zeugnis der Franziskaner gilt. In ihr finden sich hervorragend erhaltene Originaldekorationen und Bemalungen sowie ein

alter kunstvoller Altar. Die Kirche wurde 1772 im Stil des Barock-Gurani gebaut, mit teilweise bis zu 30 Meter langen Deckenbalken aus wertvollem Lapachoholz, ein Hartholz, das in Paraguay wächst und beim Bau sehr beliebt ist, allerdings aufgrund der massiven Abholzung kaum noch in größeren Mengen zu bekommen ist.

Altar in der Kirche San Buenaventura

Es gibt auch ein sehr schönes neues (erst 2020 eröffnet) Museum, das Museo Tava Jaguarú auf der Spitze des Hügels Cerro Yaguarón (wenige Minuten zu Fuß). Strenggenommen ist es kein Museum, sondern ein „kulturelles Interpretationszentrum", was es für Touristen noch spannender macht.

Ausgestellt sind nämlich zeitgenössische indigene Kultur-Elemente: Keramiken, Bilder, Töpferwaren und zwar in der Art Holzhaus, wie sie wirklich bewohnt werden.

Das Museum wurde mit dem Holz des Karanda'y aus den Palmenhainen des Chaco erbaut. Es ist in drei Säle mit unterschiedlichen Themen unterteilt. Wichtige Aktivitäten der Indigenen wie Jagd, Fischfang, Spinnerei und der Töpferei und die Bedeutung von Heilkräutern werden gezeigt.

Indigenenhütte im Mueum in Yaguarón

Paraguarí

Paraguarí selbst hat als kleine Stadt nicht viel zu bieten. Ganz in der Nähe befinden sich aber das Öko-Reservat Mbatoví und der Wasserfall Salto Cristal. Da beide sehr nahe an der Hauptstadt gelegen sind, ist es eine wunderbare Gelegenheit, diese beiden schönen Orte zu besichtigen.

9. Eusebio Ayala

Eusebio Ayala ist eine kleine Stadt mit 25.000 Einwohnern im Verwaltungsbezirk Cordillera, rund 72 Kilometer von Asunción entfernt. Ihren Namen führt die Stadt seit 1940 zu Ehren des früheren gleichnamigen Präsidenten des Landes. Geschichtsinteressierten ist sie aufgrund ihrer Rolle im Tripel-Allianz-Krieg bekannt. Gleichzeitig gilt die Stadt auch als Wiege des beliebten Käsegebäcks „Chipa".

✈ Die Anreise ist sehr einfach und erfolgt über die Ruta 2 Richtung Ciudad del Este.

🔗 Die Fahrt nach Eusebio Ayala kann man gut mit einer Reise nach Ciudad del Este und den Wasserfällen oder mit einer Fahrt nach Caacupé (Tour Nr. 6) verbinden.

❗ **Tipp**: Auf der Strecke der Ruta 2 hinter dem Abzweig "Piribebuy" beginnt Paraguays "**Chipa-Paradies**". Dort stehen am Straßenrand zahlreiche ähnlich aussehende Chipa-Verkäuferinnen der unterschiedlichen, ganz in der Nähe befindlichen Chipa-Bäckereien und verkaufen dieses köstliche Käse-Anis-Gebäck direkt frisch aus dem Ofen. Die Chipa-Bäckereien haben meist ein kleines Restaurant angeschlossen, so daß man auch kurz einkehren kann.

Zunächst empfiehlt sich ein **Rundgang durch das kleine Zentrum rund um die Kirche**. Die Stadt hat viele alte Kolonialbauten. Wenn man mit dem Auto fährt, kommt man über die Straße "Independencia Nacional" in den Ort hinein, überquert den kleinen Bach Arroyo Piribebuy und passiert sofort die Stadtverwaltung (Municipalidad) an der ersten Querstraße. An oder kurz vor der nächsten Querstraße ("Acosta Nu") parkt man und geht den Rest zu Fuß.

Mit dem Bus (Richtung Eusebio Ayala, ab Busbahnhof Asunción oder Zustieg in San Lorenzo) steigt man einfach ebenfalls dort aus (Handzeichen an den Fahrer bzw. per Knopf/Kette genügt). In die Straße Acosta Nu biegt man links ein und folgt ihr bis zur Av. Ctan C. Martinez. Linker Hand liegt in einem kleinen Park die Kirche "**Iglesia San Roque**". Diese hat kulturell zwar nicht so viel zu bieten, aber der Aufstieg in den Turm ist jederzeit (auf eigenes Risiko) möglich und mit seiner wahnsinnig steilen Treppe ein wirkliches Abenteuer. Von oben hat man einen wunderbaren Blick auf die Stadt mit den Kolonialbauten. Linker Hand liegt das **Haus eines Nachfahren von Eusebio Ayala**. Wenn man Glück hat und ihn oder seine Tochter antrifft, kann man viele alte und persönliche Erinnerungsstücke an den Präsidenten sehen und erklärt bekommen!

10. Villarrica und Umgebung

Villarrica liegt rund 170 Kilometer südöstlich von Asunción entfernt und ist mit rund 70.000 Einwohnern die größte Stadt des Verwaltungsbezirks Guairá und Universitätsstadt. Villarrica hat eine einzigartige und ungewöhnliche Gründungsgeschichte: Die Stadt wurde im Jahr 1570 von Capitán Ruy Díaz de Melgarejo unter dem Namen Villa Rica del Espíritu Santo gegründet, damals allerdings an einem völlig anderen Standort, nahezu 450 km entfernt, in der Nähe des heutigen São João do Ivaí in Brasilien. Durch diverse Umstände sahen sich die Bewohner genötigt, mitsamt ihrer Stadt ab 1570 insgesamt sieben Mal umzuziehen, bis sie im Jahre 1683 am bis heute gültigen Standort ankamen. Lange Zeit war Villarrica der Stadt Asunción in ihrer Bedeutung ebenbürtig, wurde jedoch im Tripel-Allianz-Krieg fast völlig zerstört. Durch die Anbindung 1878 an die Eisenbahnlinie erholte sich der Ort und entwickelte zahlreiche Industriebereiche. In der Umgebung von Villarrica wird heute sehr viel Zuckerrohr angebaut, und zur Erntezeit sind beeindruckend viele Lastwagen mit dieser Fracht auf den Straßen zu sehen. Aber auch Schuhproduktion, Reis- und Mehlmühlen sowie Yerbaverarbeitung sind in und um die Stadt anzutreffen.

Neben Encarnación ist auch Villarrica für seine Karnevalsumzüge im Februar bekannt. Darüber hinaus gibt es vor allem im Zentrum der Stadt über 80 Häuser und Bauten aus der Kolonialzeit sowie dem Art Déco-Stil des beginnenden 20. Jahrhunderts. Jährlich veranstaltet die Stadt ein Harfenfestival und hat bei der UNESCO den Titel "Weltstadt der Harfen" beantragt.

Die Stadt selbst bietet nicht so sehr viel zu sehen für europäische Touristen, ist aber aufgrund der sehr guten Infrastruktur eine ideale Basis für Ausflüge in die nähere Umgebung. Sie wird häufig auch von Auswanderwilligen besucht, da es in der Region bereits sehr viele deutschsprachige Auswanderer und damit eine recht gute Infrastruktur für diese gibt.

Bei Einheimischen ist Villarrica und die Umgebung sehr beliebt, daher gibt es eine Vielzahl von Hotels und Gästehäuser (Posadas), die allerdings nicht immer auf einem der großen Hotelportale eingetragen sind. Man findet sie jedoch problemlos über Google Maps.

Ein besonders uriges Hotel ist das „Hotel Restaurant Paraiso" am Ortseingang (Reservierungen auf Deutsch möglich). Es gibt neben normalen Zimmern auch echte Schiffscontainer, in denen man übernachten kann. Das Restaurant ist sehr ungewöhnlich eingerichtet und für seine hervorragende Küche landesweit beliebt.

✈ Die **Anreise** nach Villarrica geht sowohl mit dem Bus als auch mit dem Auto auf zwei verschieden Strecken:

Die erste Möglichkeit führt über die Ruta 2 bis Coronel Oviedo (ca. 135 Kilometer). Dort biegt man im Kreisverkehr ab auf die Ruta 8 bis Villarrica (40 Kilometer).
Alternativ fährt man deutlich schneller ab San Lorenzo über die Ruta 1 (insgesamt rund 155 Kilometer).

Beide Strecken haben ihren Reiz: Über die völlig neu ausgebaute Ruta 2 kommt man an Itauguá (Ñandutí-Kunst), Ypacaraí (mit einem möglichen Abstecher zum Ypacaraí-See, ein kleiner Umweg von 10 Kilometern) und direkt an Caacupé mit seiner berühmten Kirche vorbei. Über die Ruta 1 kann man zwischen Itá und Paraguarí die Landschaft der Cordillieren-Ausläufer genießen; sehr beeindruckend, wenn die vielen, nah am Straßenrand stehenden Bäume in voller Blüte stehen. In Yaguarón (siehe Kapitel 8) kann man mit einem kurzen Abstecher eine der ältesten Kirchen Paraguays besichtigen und/oder die fünfminütige Wanderung auf den Cerro Yaguarón machen, der eine herrliche Aussicht über die gesamte Region bietet.

Auch die Busse bieten beide Streckenvarianten an und kosten den gleichen Preis: 50.000 PYG mit einem normalen Bus (*"comun"*, nicht klimatisiert und hält bei jedem Handzeichen) oder 55-65.000 PYG mit einem *„directo"*, der nicht nur mit weniger Haltepunkten und damit schneller – ca. 3-3,5 Stunden – ans Ziel kommt, sondern auch klimatisiert ist. Möchte man die schnellere Strecke nehmen, muss man darauf achten, dass „Paraguarí" als Streckenpunkt angegeben ist (als „por" oder „x" Paraguarí bezeichnet). Diese sind aber seltener als die Busse, die über die Ruta 2 fahren. Die Strecke Asunción-Villarrica wird mehr als 20 Mal täglich von mehreren Busgesellschaften bedient.

Vorschlag für eine Stadtbesichtigung in Villarrica
Besonders empfehlenswert ist diese Tour in einem der Pferdetaxis (*Karumbé,* "Schildkröte" auf Guaraní), die es früher auch noch in Encarnación gab. Auch in Villarrica sind es weniger geworden. Man sollte also die Gelegenheit nutzen, solange es diese wirklich ungewöhnliche Form des Transports noch gibt. Sie stehen am Busbahnhof der Stadt, der auch Ausgangspunkt der Route ist. Man kann die meisten Punkte der Route jedoch auch recht gut erlaufen. Da viel Verkehr herrscht, ist die Tour mit dem Auto nicht empfehlenswert.

1. Busbahnhof (Terminal)
Ausgangspunkt ist der aus verschiedenen Gründen sehenswerte Busbahnhof (Terminal) von Villarrica, der sich mitten im Stadtzentrum im Block der Straßen "Ruy Diaz de Melgarejo", "Natalicio Talavera","Mcal. Francisco Solano López" und "Gregorio Benítez" befindet. Von hier fahren Busse in alle Richtungen – sei es von/nach Asunción, einfach nur ins Umland, beispielsweise nach Independencia oder nach Ciudad

del Este oder Argentinien. Dabei ist er kleiner als das Verkehrsaufkommen es vermuten lässt. Rund um den Busbahnhof sind viele kleine Verkaufsstände, Garküchen und kleine Händler, sehr typisch südamerikanisch. Am Straßenrand ("Ruy Díaz de Melgarejo") warten einige Pferdetaxis (Karumbe) auf Kundschaft.

2. Mercado Municipal 1 (Markt)

Vom Busbahnhof aus biegt man rechts (bergab) ein in die "Ruy Díaz de Melgarejo" und folgt ihr über die erste Kreuzung hinweg etwa bis zur Mitte des 2. Straßenblocks. Links sieht man einen unscheinbaren Durchgang, flankiert von Korbwaren, Reis- und Mehlsäcken. Dort steigt man die wenigen Treppenstufen hinauf und befindet sich im überdachten Teil des Mercado Municipal, des ältesten noch erhaltenen Marktes Villarricas. Nach einer kleinen Runde verlässt man das Gebäude auf der dem Eingang gegenüberliegenden Seite und biegt unmittelbar danach rechts in einen schummrigen schmalen, kurzen Gang. Am Ende des Ganges kann man die Kräuterfrauen finden, die gegen jede Krankheit die passende Medizin haben. Unmittelbar dahinter befindet sich die offene aber überdachte Fleischverkaufstheke. Um die Verkäufer in Aktion zu sehen, sollte man bis etwa 9:00 Uhr da sein, da diese nur von nachts um 3.00 bis 10.00 Uhr dort verkaufen. Durch die Gemüsestände geradeaus hindurch kommt man auf der Straße "Colón" wieder heraus, geht ein paar Schritte linker Hand bergauf um direkt an der nächsten Kreuzung rechts in die "Gral. Caballero" einzubiegen. Dieser folgt man ein wenig weiter nach Norden und gelangt direkt in den

3. Park Manuel Ortiz Guerrero/ Ykua Pytã

Im Park gibt es einen kleinen See, in dem Wasserschweine (Carpinchos) leben. Mit etwas Glück kann man sie auch vorsichtig streicheln. Sie tragen ein dichtes braunes Fell und sind so groß wie ausgewachsene Schweine, haben aber die Züge von Meerschweinchen. Es gibt auch großes Denkmal des Dichters und Musikers Manuel Ortiz Guerrero (1894-1933), der in der Nähe von Villarrica geboren wurde. In dem Denkmal gibt es ein großes Loch, hinter das man sich stellen und fotographieren lassen kann.

Denkmal des Künstlers Guerrero

Nachdem man den Park Richtung Norden durchquert hat, kommt man auf die Straße "Dr. Bottrel", auf die man nach links (bergauf) einbiegt. An der 2. Kreuzung biegt man nach rechts in die Hauptstraße "Carlos Antonio López" ein und folgt ihr ungeachtet der späteren Namensänderung in "Padre Carlos Anasagasti" 2,5 Blocks weiter. Hier befindet sich die

4. Kirche "Iglesia Nuestra Señora de la Asunción"/Iglesia Ybaroty"

Sie wird oft als "Templo de Asunción" bzw. im allgemeinen Sprachgebrauch als "Iglesia Ybaroty" bezeichnet. Die Kirche hat eine sehr charakteristische Ziegelsteinfassade und wird oft auch als Wahrzeichen von Villarrica auf Darstellungen verwendet. (Die gesamte Wegstrecke ab Busbahnhof beträgt rund 1,2 Kilometer). Man kommt an der Kirche meist automatisch vorbei, wenn man, von Asunción mit dem Auto kommend, in die Stadt hineinfährt, dann liegt sie direkt am Ortseingang auf der linken Straßenseite. 2004 wurde sie zum nationalen historischen Kulturerbe erklärt, und obwohl sie mit ihrer Mischung aus romanischem und gotischem Baustil sehr alt wirkt, wurde sie erst in Jahren 1944-1957 erbaut.

5. Kathedrale "Catedral de Villarrica"

Die katholische und für Villarrica wichtigste und größte Kirche ist die "Catedral de Villarrica", erbaut in den Jahren 1883-1891. Ursprünglich war der Kirchturm aus Holz, wurde dann aber im Zuge der Rekonstruktion in Stein ausgeführt. Interessanterweise besitzt diese Kirche drei Glocken, von denen die älteste aus dem Jahr 1781 stammt.

Um die Kirche auf dem Rundweg zu erreichen, muss man von der Iglesia Ybaroty geradeaus in Richtung Süden (Stadtzentrum) gehen, insgesamt ca. 1.000 Meter bzw. ca. 300 Meter vom Busterminal (würde man in den Rundgang in diese Richtung starten).

! Man kann entweder bei der Iglesia Ybaroty oder auch bei der Catedral de Villarrica den Küster suchen und ihn bitten (vielleicht gegen eine kleine Spende für den Kirchenerhalt), den jeweiligen Turm aufzuschließen. Die Treppen sind trittsicher, aber nicht DIN-genormt. Der Aufstieg lohnt sich vor allem bei der Catedral de Villarrica: Man kommt am Uhrwerk und an den Glocken vorbei und hat vom obersten Punkt einen herrlichen Blick über die Stadt. Bei schönem Wetter kann man sogar bis zum Ybytyruzú-Gebirge sehen. Rund um die Kirche finden sich einige der besterhaltenen Gebäude im Kolonialstil.

6. Museo Municipal "Maestro Fermín López"

Direkt an der Rückseite der Catedral de Villarrica befindet sich das kleine Heimatmuseum, alleine schon deshalb interessant, weil es, 1842 erbaut, eines der sehr gut erhaltenen Gebäude im Kolonialstil ist. Zunächst wurde das Gebäude als Schule genutzt, bis es 1972 zum Heimatmuseum umfunktioniert wurde. Ein Rundgang durch die liebevoll zusammengetragenen Artefakte aus den Kriegen und den Einwanderungswellen runden den Besuch Villarricas ab.

⌛ Je nach Interesse dauert der Stadtrundgang wenige Stunden.

ᛉ Independencia

Independencia ist eher ein Gebiet als eine Stadt, da die meisten Einwohner auf sehr sehr großen Grundstücken (mehrere Hektar groß) auseinandergezogen leben. Die "City" von Independencia, an dem man schnell vorbeifährt, wenn man nicht aufpasst, besteht auch heute noch nur aus einem kleinen Supermarkt, einer Apotheke und einigen weiteren Geschäften sowie einer einer Tankstelle.

Nach dem ersten Weltkrieg waren viele deutsche Familien gezwungen, Ausschau nach einem neuen Land zu halten, um der Not in der Heimat zu entrinnen. Einige amerikanische Staaten waren bereit, diesen Einwanderern eine neue Heimat zu bieten, unter diesen auch das Urwaldland Paraguay. 1919 genehmigte der Staat die Aufnahme von mehreren hunderten Einwandererfamilien auf einer Fläche von 10.000 Hektar. Das Gebiet war ein von nur wenigen Indianerstämmen dünn besiedeltes Land 200 Kilometer südöstlich von Asunción, begrenzt vom Gebirge Ybytyruzú (teilweise auch Yvytyruzú oder Ybytyrusu geschrieben) und von zahlreichen Bächen und Wasserläufen durchzogen. Die Anbindung sollte über die 20 Kilometer entfernte Stadt Villarrica erfolgen, welche bereits an die damals noch vorhandene Bahnlinie angeschlossen war. Die Siedlung erhielt den Namen "Colónia Independencia". Jeder Siedlerfamilie wurden kostenlos 20 Hektar zugeteilt und eine Grundbucheintragung mit dem Eigentumsrecht wurden übergeben, nachdem dieser die Straßenfront eingezäunt und mindestens 40 Obstbäume gepflanzt hatte. Die ausländischen Immigranten erhielten auch staatliche Unterstützung durch Zugochsen und Werkzeug. 1932 folgte die Gründung der Tochtersiedlung Carlos Pfannl mit Siedlern aus Deutschland, Österreich und der Schweiz, 1933 Sudetia. Noch heute wohnen in dieser Gegend viele Menschen, die Deutsch sprechen; es gibt eine deutsche Schule und vieles andere mehr.

Durch zahlreiche neue Einwanderer aus Deutschland wächst Independencia und seine Infrastruktur, aber nach wie vor ist es es eher ein Gebiet denn eine Stadt.

✈ Man kann von Villarrica aus problemlos mit dem Bus nach Independencia fahren (Strecke rund 28 Kilometer, Fahrtzeit rund 30 Minuten), hat dann jedoch das Problem, dass man vom „Zentrum" in Independencia zu Fuß nicht sehr viel sehen kann. Eindrucksvoller ist eine Fahrt mit dem Auto durch die Gegend, die auch als Ausgangspunkt für Wanderungen (Tour Nr. 25) genutzt werden kann.

ᛉ Sapucai

60 Kilometer von Villarrica entfernt liegt Sapucai, ein in einem grünen Tal der Cordilleren gelegener kleiner Ort mit vielen gut erhaltenen Kolonialhäusern (mehr als 30 Häuser sind über 100 Jahre alt), das wie in einer Zeitkapsel gefangen ist. Dazu trägt auch das

liebevoll hergerichtete Eisenbahnmuseum bei. Einmal im Monat erwacht das Museum zum Leben: die in sehr gutem Zustand erhaltenen Maschinen des Werkstattbereichs werden zischend in Betrieb genommen, und mehrere Ortsansässige flanieren in historischen Kostümen der Jahrhundertwende über die Bahnsteige.

Zur Hochzeit der Eisenbahn in Paraguay lag in Sapucai die zentrale Reparatur-Werkstatt mit integrierter kleiner Eisengießerei. Mittels einer einzigen großen Dampfmaschine und einem ausgeklügelten Treibriemensystem wurden alle Maschinen betrieben, die zur Herstellung von Ersatzteilen wie Sprungfedern, Blattfedern, Bolzen, Weichen und vielem mehr benötigt wurden. Die Werkstatt wurde in Kooperation mit englischen Ingenieuren betrieben, die dort auch die erste Straßenüberführung (Viadukt) des Landes bauten.

Normalerweise fielen solche Werkstätten Modernisierungsmaßnahmen und der einziehenden Elektrisierung zum Opfer; in Sapucai ist aber alles seit über 100 Jahren unverändert geblieben und man findet somit ein fast einmaliges, noch immer funktionsfähiges Zeitzeugnis vor. Ergänzt wird das Ganze durch mehrere alte Lokomotiven, unter anderem die Präsidentenwagen von General Estigarribia und Eusebio Ayala, alte Sitze, Telegrafen und vieles mehr.

Die Stadt diente auch Paraguays berühmtestem Schriftsteller Augusto Roa Bastos als Inspiration für einige seiner Bücher.

💰 Einheimische: 10.000 PYG, Ausländer 50.000 PYG

❗ Unbedingt vorher klären, ob das Museum geöffnet ist.

✈ Aus Asunción: Über die Ruta 1 bis Paraguarí, dort im Ort links abbiegen, Richtung Villarrica, nach weiteren ca. 25 km erreicht man Sapucai, Gesamtstrecke ca. 80 km.

Aus Villarrica: Auf die Ruta Richtung Paraguarí einbiegen, über Tebicuary weiter geradeaus bis Sapucai, Gesamtstrecke ca. 60 km.

Per Bus ist Sapucai ebenso erreichbar, Zielort entweder "Asunción" oder "Villarrica", es muss aber angegeben sein, dass der Bus über ("por" oder "x") Paraguarí fährt.

Ruta Ciudad Villarica - Felix Perez Cardozo, Sapucai

⏱ Für diesen Abstecher allein sollte man einen halben Tag einplanen.

Man kann diesen Ausflug mit etwas Abenteuerlust noch etwas erweitern, indem man danach zum sehenswerten Wasserfall Salto Cristal fährt. Auch das Öko-Reservat Mbatoví (siehe Kapitel 22) liegt ganz in der Nähe.

🍸 Wasserfall Salto Cristal

Der Salto Cristal ist ein 45 Meter hoher Wasserfall, der etwas außerhalb der Stadt La Colmena liegt. Das Wasser ist glasklar; am Ende des Wasserfalls formt sich eine Art natürliches Badebecken, in dem man auch gut schnorcheln kann.

Auch Klettern und Abseilen ist von den Felsen möglich (Ausrüstung muss man mitbringen bzw. wird, wenn man einen Touranbieter bucht, von diesem gestellt). Im Park kann man bis ungefähr 200-300 Meter an den Wasserfall fahren, muss aber das letzte Stück zu Fuß gehen bzw. klettern (teilweise recht steil, aber mit einer Holztreppe). Da es keine Läden gibt, sollte man genügend Getränke mitnehmen. Der Wasserfall liegt auf Privatgelände, so dass man einen kleinen Eintritt bezahlen muss. Auch Campen ist möglich.

ⓘ Tel: +595 984 536070

🕘 Ganzjährig geöffnet täglich bis ca. 19/20 Uhr

✈ Anreise von Sapucai: Auf der Straße „Ruta Paraguarí-Villarrica" wieder zurück Richtung Tebicuary fahren, aber bereits in Ybytymí Richtung Süden abbiegen. Danach durchfährt man Col. Capitán Solano Escobar und überquert die befestigte Straße „Ruta Tebicuary-Tebicuary Mi". Die Strecke wird auf den letzten rund 10-15 Kilometern zu einer unbefestigten Sandstraße vorbei an Zuckerrohrfeldern. Dabei werden auch einige Bäche durch Brücken in mehr oder weniger gutem Zustand (insbesondere nach Regenfällen) überquert. Wenn es vorher geregnet hat, wird diese letzte Strecke zu einem wirklichen Abenteuer. Ein geländegängiges Fahrzeug ist sehr zu empfehlen.

Von Asunción: Man fährt über die Ruta 1 bis Carapeguá, biegt dort Richtung Acahay und danach Richtung La Colmena ab. In La Colmena gibt es einen Kreisverkehr, den man geradeaus weiter Richtung Zentrum fährt, bis man an einen Abzweig Richtung Escobar kommt. Auf dieser Straße fährt man sieben Kilometer und findet rechts ein leicht zu übersehendes Schild mit der Aufschrift "AZPA – Salto Cristal". Von dort führt eine rund 9 Kilometer lange Sandstraße bis zum Parkeingang.

Es gibt einige Touranbieter, die diese Tour ab Asunción (160 Kilometer entfernt) und Villarrica als Pauschalausflug anbieten. Dennoch ist der Park üblicherweise nicht überlaufen.

Einfache Imbiss-Stände am Straßenrand in Villarrica

Von links oben nach rechts unten: 1 Kirche Iglesia Ybaroty in Villarrica – 2 Karneval in Villarrica – 3 Pferdetaxis (Karumbe) am Busbahnhof in Villarrica – 4 Sapucai – Blick auf das Ybytyruzú-Gebirge vom Cerro Corá

11. Ciudad del Este

Ciudad del Este ist eine Grenzstadt im Osten Paraguays am Übergang zu Brasilien und den Wasserfällen von Iguazú. Dort endet auch die Ruta 2, die in Asuncíon beginnt. Ciudad del Este ist die zweitgrößte Stadt des Landes mit rund 250.000 Einwohnern und vor allem bekannt als wuseliges Handels- und Shoppingzentrum. Es soll der größte Warenumschlagplatz Südamerikas sein. Ein wenig ähnelt es Hong Kong mit seinen Spielcasinos und Shopping-Centers sowohl in den Gebäuden als auch auf den Straßenmärkten. Die Stadt wurde erst 1957 gegündet, hatte aber bereits drei Namen: anfangs hieß sie "Puerto Flor de Lis", danach "Presidente Stroessner", und nach dem Sturz des Diktators 1989 erhielt sie mit Ciudad del Este (Stadt im Osten) ihren heutigen Namen.

🖉 Die Stadt selbst bietet außer Shopping keine touristischen Attraktionen und ist auch nicht wirklich schön, sondern eher schmuddelig. Sie ist jedoch eine gute Basis für Ausflüge in die Umgebung (vor allem die weltberühmten Wasserfälle und das Wasserkraftwerk). Daher kombiniert man sie am besten mit Tour Nr. 12 oder 13. Um alle drei (Ciudad del Este, die Wasserfälle Iguazú und das Kraftwerk) zu besichtigen, sollte man mindestens zwei Tage planen oder sehr sehr früh starten (am besten mit den Wasserfällen). Da der Grenzverkehr teilweise sehr lang dauert, ist es stressfreier und kann am 2. Tag neben dem Kraftwerk noch ein zusätzliches Highlight, beispielsweise das Refugio Tati Yupí Salto Monday oder die "Allee der Bäume" oder das „Mundo Guaraní" besichtigen.

Durch die vielen Handelsunternehmen, Straßenhändler und Einkaufstouristen (vor allem aus Brasilien) ist die Stadt immer stark überfüllt. Angeboten werden zu günstigen Preisen Waren aller Art, vor allem aber Unterhaltungselektronik. Einheimische fahren für größere Einkäufe extra aus Asuncíon nach Ciudad del Este. Viele Waren werden auch geschmuggelt. Um sich dieses Treiben anzusehen, sollte man jedoch recht früh ins Zentrum gehen oder fahren, weil die meisten Händler schon am frühen Nachmittag wieder einpacken.

Auch gibt es in Ciudad del Este eine Wohnsiedlung des Indigenenstammes der Maká (siehe auch Kapitel 26), und zwar direkt im Zentrum an der Straße "Cancio López". 54 Familien wohnen dort; ihr Haupterwerbszweig ist die Herstellung und der Verkauf von textilen Gebrauchsgegenständen (Armbänder, Handtaschen, Dekoobjekte).
Die Innenstadt von Ciudad del Este ist sehr klein und gut erlaufbar. Die Busse sind in noch schlechterem Zustand als in der Hauptstadt, immer wieder gibt

es hier größere Aktionen, dass die am schlimmsten Heruntergekommenen aus dem Verkehr gezogen werden müssen.

ϒ Tunel de Arboles/Allee der Bäume

25 Kilometer vor Ciudad del Este kreuzen sich die Autobahnen 6 und 7. Wenn man hier 41 Kilometer auf der Ruta 6 Richtung Süden fährt, gelangt man zur "Allee der Bäume" (*túnel de árboles*) von Santa Rita" direkt an der Autobahn an der Stadteinfahrt von Santa Rita. Dieses 400 Meter lange Straßenstück hat seinen Namen durch die Bäume, die links und rechts der Autobahn stehen und deren Kronen sich in der Mitte über der Fahrbahn zu einer fast geschlossenen Decke zusammenschließen, so dass der optische Eindruck eines Tunnels entsteht – tolles Fotomotiv (siehe unten).

Allee der Bäume

ϒ Wasserfall Salto Monday

Auch wenn die Wasserfälle von Iguazú bedeutend beeindruckender sind, kann sich ein Abstecher zu Paraguays größtem und schönsten Wasserfall lohnen (der Iguazú-Wasserfall befindet sich de facto ja auf brasilianischer und argentinischer Seite).

Der Salto Monday befindet sich in einem rund neun Hektar großen Naturpark (Parque Municipal Saltos del Río Monday) am gleichnamigen Fluss (Río Monday), der in den Río Paraná mündet. Da der weltberühmte Foz de Iguazú ganz in der Nähe ist, machen nur wenige Touristen einen Ausflug zu einem zweiten Wasserfall. Der Vorteil ist, dass man genau aus diesem Grund meist ganz allein in der Natur ist – etwas, was einem in Iguazú nie passiert. Immerhin stürzt das Wasser auch hier aus einer Höhe von 40 Metern in drei Stufen sehr gewaltig in die Tiefe. Es gibt auch Picknick- und Campingplätze, und an den Felsen des Wasserfalls kann man Bergsteigen, sich abseilen oder wandern gehen. Kioske, an denen man etwas kaufen kann, gibt es hier nicht.

Der Weg zum Panoramaaussichtspunkt durch den insgesamt neun Hektar großen Park ist ausgeschildert.

✈ Der Wasserfall liegt in der Stadt Presidente Franco (oft Pte. Franco abgekürzt) ganz in der Nähe von Ciudad del Este, nur rund 10 km in südöstlicher Richtung vom Stadtzentrum entfernt. Obwohl er so nah ist, gibt es keinen Bus, der dahin fährt. Individualreisende müssen also ein Taxi nehmen. Oft kann man mit dem Taxifahrer einen günstigen Pauschalpreis vereinbaren, der nicht nur Hin-

und Rückfahrt beinhaltet, sondern auch eine bestimmte Wartezeit.

! Direkt am Wasserfall gibt es auch den Abenteuerpark Aventura Monday (siehe Kapitel 22), so dass sich ein Ausflug wirklich lohnt.

Es gibt zwei verschiedene Zugänge zum Wasserfall – einmal direkt zum Wasserfall und einmal über Parque Aventura Monday, bei dem es einen Wanderweg zum Wasserfall und weitere Aktivitäten gibt.

🕐 Ca. 7.30-18.00 Uhr, je nach Jahreszeit.

ϒ Mundo Guaraní

Auf der Fahrt von oder nach Ciudad del Este liegt Mundo Guaraní, ein Lehrpfad über die Kultur der Guaraní (Details siehe Kapitel 22).

Eingang des Museums Mundo Guaraní

ϒ Brücke der Integration

Seit 2023 sind auch die Städte Presidente Franco und Foz de Iguazú (Brasilien) mit einer Brücke verbunden, der Brücke der Integration (Puente Internacional de la Integración), eine 760 Meter lange Schrägseilbrücke, die nachts in schönen Farben illuminiert ist. Auf der anderen Seite in Brasilien sieht man im Hintergrund ein Riesenrad. Ein schönes Fotomotiv.

Die Brücke ist fertiggestellt, aber es wird erwartet, dass sie erst ab Anfang 2024 für den Verkehr (Autos und Fußgänger) freigegeben wird.

12. Itaipú – Wasserkraftwerk und weitere Attraktionen

Paraguay bezieht fast 100 Prozent seines Stroms aus Wasserkraft. Erzeugt wird der Strom in zwei großen binationalen Wasserkraftwerken: eines gemeinsam mit Argentinien (Yacyretá, gesprochen; Jasüretá) in der Nähe von Encarnación, das andere gemeinsam mit Brasilien (Itaipú) in der Nähe von Ciudad del Este. Daher liegen die Attraktionen teilweise auf paraguayischem Gebiet, teilweise auf dem Gebiet des Nachbarstaates.

Nr. 11 Karte – Übersichtskarte Itaipú-Gegend

Gebaut ab 1973, war Itaipú lange Zeit das größte Wasserkraftwerk der Welt, bis im Jahr 2003 in China die „Drei-Schluchten-Talsperre" in Betrieb ging. In Hinblick auf die bislang kumuliert erzeugte Energie seit 1984, als Itaipú ans Netz ging, bis 2015, ist das paraguayische Kraftwerk nach wie vor mit 2,3 Millarden Megawattstunden das größte der Welt. 2014 jedoch produzierte das chinesische Kraftwerk erstmals

etwas mehr Strom pro Jahr als das paraguayische. Dennoch ist dieses Bauwerk ein imposantes Wunderwerk der Technik, dessen Besuch sich unbedingt lohnt. 1977 fertig gestellt, ist das Kraftwerk auch immer wieder Gegenstand von Kritik, sowohl von Umweltschützern als auch wegen der Korruption der Beschäftigten, sowie geprägt von binationalen Streitigkeiten wegen „ungleicher Verträge".
Seit 1977 haben 20 Millionen Menschen aus 197 Ländern (also nahezu tatsächlich aus allen Ländern der Welt) die Anlage besucht. Auch für die Paraguayer selbst ist es einer der meist besuchten Orte des Landes.

Attraktionen in Itaipú
Neben dem Besuch des Kraftwerks selbst gibt es weitere Attraktionen, die von der Organisation Itaipú verwaltet werden. Die Attraktionen haben standardisierte Logos und werden immer in der gleichen Reihenfolge dargestellt:

- Wasserkraftwerk Itaipú
- Maßstabsgetreue Miniatur des Kraftwerks
- Naturpark Tatí Yupí
- Biologisches Reservat Mbaracayú
- Abendliche Beleuchtung des Kraftwerks
- Museum Tierra Guaraní
- Costanera Hernadarias

! Alle Attraktionen sind kostenlos, jedoch muss man sich etwas bürokratisch anmelden – und meist muss ein Identitätsnachweis (Cedula, Pass o.ä.) vorgelegt werden. Eine gute Übersichtsseite über alle Attraktionen und den Besuch gibt es unter: https://cti.itaipu.gov.py (auf Englisch und Spanisch).
Die Anmeldung geht theoretisch auch per Mail oder telefonisch (+595 (0)61 599-8040 oder +595 (0)61 599-8094, cturistico@itaipu.gov.py) aber die Rückmeldungen sind nicht immer zuverlässig. Man kann alle Anmeldungen aber auch im CRV durchführen, das ohnehin Ausgangspunkt der meisten Touren ist.
Es gibt auch eine App (Ib-tur), die jedoch fehlerhaft ist und häufig abstürzt.
Sämtliche Attraktionen (Wasserfall und Kraftwerk) haben ihre Tourismusbüros daher doppelt – einmal auf paraguayischer, einmal auf brasilianischer Seite. Dementsprechend sind auch die Anreiseinformationen unterschiedlich. Es ist natürlich auch möglich, auf brasilianischer Seite in einem Hotel zu übernachten.

Das Kraftwerk Itaipú
Die knapp einstündigen Touren werden im Stundentakt zwischen ca. 8 und 16 Uhr kostenlos angeboten und starten an der Besucherinformation von Itaipú (Centro de Recepción de Visitas, CRV – siehe unten). Dort muss man sich auch anmelden, das kann aber am gleichen Tag erfolgen. Die riesige Anlage wird mit Itaipú-eigenen Bussen abgefahren, wobei zahlreiche Foto- und Videostops möglich sind. Vorher wird noch im CRV ein rund 20-minütiger Film über die Anlage gezeigt. Für alle Touren muss ein gültiger Ausweis oder Reisepass vorgelegt werden.
⏳ 3 Stunden
Für die Spezialtouren, die etwas länger dauern und eine Besichtigung der technischen Anlagen einschließen, muss man sich rund eine Woche vorher schriftlich anmelden.

✈ Mit dem Auto: Um das Kraftwerk zu besichtigen, muss man zunächst zum Besucherzentrum (CRV) fahren. Dieses liegt rund 14 Kilometer vom Zentrum von Ciudad del Este entfernt. Dazu fährt man auf der Ruta 7 zunächst vier Kilometer Richtung Asunción und biegt am Kreisverkehr rechts auf die Straße "Supercarretera Itaipú" Richtung Norden ab. Vom Flughafen Ciudad del Este (Aeropuerto Internacional Guaraní) kommend sind es 34 Kilometer Richtung Ciudad del Este.
Vom Omnibusbahnhof in Ciudad del Este fahren etwa alle 20 Minuten diverse Buslinien Richtung Wasserfälle ("Foz de Iguazú").

Miniatur des Kraftwerks
Das Modell (Modelo Reducido) im Maßstab 1:100 (1 cm entspricht also 1 Meter in Realität – man kann also richtig darin spazieren gehen!) besteht aus einem Bauwerk, das das Wasserkraftwerk, einen Teil des Stausees und den Fuß des Damms sowie einen Teil des Flusslaufs des Paraná und seiner nächsten Nebenflüsse Acaray, Yguazú und Monday nachbildet.
Es liegt rund 1,5 Kilometer vom CRV entfernt. Tickets gibt es beim CRV.

Naturpark Tatí Yupí
Das Naturschutzgebiet "Reserva Natural Tatí Yupí" ist das dem Wasserkraftwerk am nächsten gelegene Schutzgebiet. Es liegt rund 9,5 Kilometer vom CRV entfernt (auf der "Supercarretera Itaipú bis zum Eingangstor fahren, dann sind es nochmals sieben Kilometer bis zum Besucherzentrum) bzw. 12 Kilometer nordöstlich der Stadt Hernandarias. Hier kann man auf 2.245 Hektar noch Naturwald mit reicher Tier- und Pflanzenwelt erkunden, und es gibt Wanderwege, die man auch mit Fahrrad oder Pferdewagen erfahren kann. Dabei wird man von einem Guide begleitet. Im Gegensatz zu anderen Parks in Paraguay ist dieser hier vollständig auf Touristen eingestellt. Es gibt Elektrizität, Trinkwasser, Toiletten, eine Krankenstation, Sport- und Spielplätze. Die Tour wird, wenn man sie nicht mit Fahrrad oder Pferdewagen

durchführt, im eigenen Auto gemacht. Individualtouristen müssen sich also auf irgendeine Weise um ein Fortbewegungsmittel kümmern.

🕐 Von Dienstag bis Sonntag (8.00-11.45 und 13.00-15.30).

💰 Der Eintritt ist frei. Auch für diesen Park bekommt man die Eintrittskarten am CRV, wobei man die Ausweise oder Pässe und die Liste der Teilnehmer vorzeigen muss.

❗ Wichtig: Man muss ein Fahrzeug mitbringen, da die Besichtigungen in den Privatfahrzeugen der Besucher erfolgen.

Biologisches Reservat Mbaracayú

Dieses über 1.300 Hektar große Gebiet liegt etwas abseits in der Stadt Salto de Guaira (nicht zu verwechseln mit dem Verwaltungsbezirk Guaira) – rund 220 Kilometer nördlich von Ciudad del Este, ist aber einen Besuch wert. Es handelt sich um ein binationales Schutzgebiet, das bereits 1984 eingerichtet wurde, aber erst 2021 als Tourismusziel mit entsprechenden Angeboten offiziell eröffnet wurde. Zwar wurde die ursprüngliche natürliche Umgebung erheblich verändert; anstelle der Wälder wurden Weiden angelegt. Dennoch wurden wichtige Feuchtgebiete erhalten und erfolgreich Aufforstungsmaßnahmen durchgeführt. Das Gebiet schützt gefährdete Pflanzenarten wie Jatevu ka'a (Peperomia cyclophylla), Schachtelhalm (Esquisetum giganteum) und Arary (Calophyllum brasiliense). In dem Gebiet gibt es 29 verschiedene Säugetierarten, 246 Vogelarten und 15 Reptilienarten. Erst kürzlich wurden drei neue Vogelarten in diesem Schutzgebiet für Paraguay registriert: der Añuma (Anhima cornuta), der Ypekune'i (Picumnus albosquamatus) und der Chovy estero (Schistochlamys metanopis). Ausgangspunkt des Rundgangs ist der 970 Meter lange Wanderweg "La Esperanza", an dessen Ende man das Informationszentrum, den Steg und den Aussichtspunkt zur Vogelbeobachtung besuchen kann. Eine weitere Anlaufstelle für Besucher ist der Pier (Muelle), von dem aus man die einzigartige Landschaft des Itaipu-Stausees und die Wasser- und Landfauna der Region genießen kann. Es gibt auch einen Vogelbeobachtungspunkt. Das Reservat gilt als erfolgreiches Beispiel für die ökologische Wiederherstellung auf regionaler Ebene – eine Seltenheit in Paraguay.

🕐 Von Mittwoch bis Sonntag zugänglich (Führungen nur zu bestimmten Uhrzeiten).

Abendliche Beleuchtung des Kraftwerks

Freitag und Samstag abends gibt es ein Spezialprogramm, bei dem die gesamte Anlage zu Musikuntermalung über eine Länge des Dammes von rund drei Kilometern beeindruckend beleuchtet wird. Interessenten sammeln sich am offiziellen Treffpunkt CRV und fahren dann mit Bussen der Firma Itaipú zum Aussichtspunkt. Die Touren starten dort jeweils um 18.00/18.30 (im paraguayischen Sommer um 19.30), eine Anmeldung bis zum Donnerstag der jeweiligen Woche ist nötig Die (Voranmeldung nötig). Sehr stimmungsvoll und tolles Fotomotiv.

Museum Tierra Guaraní

Das Museum zeigt Überreste und und Szenen jahrtausendealter Siedlungen dieser Region, die im 19. Jahrhundert gefunden wurden. Das Museum soll die Erinnerung an die regionale Kultur für heutige und künftige Generationen lebendig halten. Anders als viele andere Museen des Landes ist dieses Museum didaktisch gut aufgebaut und bietet auch für Kinder spielerisch die Möglichkeit, etwas über die Geschichte, auch die der früher hier siedelnden Indigene, das Ökosystem des Flusses Paraná sowie die Flora und Fauna zu lernen.

✈ Das Museum ist rund 1,8 Kilometer vom CRV entfernt (zwischen Hernanderias und Ciudad del Este).

Costanera Hernadarias

Die von Paraguayern am meisten besuchte Attraktion ist die Strandpromenade Hernandarias (Costanera Itaipu, Costanera Hernanderias oder auch Waterfront Hernanderias genannt). Bei „Strand" beziehungsweise „Waterfront" handelt es sich um den Strand des Flusses Rio Parana an der Grenze von Paraguay zu Brasilien.

Eine neue Attraktion, die nicht in der offiziellen Liste von Itaipú ist, ist der

Parque Lineal Manuel Ortiz Guerrero

Dies ist eine neue Attraktion des ITAIPU-Tourismuskomplexes, der vor allem viel Raum und schöne Wege für Jogger, Spaziergänger oder Radfahrer bietet.

ⓘ Bei Ausländern ist nur die Vorlage eines Personalausweises oder Reisepasses erforderlich. Er liegt mitten in der Stadt Ciudad del Este, rund einen Kilometer von der Hauptstraße Av. San Blas entfernt, die auf die „Brücke der Freundschaft" (Puente de la Amistad) führt.

⌛ Um sowohl den Wasserfall als auch das Kraftwerk zu besichtigen, sollte man zumindest zwei Tage planen oder sehr sehr früh starten (am besten mit den Wasserfällen). Da aber der Grenzverkehr teilweise sehr lang dauert, ist es stressfreier, zwei Tage einzuplanen und am 2. Tag neben dem Kraftwerk ein zusätzliches Highlight, beispielsweise das Refugio Tati Yupí oder den Wasserfall Salto Monday einzuplanen.

Von oben nach unten: 1 Turbinen des Staudamms von Itaipú – 2 Wasserfall Salto Monday – 3 Abendstimmung in Ciudad del Este

13. Wasserfall Iguazú

Die Iguazú-Wasserfälle (*Cataratas del Iguazú* – aus den Guaraníwörtern "y" für Wasser und "guazu" für groß) bestehen aus 20 großen und über 200 kleinen Wasserfällen über eine Länge von fast drei Kilometern. Der höchste Fall ist 82 Meter hoch, die meisten stürzen sich aus 64 Metern in die Tiefe, insbesondere in einer "Teufelsschlund" (*Garganta del Diablo*) genannten 150 Meter breiten und 700 Meter langen Schlucht, die oft als Panoramabild dargestellt wird. Da der Staudamm für das Wasserkraftwerk in der Nähe ist und auch abhängig von den Regenfällen, schwankt die Menge des Wassers, die über die Fälle stürzt, stark – zwischen 1.500 und 7.000 Kubikmeter pro Sekunde.

Die Wasserfälle befinden sich auf brasilianischem und argentinischem Staatsgebiet. Beide Seiten lohnen sich für einen Ausflug. Es ist schwierig zu beurteilen, von welcher Seite man die Fälle besichtigen soll – da mehr Fälle auf der argentinischen Seite liegen, sieht man diese von brasilianischer Seite aus besser, aber auf der argentinischen kann man mehr unternehmen und kommt näher an die Fälle heran. Wer Zeit hat, kann sowohl nach Argentinien als auch nach Brasilien fahren (beide kosten separat Eintritt). Beide Parks haben eine vollständige touristische Infrastruktur mit Restaurants, Parkplätzen (kostenpflichtig), Schließfächern für Gepäck, WC usw.

Eingebettet sind die Fälle in beiden Ländern in Nationalparks mit letzten Resten des atlantischen Regenwalds, die auch jeweils zum Welterbe der UNESCO gehören. Auffällig ist schon auf den ersten Blick die hohe Anzahl der Schmetterlinge an den Wasserfällen – allein 800 Arten dieser Tiere leben hier.

Argentinische Seite:

✈ Sowohl von Ciudad del Este als auch direkt aus Asunción kommt man gut mit dem Bus nach Puerto Iguazú auf argentinischer Seite, von wo aus dann Busse direkt zum Eingang der Wasserfälle fahren.

Nach dem Parkeingang gibt es zunächst zahlreiche Souvenirshops. Auf dem Weg Richtung Wasserfälle gibt es eine Kreuzung. Wenn man hier rechts einbiegt, kommt man zu zwei unterschiedlichen Rundwegen, dem "Circuito Inferior und Superior". (dt. unterer und oberer Rundweg). Von dort kann man auf die kleine Insel San Martin gelangen (abhängig vom Wasserstand). Geht man nach dem Eingang geradeaus, kommt man zum Wanderweg Macuco (Sendero Macuco), auf dem sehr häufig Tiere zu sehen sind. Am Ende des Weges gibt es einen kleinen Wasserfall, an dem man auch baden darf.

⌛ Für diesen Weg sollte man mindestens 2-3 Stunden einplanen.

Ein kleiner Zug fährt im Park auch zur Hauptattraktion "**Garganta del Diablo**",

von der aus man direkt über dem großen Wasserfall steht. Durch die Gischt des Wassers bildet sich ein Regenbogen, was ein sehr beliebtes Fotomotiv ist. Über Wasserstege gelangt man sehr dicht an die Fälle heran.
🕐 Täglich 8.00-18.00 (letzter Einlass 16.30 Uhr)
💰 330 argentinische Peso (ca. 7 Euro – Wechselkurs schwankt stark)
✈ Der Bus zwischen paraguayischer und argentinischer Seite startet an den jeweiligen Busbahnhöfen (Terminal). Alternativ gibt es auch eine Fähre über den Río Paraná (auf argentinischer Seite an der "Avenida Hito Tres Fronteras"; auf paraguayischer Seite ist die Anlegestelle allerdings acht Kilometer vom Zentrum Ciudad del Este entfernt).

Brasilianische Seite:
Der Park auf der brasilianischen Seite ist übersichtlicher, obwohl er so groß ist, dass man mit parkeigenen Bussen zu den einzelnen Stops gefahren wird. Zu den Wasserfällen kommt man über einen gut befestigten, sich allmählich hinunterschlängelnden Fußweg. Zu Zeiten analoger Fotografie lautete ein Tipp im Reiseführer: Verknipsen Sie Ihren Film nicht gleich am Anfang – mit jeder Biegung auf dem Weg wird die Aussicht auf die Fälle noch atemberaubender. Heutzutage muss man natürlich nicht mehr auf die Anzahl der Fotos achten, aber die Hauptaussage stimmt.
Am Parkeingang kann man auch nicht ganz billige Hubschrauberflüge direkt über die Wasserfälle buchen.

🕐 Täglich 9.00-17.00 Uhr
💰 Parkeintritt: 83 Real (ca. 16 Euro; auch in US-Dollar bezahlbar)
✈ Von Ciudad del Este aus fährt man am besten mit dem Auto oder Taxi über die Brücke "Puente de la Amistad". Man kann sehr gut Pauschalpreise inklusive Wartezeit mit den paraguayischen Taxifahrern direkt oder über sein Hotel vereinbaren.

🦜 **Vogelpark**
Wenn man nur auf die brasilianische Seite des Wasserfalls fährt, lohnt sich auch noch ein Abstecher zum nahegelegenen Vogelpark (Parque de Aves). Hier kann man ohne große Anstrengungen über die gut eingerichteten Parkwege des 16,5 Hektar großen Parks mit altantischem Regenwald laufen. Über 150 verschiedene Vogelarten sind in fast direktem Kontakt in freier Natur zu sehen. Für allgemeine europäische Besucher sind vor allem die farbenfrohen Tukane und Papageien interessant, aber auch für Ornithologen kann es ein interessanter Abstecher sein.
🕐 Täglich 8.30-17.00 Uhr
💰 56 brasilianische Real (ca. 12 Euro)

❗ Da der Besuch sowohl der Wasserfälle als auch des Vogelparks mit einem Überschreiten der Staatsgrenze verbunden ist, sollte man genügend Zeit einplanen und einen Pass mitnehmen! Da der Ausflug zu den Wasserfällen meist nur einen Tag in Anspruch nimmt (erst ab 72 Stunden muss man "offiziell" einreisen), verzichten die Grenzbeamten oft auf das Stempeln des Reisepasses. Hierbei ist jedoch größte Vorsicht geboten: Wenn Sie nämlich auf der Rückreise nach Paraguay einen Einreisestempel erhalten (was häufig vorkommt!), dann sind sie formal gesehen vorher illegal ausgereist und bekommen bei der endültigen Ausreise aus Paraguay Probleme (dann wird eine nicht unerhebliche Strafgebühr fällig!). Daher empfiehlt es sich dringend, auf einem Ausreisestempel (und bei der Rückreise auf einem Einreisestempel) zu bestehen, auch wenn Ihnen immer wieder erzählt werden wird, dass es nicht nötig ist! Dies verzögert die Fahrt zwar, erspart bei der Ausreise am Ende aber viel Geld und Ärger.

! Falls zu viel Stau auf der Brücke herrscht, kann man auch zu Fuß die Grenze überqueren und auf der anderen Seite dann ein Taxi nehmen.

.

14. Encarnación und Umgebung

✈ Encarnacíon liegt rund 365 Kilometer von Asunción entfernt im Süden des Landes. Die Fahrtzeit beträgt je nach Tageszeit und Art des Autos mindestens 4-5 Stunden, eher jedoch 6-7, da auf der Autobahn viel Verkehr ist, insbesondere am Anfang. Mit dem Auto fährt man aus Asunción zunächst bis San Lorenzo und biegt dort auf die Ruta 1 Richtung Encarnación ab und folgt dieser Autobahn durchgehend bis Encarnación.

Bus: Ab Asunción Terminal fahren viele Busse nach Encarnación (siehe Anhang). Damit man auf der Strecke auch einmal anhalten und die zahlreichen kleinen "Schätze" auf dem Weg besuchen kann, bietet sich jedoch die Fahrt mit dem Auto an.

In Capitan Miranda liegt der Flughafen von Encarnacion (IATA: ENO). Es gibt allerdings nur wenige Flugziele, hauptsächlich Asunción.

Vorbei kommt man zum Beispiel bei Kilometer 36 an **Itá** und nach weiteren zehn Kilometern an **Yaguarón** (siehe Tour Nr. 8) und Paraguarí, wo die Ruta 1 Richtung Süden abknickt. Nach 148 Kilometern erreicht man **Caapucú**, wo man, wenn man etwas Zeit hat, eine Zwischenübernachtung auf einer echten Ranch einlegen könnte (Tour Nr. 24). Oder man fährt nochmals rund 20 Kilometer weiter und legt bei **Villa Florida** einen Zwischenstop zum Baden an einem der zahlreichen weißen Strände, zum Angeln (Tour Nr. 31) oder zum Essen in einen der Restaurants ein. Alle vier Städte liegen direkt an der Autobahn, ein kompliziertes Abfahren und Suchen ist daher nicht nötig.

Auf Kilometer 186 ab Asunción durchfährt man die Kleinstadt **San Miguel**, die für ihre handwerklich hergestellten Produkte aus Wolle und Leder bekannt ist, und nach 204 Kilometern ab Asunción erreicht man **San Juan Bautista**, das für Gitarrenfans interessant sein dürfte. Hier wurde 1885 der paraguayische Komponist und Gitarrenspieler Agustín Pío Barrios (Mangoré) geboren. Seine ehemalige Wohnung (Casona de Mangoré) ist im Kulturzentrum der Stadt zu besichtigen. Mangoré gilt als einer der ersten südamerikanischen Gitarrenvirtuosen. 1935 lebte er auch ein Jahr in Europa, u.a. in Deutschland. 2015 kam mit "Mangoré, por amor al arte" (Mangoré – aus Liebe zur Kunst) die Verfilmung seines Lebens in die Kinos – der mit 1,3 Millionen Dollar teuerste Kinofilm, der je in Paraguay gedreht wurde.

30 Kilometer weiter (Kilometer 234) liegt **San Ignacio** – hier beginnt auch die Jesuitenroute, wenn man fast alle Städte dieser Tour sehen möchte. Als ältestes der Jesuitendörfer (gegründet 1609) und Basis für die Gründung der weiteren 30 Dörfer ist San Ignacio erwähnenswert, aber wenn man nicht allzu viel Zeit hat, dann ist es besser, sich auf die eindrucksvolleren Jesuitendörfer wie Jesús, Trinidad, San Cosme

usw. zu konzentrieren, die auch näher an Encarnación liegen. Von San Igancio sind es –weiter auf der Ruta 1 – noch rund 135 Kilometer bis Encarnación.

In dieser Gegend entlang des Paraná-Flusses hoch bis Ciudad del Este liegt Paraguays Hauptanbaugebiet für Soja und, je näher man Encarnacion kommt, auch Reis. Es handelt sich um riesige landwirtschaftliche Nutzflächen mit extensiver Bewirtschaftung, immer wieder unterbrochen von ebenfalls großen und hohen Silos, in denen die Sojabohnen (und Reis) gelagert werden. Paraguay ist der viertgrößte Sojaproduzent der Welt, obwohl es von der Landesfläche her viel kleiner ist als viele andere Länder, die Soja anbauen.

Kurz hinter San Ignacio fährt man durch **Santa Rosa de Lima**. Die Besonderheit dieses Jesuitendorfes ist, dass sich im historischen Stadtzentrum das einzige vollständig erhaltene Indianerhaus der 30 Dörfer befindet. Hier steht ein Kirchturm aus jener Zeit, und an den Wänden der Kapelle "Nuestra Señora de Loreto" kann man Freskomalereien und Skulpturen der Verkündigung Marias als besondere Schmuckstücke des Barocks ansehen.

⛌ Santa Maria de Fe

Von Santa Rosa aus lohnt sich ein Abstecher nach Santa Maria de Fe. Der Abzweig bei San Ignacio ist aufgrund des schlechten Straßenzustands nicht zu empfehlen. Abgesehen von den zutraulichen Kapuzineraffen im Park der Gemeinde ist dieser Ort von historischem Interesse. Der Reisegefährte von Humboldt, Aimé Bonpland, wurde hier zehn Jahre lang festgehalten. Er hatte mit einer Yerba Mate Plantage bei Santa Ana, Misiones (heute Argentinien) das Mate-Monopol von Paragays Präsidenten Francia (1766-1840) verletzt. Er wurde in Ketten gelegt und nach Santa Maria de Fe verschleppt. Dort baute er, isoliert vom Rest der Welt, als Arzt gearbeitet und einen landwirtschaftlichen Musterbetrieb auf. Nach zehn Jahren hinterließ er nicht nur 400 Rinder, sondern auch vier Krankenzimmer. Heute erinnert an ihn ein Garten mit Heilpflanzen. Auch die das Museum (Casa museo Aimé Bonpland) kann besichtigt werden:
ⓘ http://rutajesuitica.com.py/news/casa-museo-aime-bonpland,
Voranmeldung +595 (0)975 620387 oder +595 (0)975 618 461.

Danach passiert man **San Patricio**. Richtung Encarnación muss man weiter auf der Ruta 1 bleiben. Möchte man noch einen kleinen Abstecher fahren, kann man die Abzweigung nach Santiago (18 km) nehmen.

Oben: Sonnenuntergang an der Costanera in Encarnación. Im Hintergrund Argentinien (Posadas)
Unten: Deutsche Beschriftung und Flair bei der Stadteinfahrt in Obligado

⛯ Santiago

Hier befindet sich das best erhaltene historische jesuitische Stadtzentrum mit seinem freien Platz, umgeben von Indianerhäusern. In der Kirche gibt es einen Altar im Barockstil, der mit verschiedenen Heiligen und Aposteln bemalt ist. Danach fährt man zurück zur Abzweigung Ruta 1 Richtung Encarnación und setzt die Reise fort.

Encarnación erreicht man 90 Kilometer nach der o.g. Abzweigung. Die Stadt wird auch als "Perle des Südens" bezeichnet und feierte 2015 ihr 400jähriges Bestehen. Auch sie wurde ursprünglich von einem Jesuitenpater gegründet. Mit der Anbindung an das nationale Eisenbahnnetz begann 1854 der Aufschwung der Stadt. Heute ist sie mit rund 130.000 Einwohnern drittgrößte Stadt des Landes nach Asunción und Ciudad del Este. Sie liegt am Fluß Río Paraná, auf der anderen Seite liegt das argentinische Posadas. Erst durch die Einweihung der Brücke "Puente Internacional San Roque González de Santa Cruz" im Jahr 1990 wurden beide Länder miteinander verbunden. Vorher erfolgte die Verbindung zwischen den beiden Städten mittels Fährbooten! Auf der 2.550 Meter langen Schrägseilbrücke verkehren heute Autos und seit 2014 auch eine Eisenbahn zwischen Posada und Encarnación. Für 7.000 Guaraníes kann man alle 30 Minuten in nur 8 Minuten Fahrtzeit über den Fluss fahren, allerdings nur bis abends ca. 18.00 Uhr. Die beiden Städte sind auch mit einem Linienbus verbunden. Zu Fuß darf man die Brücke nicht überqueren.

❗ Achtung Grenzüberquerung – Pass nicht vergessen. An beiden Bahnhöfen gibt es Zollstellen.

Die Stadt gliedert sich in zwei Gebiete, den höher gelegenen modernen Teil (auch finanzielles Zentrum der Stadt), sowie die Altstadt am Fluss.

Seit einigen Jahren hat sich Encarnación zu einer Touristenattraktion entwickelt und macht mit seiner erst 2012 offiziell eingeweihten Uferpromenade (**Costanera**), dem Karneval sowie den nahegelegenen Jesuitenruinen der Partystadt San Bernardino erfolgreich sowohl bei paraguayischen als auch ausländischen Touristen Konkurrenz. Die Stadt hat über 50 Hotels und zahlreiche Restaurants. Die Costanera ist insbesondere bei Paraguayern die Hauptsehenswürdigkeit der Stadt – verständlich in einem Land ohne Küste. Auf der 27 Kilometer langen Uferstraße die bis Carmen del Paraná reicht, gibt es mehrere Strände. Allein in Encarnación liegen drei – der beliebteste und zentrumnächste in San José, in Mbói Ka'e und in Pacu Cuá. Bereits im ersten Jahr nach der Eröffnung besuchten über 300.000 Menschen die Costanera.

Seit 1916, also seit über 100 Jahren, gilt Encarnación auch als Hauptstadt des **Karnevals** in Paraguay und hat ein eigenes "Sambadrom" (in der Nähe der Costanera) für 8.500 Zuschauer. Die Umzüge sind dem brasilianischen Karneval im Stil sehr ähnlich.

Encarnación hat auch eine der schönsten Kirchen des Landes, die **Kathedra-**

le von Encarnación (offizieller Name "Catedral Nuestra Señora de la Santisima Encarnación"), 1928 wiederaufgebaut von Einwohnern der Stadt, die dazu auch das Geld sammelten und die Arbeiter beauftragten. Sie befindet sich direkt an der "Plaza de Armas" im Zentrum der Stadt. Die ursprüngliche Kirche wurde 1718 unter dem Architekten José Brazamelli gebaut und 1724 eingeweiht.

Die Pferdekutschen (Karumbe), die es früher in Encarnacion gab, sind leider verschwunden.

Es lohnt sich auch ein Abstecher zum Santuario de la Virgen de Itacua, am Parana gelegen mit schönem Rundumblick, ca. 12 Kilometer vom City-Zentrum entfernt.

Die Stadt eignet sich auch als Ausgangspunkt für zahlreiche Abstecher, vor allem zu den Themen Jesuitenroute und deutsche Kolonien:

ϒ Trinidad

In dem ebenfalls zu den „Kolonien gehörenden Städtchen Trinidad liegen die Jesuitenreduktionen, die zum bislang einzigen UNESCO-Welterbe Paraguays gehören (siehe Tour Nr. 15). Direkt neben den Ruinen gibt es auch eine sehr schöne kleine Posada (Posada Maria), in der man auch auf Deutsch reservieren kann.

ϒ San Cosme y Damián

Ebenfalls ehemaligen Jesuitenreduktionen mit Planetarium und Sanddünen im Fluss (siehe Tour Nr. 16).

Nicht weit entfernt von Encarnación Richtung Nordosten liegen die „Colonias Unidas", die vereinten Kolonien, bestehend aus Obligado, Bella Vista und Hohenau. Sie sind zwischen 1900 und 1918 von bzw. mit deutschen Einwanderern gegründet worden. Man kann sie gut miteinander kombinieren. In dieser Gegend tragen viele Menschen noch deutsche Namen, auch wenn junge Menschen die Sprache oft leider nicht mehr sprechen. Sie pflegen aber deutsche Bräuche, haben deutsche Clubs und veranstalten Feste mit deutschem Essen, Trachten usw. Es gibt viele kleine Museen und Geschäfte bzw. Kulturinstitutionen die lokal hergestellte Produkte verkaufen (oft mit Bezug zu Tereré/Yerba Mate). Von Encarnación liegen die Städte in dieser Reihenfolge:

ϒ Hohenau

Die kleine Stadt Hohenau liegt 35 Kilometer entfernt von Encarnacion und folgt auf der Ruta 6 nach Trinidad. Der Ort wurde 1900 von deutschen Immigranten aus Brasilien gegründet. Sie wirkt auch heute noch, als könnte sie vor einigen Jahrzehnten in Deutschland auf dem Land existiert haben. Die Siedlungsgeschichte kann man in der Casa Kegler und im schön angelegten Parque Ecologico y Eco-Museum Ing. Alfredo Sitzmann erleben. In der Zeit der Corona-Pandemie sind etwa 1.000 deutsche Coronagegner nach Hohenau gezogen.

In Hohenau gibt es den wirklich sehenswerten

Park Manantial

Ein 200 Hektar großer Park aus einer Mischung aus Wildpark, Schwimmbad und Gastronomie mit Übernachtungsmöglichkeiten. Er gilt als einer der schönsten und gepflegtesten Campingplätze in Südamerika und bietet neben Wandermöglichkeiten Ausflüge mit urigen LKWs in die Natur (siehe ausführlich Kapitel 22).

Obligado

Gegründet 1912 ist die 11.000 Einwohner-Stadt vor allem bekannt für seine Kooperative (Cooperativa Colonias Unidas) und ist heute eine der bedeutendsten des Landes. In der Stadt gibt es ein eigenes Denkmal für sie. Die Stadteinfahrt ist liebevoll zweisprachig deutsch und spanisch gestaltet.

Bella Vista

Dieser Ort gilt als die Hauptstadt des Yerba Mate, den Grundstoff für den Tereré. Er liegt rund 20 Kilometer östlich hinter Trinidad ebenfalls auf der Ruta 6.

In der Stadt gibt es unter anderem ein "**Museum der Immigranten**" mit 600 Exponaten aus einer Zeit, als viele Deutsche ihre Heimat verlassen mussten und froh waren, in Südamerika willkommen zu sein. Es ist in einem kleinen Haus, das wie eines in Deutschland vor über 100 Jahren eingerichtet und ausgestattet ist.

- +595 (0)0985 513 289
- Montag-Freitag 7.00-11.00 Uhr
- Kostenlos

In Bella Vista kann man die Yerba-Mate-Fabrik der Firma Lauro Raatz besichtigen (siehe Kapitel 28).

In Bella Vista gibt es eine PKW-Fähre (Balsa Internacional) nach Corpus Christi in Misiones (Argentinien), die allerdings nur werktags und ohne feste Zeiten operiert. Auch hier muss man sich bei Migraciones ab- und anmelden.

Wasserkraftwerk Yacyretá

Bei Encarnación liegt das zweite binationale Wasserkraftwerk Paraguays – Yacyretá (EBY abgekürzt). Paraguays früherer – in Encarnación geborene - Diktator Alfredo Stroessner hatte dieses Projekt 1971 in die Wege geleitet. Es liegt in der Nähe der Hafenstadt Ayolas (150 Kilometer entfernt). Ähnlich wie am Wasserkraftwerk bei Ciudad del Este gibt es auch hier ein Naturreservat (Yacyretá), das man besuchen kann.

Die Attraktionen rund um das Kraftwerk Yacyretá können besichtigt werden. Eine Vor-Anmeldung ist nötig. Telefon: +595 (0)72 22 2276 , E-Mail: recepcion.visitas@eby.gov.py.

Die meisten Touristen fahren jedoch nach Ciudad del Este, da dort sämtliche Einrichtungen eindrucksvoller sind.

15. Jesuitenreduktionen – Jesús und Trinidad

Die beiden jesuitischen Guaraní-Missionsdörfer Jesús und Trinidad wurden 1993 von der UNESCO zum Weltkulturerbe ernannt – bislang das einzige, das es in Paraguay gibt. Beide zeigen noch immer Komponenten des ursprünglichen Komplexes aus Kirche, Wohnhäusern, Schulen, Läden und Gärten. Die UNESCO entschied sich 1993 auch deshalb dazu, diese Stätten unter Schutz zu stellen, um Paraguay dabei zu helfen, ein professionelles Programm zur Erhaltung, Management und für den Tourismus der beiden Städte aufzubauen, da aus Mangel an Konservierungstechnik, Geld und Personal alles zu verfallen drohte. Wenn man die großartig und liebevoll gestalteten Stätten und beispielsweise auch das Tourismusprogramm "Luz y Sonido" sieht, erfährt man mit allen Sinnen, wie viel hier geleistet wurde.

❗ 2008 wurde eine Organisation zur Förderung des Tourismus entlang der Jesuitenroute. Daher gibt es zahlreiche Informationsmaterialien (erhältlich in den SENATUR-Büros, teilweise auch in Hotels; auch auf Deutsch).

In **Jesús** (vollständig: Jesús de Tavarangüe, gegründet 1685) de Tavarangüe sind zwar nur noch Ruinen erhalten, aber hier kommt die Gestaltung der jesuitischen Missionsdörfer am besten zum Ausdruck. Der Aufbau dieses Missionsdorfes blieb wegen der Vertreibung der Jesuiten unvollendet, andernfalls wäre diese Kirche die größte unter den Kirchen der Region. Hauptattraktion ist das jesuitische Missionsdorf.

Trinidad (vollständig: Santísima Trinidad del Paraná, gegründet 1706) ist eines der wichtigsten unter den 30 Jesuitendörfern der Region und auch das am besten erhaltene auf einer Fläche von rund acht Hektar. Die ursprüngliche Anlage des zentralen freien Platzes ist gut erkennbar: es gibt eine große Hauptkirche, Werkstätten, eine Schule, Indianerhäuser, Friedhof und einen Gemüsegarten umfasst. Es gibt auch ein Museum.

🕐 7.00-22.00 Uhr (im Winter bis 21.00)

💰 25.000 PYG für Ausländer, 15.000 PYG für Einheimische (inklusive Führung durch die Ruinen mit einem ausgebildeten Führer). Der Eintritt gilt für alle Ruinen beider Orte und gilt drei Tage lang.

✈ Die beiden Orte liegen in der Nähe der Stadt Encarnacion. Auch mit dem Bus kommt man sehr gut von Encarnación nach Trinidad und Jesús (rund 30-40 Minuten Fahrtzeit).

Abendliche Beleuchtung der Ruinen in Trinidad: "Luz y Sonido"
Abends gibt es die Möglichkeit, an einer sehr stimmungsvollen Licht- und Musikinstallation in den Ruinen teilzunehmen. Die begleitete Tour führt durch die einzelnen architektonischen Elemente und wird mit thematisch

passender Musik untermalt, während die Ruinen immer wieder unterschiedlich beleuchtet werden, um die Besucher in die Zeit der Jesuiten zurückzuversetzen.

Vorab kann man sich einen kurzen Film über die Reduktion ansehen (auch in deutscher und englischer Sprache).

Es gibt auch eine App (Trinidad Museo Interactivo).

🕐 Mittwoch bis Sonntag jeweils um 19.00 bzw. 19.30 (20.30 während der paraguayischen Sommerzeit). Keine Aufführung bei Regen.

⌛ 45 Minuten

💰 Wenn man ein Ticket für die Ruinen hat, ist es im Preis enthalten.

Eindrucksvolle Jesuitenruinen in Trinidad

16. San Cosme y Damián

Die rund 80 Kilometer von Encarnación (340 Kilometer von Asunción) entfernte Stadt San Cosme y Damián ist Teil der **Jesuitenreduktionen** und wurde 1632 gegründet. Hier befindet sich die einzige Jesuitenschule und auch eine unvollendete Kirche von 1760, die auch heute als Kirche dient und sogar die einzige der Region ist. Sie wurden 1989-1991 restauriert und enthält wertvollen Bilder sowie auch den Stuhl, den Papst Johannes Paul II während seiner Paraguayreise 1988 nutzte.

Die alten Häuser der Indigenen der Reduktion nehmen sechs Straßenblöcke ein, inklusive dem früheren Krankenhaus, Parlament, Gefängnis und Leichenschauhaus. In einem der Häuser ist das **Kulturzentrum** (Casa de la Cultura) untergebracht, in dem sich auch ein **Planetarium** (*Centro de Interpretación Astronómica Buenaventura Suárez*) befindet, das man besichtigen kann.

Früher war die Stadt das bedeutendste astronomische Zentrum Südamerikas. Auch eine steinerne Sonnenuhr ist gut erhalten. Schon die Guaraní hatten sich Gedanken über den Sternenhimmel gemacht und versucht, die Bilder zu erklären. Sie wussten bereits, dass sich nach 12 Vollmonden das Wetter wiederholt und kannten die Sonnenwenden. Die Namen ihrer Sternenbilder unterscheiden sich von denen, die wir kennen. Diese zusätzlichen Informationen und Bilder machen das Astronomiezentrum zusätzlich zu einem lohnenswerten Ziel. Es gibt Führer vor Ort, die alles sehr gut erklären können. Das Planetarium verfügt außerdem über ein Teleskop, das ebenfalls für Besucher zugänglich ist. Nachts wird die Kuppel des Planetariums geöffnet und man kann durch das Teleskop auch das Kreuz des Südens nachts gut erkennen, da Paraguay auf der Südhalbkugel liegt.

✈ Die Stadt liegt rund 27 Kilometer entfernt vom Abzweig "San Cosme y Damián" der Ruta 1. Die Straße ist in gutem Zustand.

♈ **Dünen von San Cosme y Damian**
Sehenswert sind auch die **Dünen** an der Flussinsel "Isla Yacyretá" im Río Paraná, die über 30 Meter hoch werden können. Die Dünen sind beispielsweise schön auf einer rund einstündigen Bootsfahrt von San Cosme y Damián aus zu erreichen, da diese ohnehin im Fluss liegen. Sie sind aber auch von der Straße sichtbar. Am Ufer stehen Anbieter mit Booten; die Preise sind Verhandlungssache. Dort am kann man auch viele Flamingos sehen und sehr gut angeln.

Nr. 12 Exkurs – Jesuiten in Paraguay

Jesuiten sind die Mitglieder der 1534 gegründeten katholischen Ordensgemeinschaft „Gesellschaft Jesu" (*Societas Jesu, SJ)*. Als religiöse Besonderheit dieser Gruppe sind vor allem ein Leben nach den Prinzipien Armut, Ehelosigkeit sowie Gehorsam gegenüber dem Papst zu nennen. Ihre Bedeutung haben sie jedoch vor allem durch ihre praktische Arbeit insbesondere im Bereich der Bildung weltweit erlangt. Auf sie gehen zahlreiche Schulen und Universitäten zurück. Außerdem förderten sie die barocke Architektur dadurch, dass sie ihren Glauben in prunkvollen Zeremonien zelebrierten.

Als Spanien und Portugal im 15. und 16. Jahrhundert Südamerika entdeckten, eroberten und de facto ein neues System der Sklaverei (sogenannte Encomiendas) etablierten, gründeten die Jesuiten in Paraguay ab 1609 „Reduktionen" (*reducciones* = Niederlassungen) genannte Siedlungen für die indigene Bevölkerung, in denen sie diese zwar missionieren, aber gleichzeitig auch vor der Ausbeutung schützen wollten. Hierbei muss man bedenken, dass es zu diesem Zeitpunkt die heutigen Staaten Argentinien, Brasilien oder Paraguay (gegründet 1811 noch vor den beiden anderen) noch gar nicht gab. Bis heute wird in Paraguay besonders die positive Rolle der Jesuiten betont, die hochqualifiziert und mit viel Idealismus und Einfühlungsvermögen an die Christianisierung der Indigenen herangegangen waren. Sie studierten ihre Sitten und Gebräuche und lernten ihre Sprache; erst durch die Jesuiten wurde die Sprache Guaraní, die bis dahin nur gesprochen, nicht aber geschrieben wurde, in Schriftform gebracht. Sie erstellten auch das erste Wörterbuch für Guaraní. 1705 installierten die Priester die erste Druckerei in Paraguay. Möglicherweise ist es diesen Anstrengungen zu verdanken, dass sich das Guaraní in Paraguay nicht nur bis heute erhalten hat, sondern sogar Amtssprache geworden ist. Die ersten Reduktionen in der Gegend entstanden in der damaligen Provinz Guayrá (heutiges Brasilien). Bis 1630 gab es ingesamt 12 und bis 1738 insgesamt 30 Guaraní-Reduktionen, in denen die Einheimischen vor Sklavenjägern und Plünderern Schutz suchten. Zeitweilig lebten so über 140.000 Menschen. Im Mittelpunkt einer Reduktion stand eine kunstvolle Kirche, flankiert von einem Wohnhaus der Jesuitenpater mit einer Schule und Friedhof. Daneben gab es ein Volkshaus mit Vorratskammern und Werkstätten, ein Witwenhaus und ein Krankenhaus. Um den Kirchplatz herum standen die aus Ziegeln oder Stein gebauten Wohnhäuser der Einheimischen, die vorn und hinten mit Säulengängen versehen war, so dass man auch bei Regen in der Siedlung laufen konnte.

Nr. 12 Exkurs – Jesuiten in Paraguay

Zwischen den einzelnen Reduktionen (meist rund 10 Kilometer voneinander entfernt) wurden Straße und Wege gebaut, und um die Siedlungen herum betrieb die Gemeinschaft auf großen Feldern Landwirtschaft. Mitte des 18. Jahrhunderts wurden die Jesuiten nicht nur aus Europa, sondern auch aus den südamerikanischen Reduktionen über Nacht vertrieben oder verhaftet – der wirtschaftliche Erfolg wurde ihnen geneidet. 1767 verbannte der spanische König die Jesuiten auch aus Paraguay. Zu jener Zeit umfassten die Jesuitenreduktionen in Paraguay 564 Jesuiten, 12 Gymnasien, eine Universität, drei Erholungsheime und 57 Reduktionen mit 113.716 christlichen Einheimischen, die vergeblich flehten, die Pater mögen bleiben.

Seit 1993 sind die Jesuitenreduktionen von Trinidad und Jesús Weltkulturerbestätten der UNESCO. In ihrer Begründung führte die UNESCO unter anderem aus, dass es sich um Beweise eines einzigertigen städtischen Bauschemas handelt, in der jede Periode einen eigenen Stil hatte, die aber immer indigene Elemente mit christlichen vereinen und dabei barocke, romanische und griechische Einflüsse zeigen. Es handelt sich zwar um Ruinen, die jedoch noch in dieser Form die Großartigkeit der einstigen Bauten sehr gut zeigen.

Von links oben nach rechts unten: 1 Beleuchtung während der Veranstaltung "Luz y Sonido" in Trinidad – 2 Kanzel bei den Ruinen – 3 Antike Sonnenuhr in San Cosme y Damián – 4 Blick auf die Ruinen von San Cosme y Damián – 4 Dünen von San Cosme y Damián

17. Concepción

Die 1773 gegründtete Stadt Concepción ist Hauptstadt des gleichnamigen Verwaltungsbezirks, hat rund 80.000 Einwohner und bietet einige sonst in Paraguay nicht zu sehende Besonderheiten. Da sie jedoch recht weit weg liegt, wird die Stadt leider nur von wenigen internationalen Touristen besucht. Luftlinie ab Asunción sind es nur 200 Kilometer, aber die Autobahnen führen je nach Strecke über eine Distanz von 400-450 Kilometern. Lange Zeit war die Stadt sogar nur per Schiff oder Flugzeug erreichbar.

Gerade dadurch ist die Stadt und die Gegend jedoch wirklich etwas Besonderes. Die Menschen sind noch freundlicher als im Rest des Landes, und zusätzlich eignet sich der Ort auch als Ausgangspunkt für weitere Ausflüge, deren Anreise an einem Tag aus Asunción heraus zu lang oder aufwendig wäre. Hierzu gehören beispielsweise die Höhlen von Vallemí und San Lázaro oder das Pantanal. Auch für diejenigen, die abenteuerliche Routen mögen, ist Concepción ein gutes Ziel. Man kann nämlich auch mit kleinen Militärmaschinen nach Concepción und weitere nördlich gelegene Städte fliegen oder aber auf einem Frachtschiff von Asunción über den Río Paraguay dorthin fahren. Die Fahrpläne ändern sich jedoch sehr häufig, sind äußerst wetterabhängig und auch nicht online recherchierbar, so dass man genügend Zeit einplanen und sich vor Ort in Asunción erkundigen sollte, wenn man dies vorhat.

✈ Es gibt zwei Möglichkeiten, nach Concepción zu fahren:
Man fährt entweder über die Ruta 9 (Ruta Transchaco) und biegt bei Pozo Colorado ab auf die Ruta 5 bis Concepción (insgesamt rund 400 Kilometer). Die Fahrt lohnt sich, weil die Gegend ab Pozo Colorado nahezu unbewohnt ist, so dass man in der interessanten Chacolandschaft sehr viele verschiedene Vögel schon direkt aus dem Auto heraus sehen kann. Außerdem führt die Strecke direkt auf die beeindruckende Brücke "Puente Nanawa" zu, die ein schönes Fotomotiv abgibt. Gleich anschließend liegt linker Hand ein großer Hafen und danach einer der größten Schlachthöfe des Landes, der Frigorífico Concepción.
Die Alternativstrecke ist mit 450 Kilometern zwar länger und führt über die Ruta 3 (u.a. via Horqueta), ist jedoch in gut befahrbarem Zustand. Empfehlenswert ist eine Rundreise, also zunächst über den Chaco bis Pozo Colorado und auf der Rückfahrt über die Ruta 3.
Mit dem Bus braucht man rund neun Stunden ab Asunción. Um den Busbahnhof von Concepción gibt es zahlreiche kleine und einfache Pensionen (Hospedajes), in denen man zwar nicht luxuriös, aber meist gut und sauber übernachten kann. Von dort aus lassen sich die Sehenswürdigkeiten, die um die Hauptstraße "Pinedo" liegen, gut erlaufen (es gibt keine Nahverkehrsbusse in Concepción!).

Sehenswertes in Concepción

Wenn man nicht über die Ruta 5 aus dem Chaco nach Concepción fährt, sollte man dennoch den Weg rund fünf Kilometer südlich aus der Innenstadt heraus nehmen und zur Brücke "**Puente Nanawa**" fahren, die erst seit 1988 den Chaco an dieser Stelle mit Ostparaguay verbindet. Die Brücke führt ähnlich einer Achterbahn recht steil nach oben, was ein sehr interessantes Fotomotiv ist. Gleich anschließend liegt einer der mehreren Häfen von Concepción, der große wirtschaftliche Bedeutung für die gesamte Region hat. Auf dem Río Paraguay, der bei Concepción sehr breit ist und mehrere Arme hat, sieht man Fischer mit ihren Booten und Netzen.

Beim Gang durch die Stadt fällt sofort die ungeheure Anzahl der Mofas auf, auf die die Einheimischen angewiesen sind, da es keine Colectivos gibt. Die Hauptstraße Pinedo ist sehr breit und asphaltiert, aber schon die Querstraßen sind nicht mehr asphaltiert. Im Stadtbild fallen auch immer wieder die vielen alten und gut erhaltenen bzw. restaurierten Gebäude auf, zum Beispiel das alte Postgebäude von 1915. Die Stadt ist auch stolz auf die im Vergleich zu anderen paraguayischen Städten hohe Anzahl von Museen und Galerien. Hochhäuser gibt es gar nicht in Concepción, und auch die großen, sonst überall vertretenen Supermarktketten oder internationalen Fastfood-Geschäfte sucht man hier vergebens. So ist es eine Stadt, die noch sehr ursprünglich und sehr friedlich ist. Lustigerweise gibt es auch keine Chipa in der Stadt – etwas, das es sonst überall im Land gibt.

In der Innenstadt von Concepción kann man sich gut an der großen doppelspurigen Straße "Avda. Agustín Fernando de Pinedo" (kurz: Pinedo) orientieren, die die Stadt von Nord nach Süd durchschneidet. Die größte Straße von West nach Ost ist die "Avenida Capitán Herminio Mendoza" (westlich der Pinedo) bzw. "Avenida Boquerón" (östlich der Pinedo).

An der Ecke von "Pinedo" und "Julio Otaño" (vom Terminal aus kommend biegt man rechts in die "Pinedo" ein und folgt dieser sechs Querstraßen lang) steht das riesige, 24 Meter hohe **Denkmal "Santuario María Auxiliadora"**, das man von weit her sieht. Es wurde 2002 eingeweiht und ist die höchste Marienstatue des Landes. Auf einer Steinkonstruktion steht wie auf einer Sänfte eine große weiße Marienfigur mit ihrem Kind im Arm. Die Statue stützend gibt es an den Seiten sehr farbenfrohe und charakteristische Skulpturen des Künstlers Sebastian Amarilla aus Vallemí. Deren Bedeutung hat der Künstler zu Füßen der jeweiligen Skulptur in Stein gemeißelt. Die bunten Phantasiefiguren beispielsweise sollen die Fröhlichkeit, Solidarität und Einheit der Religion darstellen. Man kann das mehrstöckige Denkmal besteigen und hat einen guten Blick über die Hauptstraße der Stadt. Nachts wird das Monument sehr schön beleuchtet. Gegenüber dem Denkmal steht das "Instituto

Salesiano San José", ein langes, gelbes Gebäude mit mächtigen Holztüren und kunstvollen Schnitzereien.
🕐 Täglich tagsüber geöffnet; ab ca. 17 Uhr wird der Aufgang geschlossen, um Unfälle und Vandalismus zu vermeiden.
💰 Der Eintritt ist frei.

Wenn man vom Denkmal weiter die "Pinedo" entlangläuft oder –fährt, sieht man auf dem Mittelstreifen das **"Open Air Museum"** (*Museo al aire libre*) von Concepción, das 1973 eingeweiht wurde. Es stellt anhand einiger alter Fahrzeuge aus der Zeit ab 1900 die Geschichte der Region quasi aus Straßenperspektive dar. Darunter sind eine alte Straßenwalzen, der erste Abschleppwagen und ein Lastwagen aus dem Chacokrieg.
🕐 24 Stunden täglich
💰 Der Eintritt ist frei.

Eine weitere interessante Sehenswürdigkeit von Concepción ist das **"Denkmal der Indios" (Monumento al Indio)**, das rund zwei Kilometer vom Mariendenkmal entfernt steht. Hierfür folgt man der "Pinedo" weitere vier Querstraßen (ab Mariendenkmal) und biegt dann links in die "Caballero" ein, folgt dieser bis zu einem großen Kreisverkehr, den man geradeaus/halbrechts auf einer breiten Sandstraße wieder verlässt. Nach rund 600 Metern erreicht man rechts das mit 45 Metern höchsten Bauwerk der Stadt, das gleichzeitig das höchste den Indigenen gewidmete Bauwerk des gesamten Kontinents sein soll. Es sieht aus wie ein Obelisk und besteht in seinem Innern aus einer Stahlbetonkonstruktion, die während des 1. Weltkriegs und des Chacokriegs angeblich als Sendemast für die Kommunikation mit Europa genutzt wurde. Auch dieses Denkmal kann man besteigen – auf dem großen Grundstück wohnt ein Wachmann, der die Tür gern für Besucher aufschließt. Das Gebäude ist leider in sehr schlechtem Zustand – unter anderem, weil Tauben drinnen nisten und viel Vogelmist auf dem Boden liegt. Die letzte Treppe ist sehr wackelig, aber schon auf dem zweiten Absatz hat man einen schönen Blick über die Landschaft.
🕐 Das Gelände kann jederzeit betreten werden. Aufstieg immer möglich, wenn der Wachmann anwesend ist.
💰 Der Eintritt ist frei.

Am Abend lohnt es sich, zum **Flussufer** zu gehen und den Sonnenuntergang zu betrachten. Auch in Concepción denkt man darüber nach, eine Uferpromenade (Costanera) wie in Asunción und Encarnación anzulegen und dafür Teile der alten Stadtmauer zu verwenden. An einigen Stellen gibt es auch Uferstrände, an denen man baden kann.

Von Concepción aus, insbesondere wenn man in oder aus Richtung Asunción fährt, bietet sich ein Abstecher zur Laguna Blanca an.

Von links oben nach rechts unten: 1 Mariendenkmal in Concepción – 2 Haus des Künstlers Sebastian Amarilla – 3 Höhlen von Kambá Hópo bei Vallemí – 4 Straßenszene in Concepción – 5 Straßenwalze im Open Air-Museum in Concepción – 6 Indiodenkmal in Concepción

⛄ Laguna Blanca bei Santa Rosa

Laguna Blanca ist ein rund 4 Kilometer langer und 500 Meter breiter natürlicher (artesischer) See mit weißem Sandstrand und kristallklarem Wasser mitten in einem Wald nahe der Stadt Santa Rosa del Aguaray (kurz als Santa Rosa bezeichnet). Zwei völlig unterschiedliche Fakten machen ihn interessant. Für Paraguayer ist er ein etwas weiter entferntes (im Vergleich zu San Bernardino beispielsweise), aber viel schöneres Badeparadies – für Menschen, die keinen Meereszugang haben, etwas ganz Besonderes. Da der Strand und das Wasser viel schöner als in San Bernardino sind, fahren Einheimische trotz der großen Entfernung auch dortin zum Baden.

Da das Gebiet an der Grenze von zwei völlig unterschiedlichen Ökosystemen liegt, ist es international als "Biodiversity Hotspot" deklariert worden, in dem es gleichzeitig eine so große Vielfalt an seltenen Vögeln gibt, das es zu einer IBA (Important Bird Area) erklärt wurde und somit auch ein Paradies für Ornithologen ist. Immer wieder werden neue Vogelarten entdeckt.

Erst seit 2010 wird das Gebiet näher erforscht und zum Naturschutzgebiet erklärt. Davor wurde es wild besiedelt. Die Naturschutzorganisation "Para la Tierra" hat am westlichen See-Ufer eine Forschungsstation eingerichtet, die auch Freiwillige zum Mitarbeiten aufnimmt.

Der Strand von Laguna Blanca wird privat bewirtschaftet und kann nur mit vorheriger Reservierung besucht werden. Dort gibt es sowohl Campingmöglichkeiten als auch Zimmer für Übernachtungen und ein kleines Restaurant. Diverse Schwimmsportausrüstung (Schnorchel, Kayak, Kanus, Tretbote) kann ausgeliehen werden.

🕐 Die Zufahrt zum Reservat wird bei Sonnenuntergang geschlossen – wenn man eine Übernachtung gebucht hat, muss man dies unbedingt berücksichtigen.

✈ Von Concepción fährt man mit dem Auto bis Santa Rosa. Santa Rosa ist eine sehr langgestreckte Stadt entlang der Autobahn – schon lange vor dem "Zentrum" um den großen Busbahnhof herum sieht man Geschäfte, Restaurants und Unterkünfte. Wenn man an die Ampel in Santa Rosa kommt, geht es rechts zum Busbahnhof (Terminal; direkt an der Ecke der Kreuzung) und links in eine abschüssige sehr schlechte Straße Richtung Laguna Blanca (nicht ausgeschildert!). Diese Straße fährt man rund 25 Kilometer (mit mehreren Brückenüberquerungen, teilweise aus Holz) bis zum Rancheingang der Laguna Blanca. Bei gutem Wetter ist die Straße mit jedem Auto vorsichtig befahrbar, nach Regenfällen braucht man ein geländegängiges Fahrzeug.

✈ Mit dem Bus fährt man zunächst nach Santa Rosa. Dort steigt man in einen weiteren Bus, der Richtung Santa Bárbara bzw. Carapaí fährt. Achtung: Diese Busse fahren nur sehr selten und unregelmäßig. Wenn man also nicht mit dem Auto fährt, muss man eine

Übernachtung einplanen oder mit dem Taxi fahren (Taxistand am Terminal).
Auch aus Asunción kann man gut mit dem Bus bis Santa Rosa fahren (rund vier bis fünf Stunden Fahrtzeit). Busse aus Concepcion fahren mehrfach täglich nach Santa Rosa (ca. 3 Stunden).

ⵙ Colonia Manitoba

✈ Zwischen Yby Yaú und Santa Rosa kommt man an der Mennonitenkolonie Manitoba vorbei (rund 30 Kilometer vor Santa Rosa). Wie der Name bereits andeutet, sind es Mennoniten, die um 1922 aus Kanada eingewandert sind. Die Mennoniten im Chaco und in Ostparaguay unterscheiden sich deutlich. Während die im Chaco sehr modern sind und sich modisch kleiden, sind jene in Ostparaguay konservativ und leben sehr streng nach der Bibel, was auch bedeutet, dass Frauen oft nicht lange zur Schule gehen dürfen. Die Frauen tragen ausschließlich Röcke oder Kleider und Kopftuch, die Männer meist Latzhosen. Sie sind sehr arbeitsam und nehmen am normalen sozialen Leben Paraguays kaum teil.

ⵙ Cerro Memby und Pedro Juan Caballero

Da die Autobahn auch über Yby Yaú hinaus in sehr gutem Zustand ist, kann man, wenn man etwas Zeit hat, noch etwas weiter fahren. Bei Kilometer 120 (ab Concepcion, erkennbar an den Kilometersteinen am Straßenrand) sieht man auf der rechten Seite vier recht eigenwillig aussehende Berge. Direkt bei Kilometer 120 geht – von Concepción kommend – rechts ein Weg ab, über den man nach wenigen hundert Metern sehr nahe an den größten davon, den **Cerro Memby** (siehe Foto), fahren kann. An der Wegeinfahrt steht ein orangefarbenes Gebäude, so dass man sie nicht verfehlen kann.

Cerro Memby

🔗 Je weiter man Richtung **Pedro Juan Caballero** kommt, desto bergiger wird die Landschaft, und zwischen Kilometer 135 und 165 hat man auf beiden Seiten der Autobahn einen sehr schönen Blick auf die für paraguayische Verhältnisse eindrucksvolle Gebirgskette der "**Cordillieren von Amambay**". Bei Kilometer 162 befindet sich auch der **Nationalpark Cerro Corá** (siehe (Kapitel 22).

❗ Die Gegend zwischen Concepción und Santa Rosa ist auch das Wirkungsgebiet der Guerillaorganisation EPP. Davon sieht man als Tourist aber gar nichts. Ab und an sieht man paraguayisches Militär beispielsweise an einer Tankstelle. Da sich die EPP fast nur im Hinterland aufhält und sich vor allem Gefechte mit dem Militär liefert, ist eine Durchfahrt durch diese Gegend im Normalfall ungefährlich.

18. Vallemí und San Lázaro

200 Kilometer nördlich von Concepción befinden sich in der Gegend von San Lázaro und Vallemí die wichtigsten Kalkformationen von Paraguay. Man kann hier die Höhlen von Kambá Hópo, Tres Cerros, Santa Caverna, Calera Risso und andere erkunden. Die gesamte Kalksteinfläche in der Nähe des Paraguayflusses beträgt etwa 66 Quadratkilometer, und man nimmt an, dass es noch viele unbekannte **Höhlen** gibt. Der Distrikt heißt San Lázaro, aber da Vallemí bekannter ist, wird es als quasi eigenständig betrachtet.

✈ Die Anreise ist mit dem Auto nur über Concepción möglich (200 Kilometer). Es gibt von Asunción auch Flüge nach Vallemí (siehe Anhang).
Ab Concepción fahren mehrfach täglich Busse nach Vallemí und das sechs Kilometer weiter liegende San Lázaro (Dauer vier bis sechs Stunden, je nach Streckenzustand).
❗ Auch **Bootsfahrten** sind möglich, aber hierfür gilt ähnliches. Vielfach sind es Frachtschiffe, die auch Passagiere mitnehmen. Für Passagiere verhältnismäßig gut geeignet ist das Schiff "Aquidabán", das einmal wöchentlich die Strecke Concepción – Fuerte Olimpo – Bahía Negra – Concepción fährt. Die Unterbringung ist sehr einfach, der Preis niedrig (abhängig von der Strecke). Dauer bis zur Rückkehr nach Concepción fünf Tage.
ⓘ +595 (0)331 242 435 oder +595 (0) 678 695

Von Concepción aus fährt man über die nördliche Ausfahrtstraße Richtung Loreto nach Vallemí/San Lázaro, die mittlerweile asphaltiert ist. Schon die Anreise ist interessant: über weite Strecken gibt es kaum Häuser oder Orte; wie im Chaco kommt man vorbei an riesigen Rinderfarmen (Estancias). Häufig kreuzen Kühe und Esel die Autobahn! Als Autofahrer sollte man daher besonders aufpassen – zum Fotografieren ist es jedes Mal ein schönes Motiv, vor allem, wenn man den mitreitenden Gaucho (Cowboy) bittet, für ein Foto zu posieren. Diese kommen der Bitte fast immer gern nach, es lohnt sich also, zu fragen. Auch Flaschenbäume kann man am Wegesrand sehen – allerdings sind ihre Stämme hier nicht so ausgebeult wie im Chaco, weil sie nicht so viel Wasser speichern müssen.

Die Ankunft in Vallemí ist trotz fehlender Beschilderung leicht erkennbar. An der plötzlich auftauchenden Kreuzung ist rechter Hand der Flugplatz von Vallemí und links eine Tankstelle (Compasa). In diese Straße biegt man ein und kommt zunächst an der **Zementfabrik** vorbei. Die 1949 gegründete Fabrik war die erste in Paraguay und lange Zeit die einzige. Für Besichtigungen ist sie nur mit Genehmigung des Direktors zugänglich. Durch die Zementfabrik und den Kalkabbau in der Gegend ist die gesamte Stadt von einer weißen Schicht überzogen.

An der Zementfabrik fährt man weiter geradeaus, bis man zu einer größeren Raststätte direkt am Fluß (Río Paraguay) kommt. Dort gibt es ein kleines Restaurant (nur abends geöffnet) mit einem schönen Blick auf den Fluss und das andere Ufer (Chaco). Am Ufer gibt es sowohl Schiffe mit Arbeitsgerät als auch Anbieter für Boots- und Angelfahrten. Der Fluss ist ein beliebtes Ziel für Angler; hier kann man unter anderem Drei-Tupfen-Kopfsteher, Halbschnabelhechte, Katzenwelse oder Piranha angeln (siehe Kapitel Angeln).

Bekannt und von Vallemí einfach zugänglich (per Boot) sind die Höhlen von **Kambá Hópo**. Kleine Booten fahren Touristen in rund zehn Minuten vorbei an der Zementfabrik dorthin und machen auf unterschiedliche Fotomotive aufmerksam. An der Höhle kann man aussteigen und etwas umherlaufen. Dies ist für internationale Verhältnisse wenig spektakulär, aber innerhalb Paraguays ist es etwas ganz Besonderes. Die Preise für die Bootsfahrt sind Verhandlungssache, aber nicht günstig (rund 50.000 PYG sollte man pro Person rechnen). Obwohl die Stadt sehr weit abgelegen ist, kommen rund 80 Touristen an langen Wochenenden die Stadt besuchen – wegen der Höhlen, aber vor allem auch zum Angeln. Daher gibt es für die kleine Stadt verhältnismäßig viele Unterkünfte, die leicht zu finden sind.

Das eigentliche Stadtzentrum von Vallemí liegt auf der anderen Seite der Straße – senkrecht von der Raststätte abgehend. Die Stadt ist mit 10.000 Einwohnern sehr klein, aufgrund der Zementfabrik am Ort sind aber fast alle Straße zementiert (nicht asphaltiert und auch keine Sand- oder Pflasterstraßen). Rund 150 Meter in der Straße, die von der Raststätte senkrecht in die Stadt führt, liegt ein kleines Hotel-Restaurant "Posada Isabel". Dort kann man Führer für die Höhlenbesichtigungen beauftragen. Im Stadtzentrum wohnt auch der Künstler **Sebastian Amarilla**, der das Mariendenkmal in Concepción erschaffen hat und von dem zahlreiche Skulpturen das Stadtbild von Vallemí prägen. Sein ebenfalls mit vielen charakteristischen farbenfrohen Figuren und Skulpturen verziertes Haus kann von außen besichtigt und fotografiert werden.

Fährt man von der Raststätte weiter in Fahrtrichtung, kommt man nach rund sechs Kilometern nach San Lázaro. Die Stadt ist sehr klein und lohnt sich vor allem, wenn man die dortige Höhle besichtigen möchte. Um diese (wie auch die anderen) zu finden, braucht man aber unbedingt einen Führer, da es keinerlei Hinweisschilder gibt. Auf dem Weg nach San Lázaro gibt es auf einer Anhöhe einen sehr schönen **Aussichtspunkt** mit Blick auf den Fluss, die Zementfabrik und Vallemí. Dort steht ein riesiges Zahnrad mit einer Lore oben drauf, durch das man wie durch ein Schaufenster schauen kann – ein sehr schönes Fotomotiv. Auch von diesem aus kommt man zu einer Höhle, und auch diese ist allein nicht zu finden.

Von links oben nach rechts unten: 1 Einfache Häuser am Wegesrand im Chaco – 2 Flaschenbäume im Park von Filadelfia 3 – Ausgehöhlter Flaschenbaum bei Fortin Boquerón – 4 Luftansicht des Museums "Centro de Interpretación del Gran Chaco Américano" (CIGCH)

19. Chaco – Besondere Aktivitäten

Der Chaco ist – salopp gesagt – cool. Trotz der kargen Landschaft von der Autobahn aus betrachtet, bietet er unglaubliche Flora und Fauna und mehrere, sich deutlich voneinander unterscheidende Ökoregionen (siehe Infokasten Chaco).

Die unterschiedliche Besiedlung durch Indigene, Lateinparaguayer und Mennoniten machen die einzelnen Gegenden einzigartig. Es gibt wenige Straßen, dafür aber mehr Abenteuer, und auch die Art der Bewirtschaftung des Landes – hauptsächlich Land- und Viehwirtschaft – gibt es daher ganz besondere Möglichkeiten, die man so in Ostparaguay nicht findet. Ein Besuch im Chaco verspricht daher bei etwas Vororganisation ein vielfältiges, unvergessliches Erlebnis.

Wer wenig Zeit hat, sollte zumindest versuchen, einen Kurztrip (nächstes Kapitel) in den Chaco zu unternehmen, um einen ersten Eindruck zu erhalten.

Hier sind beispielhaft Aktivitäten aufgelistet, die ganz anders sind als die in anderen Regionen, aber es gibt viel mehr.

Historischer Chaco

Die historischen Stätten des Chaco-Krieges sind ein Muss für Geschichtsinteressierte bei einer Tour durch den Chaco. Viele Festungen sind gut zu besichtigen.

Fortín Boquerón: Im Bezirk Neuland, 46 km von Filadelfia, 28 von Neu Halbstand entfernt. Öffnungszeit: Mittwoch bis Sonntag von 07:00 Uhr bis 17:00 Uhr. Kontakt mit dem Gouverneursamt von Boquerón +595 491 432051 oder unter +595 (0)971 336788/ +595 (0)981 242420.

Das Tourismusbüro von Neu-Halbstadt führt gern Touren durch, die hervorragend erklärt werden. Es ist ein für den Chaco-Krieg historischer Ort, an dem paraguayische Truppen im Jahr 1935 die bolivianischen besiegten. Auch wenn der Krieg und der Ort für Europäer nicht so bedeutsam ist, ist es allein schon die Landschaft. Dort gibt es auch Flaschenbäume, die ausgehöhlt wurden, um Soldaten Schutz zu bieten oder Dinge zu verstecken. Ein weiterer Vorteil dieses Ausflugs ist die sehr einfache Zugänglichkeit. Man ist außerhalb der gut organisierten Städte der Mennoniten völlig in der Wildnis, aber absolut sicher, und man braucht auch keine speziellen Fahrzeuge für diese Tour.

Fortín Isla Po`i; im Bezirk Teniente Irala Fernández, 33 km von Filadelfia entfernt, Besichtigung nach Voranmeldung unter: +595 (0)981 237905

Fortín Trébol: In der Gemeinde Filadelfia, 18,5 km von Filadelfia entfernt. Tourismus Coop. Fernheim, +595 (0)985 820 746.

Fortín Toledo: Im Bezirk Mariscal Estigarribia, 62 km von Filadelfia entfernt. Die Tour beginnt mit dem Toledo-Museum, wo die Überreste von Gegenständen, die an diesem Ort gefunden wurden, Fotografien aus der damaligen Zeit, Tucas, Büsten, paraguayische und bolivianische Friedhöfe, etc. ausgestellt sind. Besuch mit Reservierung unter +595 (0) 981 260378.

Fortín Falcón: in der Nähe von Lolita, in Colonia Falcon, Gemeinde Campo Aceval, Departement Boquerón, etwa 439 km von Asunción entfernt. Besuch mit Reservierung unter +595 976 869408.

Indigene

Im Chaco leben viele Indigene, teilweise, wie beispielsweise die Ayoreo, noch tatsächlich sehr abgeschieden. Andere leben und arbeiten seit Jahrzehnten vor allem in und bei den Mennonitenkolonien.

Es gibt bislang – glücklicherweise - keine organisierten Touren zu den Ortschaften von Indigenen. Wenn man sich länger im Chaco aufhält und jemanden kennenlernt, ist eine individuelle Organisation aber oft möglich.

Motorradfahren im Chaco

Da der gesamte Chaco wenig befahren wird und abseits der Autobahn über sehr abenteuerliche Sandstraße verfügt, ist er ein interessantes Ziel für Motorradfahrer. Bei der Auswahl von Strecken im hohen Chaco kann man sich an denen der Rallye Transchaco orientieren. Im niedrigen bis mittleren Chaco gehen insbesondere von Cruce de los Pioneros (von Asunción aus vor Loma Plata) einige öffentlich befahrbare Sandstraße ab. Ein einfaches Abbiegen von der Autobahn ist nicht möglich, weil dort die langgestreckten Estanzien in Privatbesitz liegen. Man sollte jedoch niemals allein im Chaco Motorrad fahren, da es über viele Kilometer keine Infrastruktur und keinen Handyempfang gibt.

Taubenschießen

Von März bis August darf man im Chaco Tauben schießen. Für die Farmer sind diese Vögel eine echte Plage, weil sie die Samen fressen. Sie jagen sie daher selbst, und bei den Mennoniten sind Gerichte mit Taubenfleisch nicht ungewöhnlich. Um daran teilzunehmen, sollte man sich am besten an Einheimische wenden. Offiziell untersteht die Taubenjagd der Umweltbehörde MADES, und man benötigt eine Genehmigung. Im Chaco sind die Estanzien jedoch riesig, so dass die Jagd auf Privatgrund stattfindet und man nur die Erlaubnis des Eigentümers benötigt.

Transchaco-Rallye

Eine etwas andere Art von Abenteuer bietet die Transchaco-Rallye. Dies ist ein Autorennen, das seit 1971 jährlich (außer 1984-1986) im September über mehrere Tage in Etappen durchgeführt wird. In Paraguay ist es ein großes Event mit viel Presseberichterstattung. Die Route ändert sich jedes Jahr etwas, aber sie führt immer durch den Chaco und endet in Asunción und wird durch Prüfungen über schwierige Strecken ergänzt. An den Zwischenstops ist die Autobahn in dieser Zeit bunt dekoriert, und der Chaco wird pötzlich mit viel lautem Leben erfüllt.

Unternehmensbesichtigungen
Die Mennoniten und ihre Kooperativen sind wirtschaftlich hoch erfolgreich. Viele der Fabriken und Manufakturen können auf Nachfrage besichtigt werden (Details siehe Kapitel Unternehmensbesichtigungen).

Nr. 13   Exkurs - Der Chaco und seine Ökosysteme

Der paraguayische Chaco ist Teil des riesigen Gebietes des "Großen Amerikanischen Chaco" (Gran Chaco). Er erstreckt sich geographisch über den Norden Argentiniens, den gesamten Westen Paraguays und den Südosten Boliviens. In Paraguay bildet der Fluß Río Paraguay die Grenze zum Chaco und beginnt daher direkt hinter Asunción. Menschen gibt es im Chaco nur wenige - auf einer Fläche fast so groß wie Deutschland leben nur 180.000 Einwohner (davon ein Drittel Indigene) – aber rund sechs Millionen Rinder!

In Paraguay ist der Chaco die trockenste Region. Im Sommer wird es hier leicht über 45 Grad heiß; es regnet aber zumindest ab und an. Im Winter, zwischen März und September, fällt hingegen so gut wie kein Regen – eine unglaubliche Herausforderung für Mensch und Tier, in einer solchen Region zu überleben.

Der Chaco ist ein fragiles und empfindliches Ökosystem, dessen Erhalt zur nationalen Priorität erklärt wurde. Hier leben zahlreiche Tier- und Pflanzenarten, die man im restlichen Land nicht finden kann. Schon direkt links und rechts entlang der Autobahn kann man viele verschiedene Vögel sehen, was auch für Nicht-Vogelbegeisterte wirklich sehr beeindruckend ist.

Der Chaco besteht aus verschiedenen Ökoregionen, die völlig unterschiedlich sind. Es beginnt quasi direkt hinter Asunción mit dem "Feuchten Chaco", gefolgt vom "Trockenen Chaco", der sich bis Bolivien hochzieht. Ganz im Norden schließt sich der Cerrado an, und im Osten, an der Grenze zu Brasilien, liegt das Pantanal. Der Médanos liegt im Nordwesten, ebenfalls an der Grenze zu Bolivien.

Kommt man von Asunción in den Chaco, beginnt die Landschaft noch sehr grün und fruchtbar: Rechts und links der Autobahn stehen zahlreiche Palmen in einer feuchten Landschaft, eben der "Feuchte Chaco" (*Chaco húmedo*) genannt wird. Erst ab Pozo Colorado (rund 238 Kilometer vom Beginn des Chaco in Villa Hayes entfernt) beginnt der so genannte "Trockene Chaco" (*Chaco seco*).

Nr. 13   Exkurs - Der Chaco und seine Ökosysteme

Der Médanos ist der zweitgrößte Nationalpark Paraguays.

Der Cerrado ist – wie das Pantanal - landesübergreifend – er befindet sich hauptsächlich in Brasilien und erstreckt sich auch auf Ostbolivien und Paraguay. Insgesamt ist er riesig – etwa so groß wie ganz Mexiko! Er zeichnet sich durch eine Kombination aus Savannen, reinem Grasland, Grasland mit einem gewissen Grad an Bewaldung und Trockenwäldern mittlerer und niedriger Höhe aus und bedeckt fast zwei Millionen Quadratkilometer. In Paraguay gibt es Cerrado-Ökosysteme in den Verwaltungsbezirken Concepción und als "Inseln" in Amambay, San Pedro, Canindeyú, Caaguazú und Alto Paraguay. Diese Ökoregion zeichnet sich durch eine reichhaltige Fauna und Flora aus, die ein Zentrum der endemischen Flora darstellt. Er beherbergt vor allem viele endemische und bedrohte Vogelarten. Diese Ökoregion gilt als globaler Hotspot, da sie rund 70 Prozent ihrer ursprünglichen Vegetationsdecke verloren hat. Die Hauptursachen für diesen Verlust sind die Ausdehnung der Landwirtschaft (insbesondere Monokulturen), die Viehzucht und das Abbrennen der Vegetation zur Holzkohlegewinnung.

Oben: Salzlagune im Chaco (Campo Maria) Unten: Landschaft im mittleren Chaco

20. Chaco – Kurztrip: Villa Hayes und Chacoí

Wenn man wenig Zeit hat und trotzdem etwas vom Chaco sehen möchte, kann man in wenigen Stunden von Asunción nach Villa Hayes oder Chacoí und zurück fahren. Schon direkt nach der Überquerung des Flusses von Asunción aus, ändert sich die Landschaft dramatisch und ist daher unbedingt zumindest einen Kurzausflug wert!

✈ Anreise: ab 2024 wird es zwei Möglichkeiten geben, von Asunción in den Chaco zu kommen. Da der Chaco vom Rest des Landes durch den Fluss Rio Paraguay getrennt ist, kommt man nur über eine Brücke dorthin. Bislang war dies die „Puente Remanso" in der Nachbarstadt Mariano Roque Alonso. Da es in beiden Städten viel Verkehr gibt, war die Anreise bis zur Brücke meist der zeitfressendste Teil.

Nun gibt es noch die Brücke „Héroes del Chaco", die direkt in Asunción beginnt – und zwar von der Costanera. Für die meisten Touristen dürfte letztere die schnellere Wahl sein. Ab Anfang 2024 wird sie für den Verkehr freigegeben. Da beide Brücken nur rund 10 Kilometer Luftlinie voneinander entfernt sind, spielt es auch keine Rolle, wo genau man im Chaco hinmöchte. Remanso liegt etwas näher an Villa Hayes, Heroes del Chaco etwas näher an Chacoí. Von beiden Brücken kommt man auch gut nach Argentinien – Falcón und Clorinda –Shoppingparadiese für Paraguayer.

Auch mit dem Bus kommt man recht gut bis Villa Hayes – viele Paraguayer pendeln diese Strecke täglich zur Arbeit nach Asunción. Der Bus Nr. 46 fährt direkt nach Villa Hayes. Da dieser nicht überall in Asunción fährt, bietet es sich an, zunächst bis Mariano Roque Alonso (z.B. mit Bus Nr. 441) zu fahren und dann in den 46er umzusteigen.

Sofort nach der Brückenüberquerung fällt auf, dass sich die Farbe der Erde geändert hat. Während sie in Ost-Paraguay überwiegend rötlich ist, wird der Chaco von einem gräulichen Boden dominiert.

Villa Hayes ist mit 19.000 Einwohnern die letzte Großstadt, bis man Bolivien erreicht! Bis Ende 2014 gab es in Villa Hayes übrigens auch die letzte Ampel in Paraguay vor Bolivien. Das heißt, auf der gesamten Strecke durch den Chaco und auch in den Städten und Dörfern, auf einer Länge von über 750 Kilometern, wurde der Verkehr ohne Ampeln geregelt. Dies war allerdings auch keine Kunst, denn der meiste Verkehr wird durch Viehtransporte verursacht. Überwiegend sind die Autobahnen sehr leer – von Fahrzeugen, nicht unbedingt aber von Kühen oder Schlaglöchern.

Rund die Hälfte der Einwohner von Villa Hayes lebt von der Lederverarbeitung. Da es im Chaco viele Rinder und auch Schlachthöfe gibt, gibt es viel Leder, und die Menschen in Villa Hayes haben sich auf handgemachte Produkte aus Leder spezialisiert (Handtaschen, Gürtel usw.).

Außerdem leben im Chaco seit jeher viele Indigene, die ebenfalls auf Handarbeiten aus Naturprodukten spezialisiert sind.

In Villa Hayes gibt es auch Niederlassungen mehrerer Universitäten, u.a. der staatlichen Universität UNA, und am Flußufer kann man wunderschöne Sonnenuntergänge erleben.

Die Stadt erstreckt sich hauptsächlich rechts der Autobahn, Richtung Flussufer. Fahren Sie beispielsweise in die Straße „Laudo Hayes" hinein bis zum Ende ans Flussufer, wo auch die Verwaltung des Departaments seinen Sitz hat. Rechts davon ist die Universität, links geht es zu einem netten Strandabschnitt; es gibt dort einen unscheinbaren Park mit einer Kanone.

! Bevor man aus Asunción kommend auf die Brücke "Remanso" auffährt, geht rechts ein unscheinbarer Weg ab, der in die Siedling "**Remansito**" führt, die direkt am Flussufer liegt. Hier arbeiten zahlreiche kommerzielle Fischer, und man kann auch selbst gut angeln. Interessant sind aber vor allem die vielen einfachen Restaurants, in denen man mit einer schönen Aussicht auf den Fluss sehr gut Fisch essen kann.

! Man kann den Ausflug gut mit dem Besuch des Indigenenreservats (Tour Nr. 26) verbinden.

Auch das Gebiet Chacoí (Guaraní für "kleiner Chaco"; seit 2021 offiziell „Nueva Asunción" genannt) ist einen Ausflug wert. Es liegt am am westlichen Ufer des Flusses Paraguay, etwa fünf Kilometer Luftlinie von Asunción entfernt und über die neue Brücke sehr gut erreichbar und das Gebiet wird sich in den nächsten Jahren deutlich entwickeln. Jahrhundertelang war das Gebiet nur von verschiedenen indigenen Stämmen besiedelt. Das Klima, die mühsame Anreise nach Asunción und die Unterentwicklung dieses Gebietes allgemein machte es nicht attraktiv, sich in dieser Region niederzulassen.

Chacoí ist aus einem weiteren Gesichtspunkt sehr interessant: Hier liegt eines der Wetlands (Feuchtgebiete) des Landes, ein ökologisch sehr wichtiges Gebiet, in dem man neben der Landschaft sehr gut Tiere beobachten kann. Es gibt auch organisierte Touren dorthin (siehe Infokasten Nr. 17).

⚐ Pozo Colorado

Wenn Sie ein etwas mehr Zeit haben, dann können Sie überlegen, die Ruta Transchaco noch weiter Richtung Norden zu fahren – nach 238 Kilometern erscheint dann die Stadt Pozo Colorado, die an der Kreuzung der beiden Autobahnen Ruta 9 und Ruta 5 liegt; letztere führt Richtung Osten nach Concepción. Die Autobahn ist schnurgeradeaus und wenig befahren, so dass sich diese Strecke leicht fährt. An den Seiten der Autobahn sieht man direkt aus dem Auto heraus Lagunen mit wunderschönen Wasserhyazinthenteppichen (spanisch *camalote*), Palmen und meist auch viele unterschiedliche Vogelarten – und natürlich Rinder. Wenn man Glück hat, sieht man auch einige besondere Tierarten wie den Ameisenbären oder Gürteltiere. So bekommt man einen sehr guten Eindruck vom „unteren" bzw. „feuchten" Chaco. Mit 2.000 Einwohnern kann man es kaum Stadt nennen, aber wenn man erst einmal 250 Kilometer durch die menschenleere Region auf der Autobahn gefahren ist, kommt einem Pozo Colorado fast wie eine Großstadt vor. Im Einzugsgebiet leben immerhin rund 18.000 Menschen. Haupterwerbsquelle ist die Rinderzucht.

Sehr interessant anzusehen sind auch die kleinen und einfachen Häuser der Menschen entlang der Autobahn. Vielfach bestehen sie aus den Baumstämmen der Chaco-Palme (die keine Früchte trägt), und die Dächer werden mit den Blättern der Palme gedeckt. Aus ihnen werden auch Körbe geflochten und teilweise am Straßenrand verkauft. Da wenig Regen im Chaco fällt, sind die Straßen meist sehr staubig, vor allem bei Nordwind.

Pozo Colorado ist ein verschlafener kleiner Ort und dient vor allem als Knoten- und Haltepunkt auf dem Weg in den Chaco oder nach Concepción. Seit Anfang 2016 gibt es jedoch immerhin eine sehr moderne Raststätte an der großen Tankstelle mit Restaurant, Imbiss und kleinem Supermarkt. Auch die WCs sind in sehr gutem Zustand.

Sehr lustig anzusehen ist das **Denkmal** in der Mitte des Kreisverkehrs. Leere Plastikflaschen wurden wie Girlanden an Schnüren aufgefädelt und von der großen Straßenlaterne in der Mitte des Platzes schräg nach unten bis zum Boden geführt, so dass sich eine Kegelform ergibt (siehe Foto).

⌛ Fahrtdauer ab Brücke "Remanso" rund 2,5-3 Stunden, je nach Verkehr. Die Autobahn bis Pozo Colorado ist in gutem Zustand.

21. Chaco – Mennonitenstädte

Ein Ausflug in den Chaco zu den drei großen Mennonitenstädten im Chaco Filadelfia, Loma Plata und Neu-Halbstadt (oder zumindest einer von ihnen) - lohnt sich aus vielen Gründen. Hierfür sollte man mindestens zwei Tage (eine Übernachtung) einplanen, um zumindest eine der Städte ein wenig zu erkunden, denn sie sind alle rund 450 Kilometer von der Hauptstadt Asunción entfernt. Sie liegen zwar an der schnurgeraden und wenig befahrenen Autobahn Ruta 9, die aber streckenweise in so schlechtem Zustand ist, dass alle Verkehrsteilnehmer große Schlangenbewegungen fahren, um den Schlaglöchern ausweichen zu können. Autofahrer, die diese Strecke regelmäßig fahren, benötigen mindestens 4-5 Stunden, wobei dann natürlich weder Fotostops noch sonstige Verzögerungen eingeplant sind.

⌛ Da allein die Autobahn und die kleinen Siedlungen am Rand der Autobahn, die Vegetation usw. für Touristen schon interessant sind, sollte man jedoch mindestens sechs Stunden pro Strecke einplanen.

Nachdem man durch Villa Hayes durchgefahren ist (und vielleicht kurz besichtigt hat, siehe Tour Nr. 0), kommt erst einmal rund 240 Kilometer lang keine größere Siedlung. Stattdessen sieht man vor allem feuchte Savannengegend, meist viele verschiedene Vögel, grasende Rinder – und meist auch den einen oder anderen „Cowboy", der hier in Paraguay Gaucho genannt wird. Hin und wieder gibt es eine „Autobahnraststätte" (*Parador* genannt), auf denen man Kleinigkeiten zu Essen kaufen, tanken oder auf Toilette gehen kann. Abzweige gibt es kaum – nur in Pozo Colorado kreuzen sich die Autobahn Nr. 9 und Nr. 5 (Richtung Concepción).

Manchmal ist die Autobahn so leer, dass man sich leicht vorstellen kann, anzuhalten und auf der Straße in Ruhe ein Spiegelei zu braten.

Alle drei Städte sind sehr lohnenswert und verfügen über zwar einfache, aber äußerst saubere und gut ausgestattete Hotels. Da die Entfernungen nicht allzu groß sind (Filadelfia-Loma Plata rund 24 km, Filadelfia – Neu Halbstadt rund 36 km), ist es relativ egal, welche man auswählt (siehe auch Karte Nr. 14).

✈ Man kommt mit Bus und Auto gut in den Chaco, jedoch dauert es aufgrund der großen Entfernungen etwas. Eine Hin- und Rückfahrt an einem Tag ist, wenn man etwas sehen möchte, nicht möglich. Mehrfach täglich fahren Busse in rund sieben bis acht Stunden nach Loma Plata und Filadelfia (siehe Anhang).

Wenn man das erste Mal in eine der Mennonitenstädte hineinfährt, dann mag man etwas enttäuscht sein: Außer einer schnurgeraden, asphaltierten, aber meist wegen der großen Trockenheit sehr staubigen Hauptstraße (siehe Foto auf der nächsten Seite aus Loma Plata) und den meist nicht asphaltieren ebenfalls schnurgeraden Seitenstraßen scheint es nicht viel zu geben.

Nr. 14 Karte – Lage der größten Städte im Chaco

Wenn man genauer hinsieht, versteht man, welche großartige Leistung der Mennoniten dahinter steht. Die Straßen sind intakt – Schlaglöcher gibt es nicht. Sämtliche Steine, egal, ob zum Straßen- oder Hausbau, müssen hertransportiert werden – Steine kommen im Chaco natürlicherweise nicht vor! Das Klima ist fast das ganze Jahr über trocken und heiß – im Sommer leicht und häufig bis 45 Grad. Die Mennoniten haben all dies urbar und hoch produktiv gemacht. In Loma Plata steht beispielsweise einer der – auch nach internationalen Maßstäben – modernsten Schlachthöfe.

Um die drei „großen" Städte gibt es zahlreiche Dörfer, in denen die meisten Mennoniten leben – die Städte dienen eher der Infrastruktur: Geschäfte, Schulen, Bibliotheken und Genossenschaftseinrichtungen. Fast alle Mennoniten gehören einer Genossenschaft an. Die Dörfer haben meist deutsche Namen wie Rosenort, Schöntal oder Gnadenheim, die Mennoniten bezeichnen sie jedoch meist mit einer Ziffer.

Alle sind außergewöhnlich freundlich und hilfsbereit Fremden gegenüber, und mit Mennoniten man kann sofort auf Deutsch reden. In den letzten Jahren hat es einen sehr starken Zuzug von Latein-Paraguayern gegeben, die jedoch nur Spanisch sprechen und an vielen Stellen (Supermarkt-Kasse usw.) arbeiten.

Besichtigungen
Alle drei Mennonitenstädte verfügen über gut organisierte **Tourismusbüros** mit hervorragend ausgebildeten Mitarbeitern, die selbstverständlich auch alle Deutsch sprechen. Die Tourismusbüros sind bei den jeweiligen Heimatmuseen untergebracht und verfügen auch über interessantes Informationsmaterial. Da es nur wenig Touristen gibt, haben die Mitarbeiter meist für alle Touristenfragen ein offenes Ohr und helfen gern weiter. Die Tourismusbüros liegen auf der Hauptstraße der jeweiligen Stadt und sind sehr gut ausgeschildert. Hier kann man auch Naturexkursionen in die Umgebung buchen.

! Mennonitische Geschäfte machen Mittagspause; einige sind nur vormittags geöffnet. Für Besichtigungen lohnt sich daher ein frühes Aufstehen.

Beginnen sollte man einen Besuch in den Mennonitenstädten mit einer Besichtigung oder Führung durch das jeweilige **Museum**. Dies geht auch problemlos allein, denn die Exponate sind sehr gut ausgeschildert und mit deutschen Texten versehen. Die Exponate sind eine Mischung aus Heimatmuseum (Geschichte der Mennoniten, ihre Einwanderung und Leben in Paraguay) und Naturkundemuseum (Flora und Fauna des Chaco). Das Museum in Filadelfia hat eine sehr eindrucksvolle Abteilung nicht nur der einheimischen Tierarten, sondern auch für die Harthölzer des Chaco und auch zahlreiche Objekte der verschiedenen Indigenengruppen des Chaco. Außen gibt es einen Park mit Flaschenbäumen (Samu´u), die im Chaco die charakteristische Bauch-Form annehmen und zu jeder Jahreszeit ein wunderbares Fotomotiv sind.

Museum „CIGCH"
Das Centro de Interpretación del Gran Chaco Américano (Zentrum des großen amerikanischen Chaco) ist ein neues großes Museum zusätzlich zu den Heimatmuseen am Eingang von Filadelfia. Es verbindet nachhaltige Technologie und Architektur mit moderner Museumstechnik und -pädagogik. Sonnenkollektoren werden zur Stromerzeugung genutzt, und das Gebäude liegt herrlich umgeben von Flaschenbäumen. Eröffnet wurde es im August 2020, coronabedingt war es aber lange nicht zugänglich. Es zeigt den multikulturellen Reichtum der indigenen Gemeinschaften und der Fauna und Flora des Chaco. Außerdem gibt es ein Kino, das mit 4K-Projektoren ausgestattet ist, einen Souvenir- und Kunsthandwerksladen, einen Forschungsbereich sowie eine Bibliothek mit Internet. Außen gibt es Wanderwege, die die Vegetation der Umgebung zeigen.

🕐 Meist 10.00-17.00, teilweise ab 9.00 Uhr. Der Eintritt ist frei.

ⓘ www.visitparaguay.travel/v1/activi dad/121-centro-de-interpretacion-del-gran-chaco-americano

Zusätzlich sind v.a. in Filadelfia und Loma Plata auch **Fabrikbesichtigungen** möglich, die das hochmoderne wirtschaftliche Handeln der Mennoniten zeigen. (siehe Kapitel 28).

Nr. 15 Touristinformation und Mennonitenmuseen

Filadelfia	Loma Plata	Neu-Halbstadt/Neuland
Touristinfo: +595 491 417 000 E-Mail: turismo@fernheim.com.py	Touristinfo: +595 981 200 535 E-Mail: turismo@chortitzer.com.py	Touristinfo: Neuland: +595 493 240201/301 E-Mail: administracion@neuland.com.py
Museo Jacob Unger	Museo de historia menonita	Museo de historia de la Colónia Neuland
Adresse/Kontakt: "Parque de los Recuerdos" auf der „Av. Hindenburg" Tel: (0491) 417 329 Gati Harder: (0491) 417 380 oder 0985 820 746	Adresse/Kontakt: Avenida Central, auf dem Gelände der Kooperative Chortitzer Komitee Tel.: (0492) 252 1075/1076 oder 0981 200 535	Adresse/Kontakt: Avenida 1 de Febrero (Hauptstraße der Stadt) Tel: (0493) 240 201
Öffnungszeiten: Mo-Fr: 7.00-11.30 und 14.00-16.00 Uhr Samstag 7.00-11.30 Uhr	Öffnungszeiten: Mo-Sa: 7.00-11.30 Uhr	Öffnungszeiten: Das Museum öffnet jederzeit auf Wunsch nach Absprache mit dem Tourismusbüro

Der Eintritt in die Museen ist frei; Führungen kosten je nach Umfang etwas.

Fotos: Deutschsprachige, zum Teil ungewöhnlich formulierte, Beschriftung im Chaco.

Nr. 16   Exkurs – Die Mennoniten und Paraguay

Die ersten über 1.700 deutschsprachige Mennoniten erreichten Paraguay 1927 von Kanada kommend, da dort in den 1920er-Jahren der Besuch einer (englischsprachigen) Schule zur Pflicht gemacht wurde und die streng pazifistischen Mennoniten Erziehung und Bildung an ihren eigenen Schulen gefährdet sahen. Auf der Suche nach freier Entfaltungsmöglichkeit ihres Glaubens kauften sie von der paraguayischen Regierung Land und erhielten die Zusage, sich selbst verwalten zu dürfen.

Zwischen 1927 und 1948 gründeten sie drei autonome Kolonien im Chaco und vier Ansiedlungen im Osten Paraguays. Die erste war 1927 die Kolonie Menno mit Einwanderern überwiegend aus Kanada, gefolgt 1930 von Fernheim (aus Russland) und 1947 der Kolonie Neuland (aus Deutschland). Unter schwersten Bedingungen besiedelten sie den trockenen Chaco und verwandelten ihn in ein landwirtschaftlich nutzbares Gebiet. Die paraguayische Regierung hatte auch militärstrategische Absichten bei der Ansiedlung der Mennoniten im Chaco: Sie wollten sie als Bollwerk gegen die bolivianischen Truppen im sich abzeichnenden Chacokrieg nutzen. Ihr Beitrag zur Unterstützung der paraguayischen Soldaten waren ihre Kartoffelernten.

Die Genossenschaften sind in einen Wirtschaftsbereich (die eigentliche Kooperative) und in einen sozialen Bereich (Asociación) unterteilt. Heute sind die Kooperativen international erfolgreiche Wirtschaftsunternehmen. Die Ländereien der Kooperative Chortitzer sind etwa so groß wie die Insel Kreta. Weit über 60 Prozent aller paraguayischen Milchprodukte stammen von mennonitischen Firmen, und auch bei der Fleischproduktion sind sie führend: allein der Schlachthof „Frigochorti" verarbeitet jährlich über 143.000 Rinder. In der Asociación sind Funktionen wie Gesundheitsversorgung, Bibliothek, Verkehr und andere Gemeinschaftseinrichtungen angesiedelt, die das soziale Leben stark bestimmen.

Heute leben in den drei Kolonien mehr Indigene als Mennoniten (30.000 zu 15.000). In den letzten Jahren sind verstärkt „Latein-Paraguayer" hinzugekommen. Daher wird vermehrt spanisch gesprochen. Noch immer sind fast alle Schilder zweisprachig deutsch und spanisch, und alle Mennoniten sprechen Plattdeutsch und Hochdeutsch. Spanisch bezeichnen sie – obwohl sie es perfekt sprechen – als Fremdsprache. Ihr Deutsch ist aus europäischer Sicht sehr altertümlich und hat sich seit der Einwanderung kaum modernisiert. So sprechen sie beispielsweise nicht von Enkeln, sondern von Großkindern. Achten Sie einmal bei Ihrem Besuch auf die Sprache: es gibt so lustige Namen wie „Calle Sandstraße", oder Hinweisschilder wie „für ältere Leute".

Auch ein **Stadtspaziergang** auf eigene Faust lohnt sich; hierbei kann man sehr viele völlig überraschende Kleinigkeiten, mit großer Bedeutung finden. Achten Sie beispielsweise einmal auf die Wasserversorgung: Da zum einen das Grundwasser im Chaco fast überall salzig ist und zudem noch sehr, sehr wenig Regen fällt, wird jeder Regentropfen sorgfältig gesammelt. Nur davon lebt der gesamte Chaco! Dafür werden unter anderem die Dächer der Häuser genutzt, die aus diesem Grund nie mit saugfähigem Material gedeckt sind. Aber das Regenwasser wird nicht etwa nur durch Regenrinnen in Tonnen gesammelt, nein, unterirdisch hat jedes Haus eine mehr oder weniger große Zisterne, von denen der Haushalt dann das Jahr über lebt. In den Hotels gibt es eine Tabelle mit mit handschriftlichen Einträgen – die Millilitermenge Wasser, die an den einzelnen Tagen gefallen ist. Wasser ist im Chaco unglaublich wertvoll, und niemand würde es verschwenden. In Ostparaguay hingegen verbrauchen die Menschen das Wasser im Überfluss.

Bei Fabriken, bei denen die reine Dachfläche nicht reicht– für die Schlachtung einer einzigen Kuh benötigt man allein 1.500 Liter Wasser –, werden andere Strategien eingesetzt: Meist sind die Fabriken auf Grundstücken angelegt, die viel größer sind als das Fabrikgebäude es nötig erscheinen läßt. Der Schlachthof in Loma Plata beispielsweise befindet sich auf einem Gelände von 361 Hektar. Hier wird Regenwasser in Drainagen gesammelt und in einem kraterähnlichen "Tanque Australiano" aufbewahrt. Das sind von außen trichterförmige riesigen Reservoirs, von denen das Wasser bis zum benötigten Ort gepumpt wird. Nur so kann eine hohe Anzahl von Schlachtungen täglich in hygienisch einwandfreier Form gewährleistet werden. Diese Zisternen und Tanks sieht man bei den diversen Führungen immer wieder.

Auch die extrem trockene und rissige Erde fällt auf. Doch ebenso ist oft zu sehen, dass die Natur auch damit lernt umzugehen. So kann man genau in diesen Rissen Blümchen wachsen sehen, die noch den letzten Tropfen Feuchtigkeit nutzen, um blühen zu können.

Im Vergleich zu Ostparaguay ist hier alles sauber, aufgeräumt, nirgends liegt Abfall auf der Straße – und die Menschen halten sich an Verkehrsregeln.
Im Straßenbild fallen die vielen Indigenen auf. Sie sind den Mennoniten gegenüber stark in der Überzahl und leben und arbeiten seit vielen Jahren – freiwillig – mit und für sie. Oft sind sie getauft und sprechen sie sogar plattdeutsch, das sie von den Mennoniten gelernt haben. Häufig haben sie deutsche bzw. europäische Vor- und Nachnamen. Dies kommt daher, dass sie die Namen ihres Chefs angenommen haben, und so finden Sie heute beispielsweise einen indigenen „Gustav Sawatzky".

Gehen Sie auch einmal in Filadelfia die Hauptstraße hinunter zur Indigenensiedlung (von der Av. Hindenburg vom Museum aus Richtung Süden rund 1,7

Kilometer, dann nach links einbiegen). Anders als die Indigenen in Ost-Paraguay leben sie hier in kleinen gemauerten Häusern, aber auch unter sich.

Zum Einkaufen von Souvenirs ist der Laden „El Mensajero" direkt neben dem Hotel „Florida" und gegenüber dem Museum sehr zu empfehlen. Dort gibt es neben zahlreichen Kunstgegenständen von Indigenen fast aller Stämme auch viele deutschsprachige Bücher. Diese sind in allen drei Städten darüber hinaus auch in den jeweiligen Buchhandlungen (Libreria) zu finden, denen jeweils die Bibliothek angeschlossen ist. Dies ist lohnenswert, weil die Mennoniten qualitativ sehr hochwertige Bücher zu verschiedenen Themen (Geschichte, aber auch Kochbücher usw.) schreiben, dies aber in Eigenproduktion tun, so dass diese Bücher international nicht gekauft werden können, sondern meist nur vor Ort.

Neu-Halbstadt ist die jüngste der Mennonitenstädte mit lediglich 1.780 Einwohnern in dieser Kolonie, die wie auch die anderen Städte von Dörfer umgeben ist (bis zu einer Entfernung von 50 Kilometern), die ebenfalls mit Straßen gut angebunden sind. Wie auch in den anderen Städten gibt es eine asphaltierte Hauptstraße, an der die wichtigsten Einrichtungen liegen: Die Kooperative, eine Buchhandlung mit Bibliothek, das Museum usw.

Rund 82 Kilometer Richtung Norden ab Accesso Filadelfia liegt die Stadt Mariscal Estigarribia.

⛾ Mariscal Estigarribia

Bis zu diesem Ort gelangt man als Tourist auch noch relativ gut; alles nördlich darüber ist mit großen Strapazen (Abenteuer!) verbunden. Die Stadt ist mit 2.500 Einwohnern für Chaco-Verhältnisse groß. Was sie im Vergleich zu den drei Mennonitenstädten zu etwas Besonderem macht, ist die Tatsache, dass sie eine "normale" paraguayische Stadt mit rein latein-paraguayischen Einwohnern ohne Mennoniten ist. Wenn man vor dem Besuch von Mariscal Estigarribia aus einer der Mennonitenstädte kommt, ist die Diskrepanz schon in der Optik erkennbar. Von sauberen, gepflegten, ruhigen Ortschaften, Geschäften und Straßen hin zu einer chaotischen, eher schmutzigen und lauten Stadt ohne erkennbare Struktur. Es gibt eine große Militärbasis in der Stadt, die sich unter anderem darum kümmert, die fast völlig fehlende Wasserversorgung für die Bevölkerung aufrechtzuerhalten. Außerdem gibt es hier den flächenmäßig größten Flugplatz des Landes.

Noch weiter weg liegt **Infante Rivarola**, 748 Kilometer von der Hauptstadte entfernt. Hierzu muss man bei La Patria Richtung Westen abbiegen und weitere 120 Kilometer auf einer ebenfalls sehr schlechten Straße fahren. Die Stadt liegt an der Grenze zu Bolivien.

Teil III

Ökotourismus und Action in der Natur

Paraguays Tourismussektor hat die Corona-Krise genutzt und setzt verstärkt auf nachhaltigen oder Ökotourismus.

Dabei ist Öko-Tourismus in Paraguay weniger eine Bewegung oder bedeutet Projekte mit Freiwilligen an nachhaltigen Naturprojekten. Die meisten Angebote sind inhaltlich eine Mischung von Naturbeobachtung und „Action", weswegen die beiden Themen hier zusammengefasst sind.

Es gibt viele neue Angebote, deren Betreiber während der Corona-Pandemie ganz gezielt auf nachhaltigen Tourismus geschult wurden. Aber auch die vorhandenen Angebote wurden vermehrt unter Nachhaltigkeits-/ökologischen Aspekten weiterentwickelt und vermarktet. Dabei soll ein Gleichgewicht zwischen Natur und Geschichte hergestellt werden, in der Überzeugung, dass ein nachhaltiger Tourismus möglich ist, wenn die Natur gepflegt und die Kultur erhalten wird. Es gibt jetzt auch Programme, bei denen die indigenen Völker beteiligt werden sollen, damit sie ihre Kultur und die Symbiose mit der Natur auch Touristen zeigen können. Weitere besondere Programme involvieren junge Menschen oder Frauen, die auf diese Art eine Einkommensquelle generieren können.

Die Ziele sind aufgrund der Ökoregionen in Paraguay (Atlantischer Wald, Cerrado, Savannen, Feuchter bzw. Trockener Chaco, Pantanal oder Médanos) sehr unterschiedlich.

Einige der schönsten Angebote liegen im Chaco, wofür man etwas mehr Zeit braucht. Aber es gibt viele andere, die einfach von einer der ost-paraguayischen Großstädte Asunción, Encarnación oder Ciudad del Este aus erreichbar sind. Aus diesem Grund sind die Angebote auch in diese beiden Bereiche eingeteilt und die Parks oder Touren sind alphabetisch angeordnet. Zu Beginn gibt es eine kurze Einordnung, wo sich das Gebiet befindet, so dass man einfach herausfinden kann, ob man die Tour organisatorisch gut einbauen kann.

Es gibt für jede Art Reisenden das passende Angebot – von echtem Abenteuer über bequemes Naturbeoachten bei einfacher Anreise, Angebote mit Fokus auf Spaß und Sport bis hin zu Angeboten, die auch für Kinder geeignet sind.

Von oben nach unten: 1 Im Park Mbaracayú – 2 Der Wasserfall Salto Karapá – 3 Nationalpark Teniente Enciso im hohen Chaco

Nr. 17 Exkurs – Die paraguayischen Wetlands

Feuchtgebiete (international „Wetlands" genannt) gibt es fast überall auf der Welt. Sie sind einzigartige Ökosysteme, die sich im Übergangsbereich zwischen trockenem Land und tiefen Gewässern, seien es Meere, Flüsse oder Seen, befinden. Dieser Lebensraum an der Grenze zwischen „trocken" und „feucht" hat zahlreiche Funktionen. So schützt er zum Beispiel das Land vor Hochwasser und filtert das Wasser, wodurch es von den in Städten üblichen Verschmutzungen gereinigt wird. Wetlands regulieren z.B. Wasserhaushalt und Temperatur, speichern CO_2, filtern das Wasser, dienen als Freizeit- bzw. Erholungsgebiete und liefern notwendige Ressourcen für die angrenzenden Gemeinden. In Europa kennt man dies beispielsweise in seiner Form als Moor oder Sumpf oder das Wattenmeer. In Paraguay nennt man sie „humedales".

Landesweit befinden sich in Paraguay und auch direkt in der nächsten Umgebung Asuncions (im Chacoí und der Bahia von Asuncion unzählige Feuchtgebiete. Sie machen rund 20 Prozent der Landesfläche Paraguays aus! Sechs davon wurden bereits als RAMSAR-Gebiete internationaler Bedeutung deklariert. 5 davon befinden sich im Chaco oder direkt an dessen Grenze: Estero Milagro (San Pedro, an den Chaco angrenzend)), Laguna Chaco Lodge (Chaco, Presidente Hayes), Laguna Teniente Rojas Silva (Chaco, Presidente Hayes), Río Negro (Chaco, Alto Paraguay), Tifunque (Chaco, Presidente Hayes). Lediglich der Lago Ypoá befindet sich in Ostparaguay (Paraguarí, Ñeembucú und Central). Auch eines der weltweit bedeutendsten Feuchtgebiete liegt auf paraguayischem (und brasilianischem) Boden: Das Pantanal. Es wird erwartet dass demnächst die Gebiete Bahía de Asunción, das private Naturreservat Laguna Blanca, die Reserva de Recursos Manejados Lago Ypacaraí sowie die Sümpfe Estero Camba de Ñeembucú und Estero Susú ebenfalls als RAMSAR-Gebiete deklariert werden.

Um diesen natürlichen und schützenswerten Lebensraum in Paraguay erfahrbar zu machen, gibt es regelmäßig Touren von Asunción in die nahegelegenen Feuchtgebiete – mit organisiert vom deutschen Goethe-Zentrum (ICPA). Dabei kann man viele verschiedene Tiere beobachten: Cangrejos (Krebstiere), Fische und Vögel beispielsweise.

22. Öko- und Actiontouren in Ostparaguay

Aventura Monday

Lage: In Presidente Franco (bei Ciudad del Este)

Der Parque **Aventura Monday** ist ein Abenteuerpark in der Nähe der Wasserfälle Salto Monday in der Stadt Presidente Franco, nur acht Kilometer von Ciudad del Este entfernt. Der Park bietet Üernachtungsmöglichkeiten in rustikalen Holzhütten, schöne Aussichtspunkte (auch auf den Wasserfall) und Naturlehrpfade, einen See sowie zahlreiche Aktivitäten: Ziplining (Tirolesa), Rafting, Bogenschießen, Canyoning, Klettern, Wandern, Rafting (6,5 Kilometer den Rio Monday hinunter).

Außerdem gibt es eine Lagune mit Quellwasser, verschiedene Tiere (u.a. Schildkröten, Papageien), einen Kinderspielplatz und ein Restaurant mit typischer Küche.

Der Wasserfall ist mehr als 40 Meter hoch und besteht aus drei Hauptfällen und mehreren kleinen.

ⓘ Tel.: +595 (0)982 225225, www.parqueaventuramonday.com

🕐 Täglich 7.00-17.00 Uhr

💰 Für ausländische Touristen 12 US-Dollar

Bahia Negra

Lage: 800 Kilometer nördlich von Asunción (Flüge)

Im paraguayischen Pantanal gelegen ist die Region dank der Sumpfgebiete (Wetlands), die eine viele Pflanzen und Tieren beherbergen und die Traditionen der indigenen Völker, die noch im Norden des Landes leben und die man besuchen kann, einzigartig im Land. Die Tourismusangebote sind noch im Aufbau und die Anreise ist eher schwierig und langwierig. Da das Pantanal derzeit (2023) jedoch geschlossen ist, ist Bahia Negra eine Alternative für alle, die zumindest in die Region möchten

✈ Es gibt wöchentliche Flüge von Asunción mit kleinen Flugzeugen der Militärfluggesellschaft "Servicio de Transporte Aéreo Militar – SETAM" nach Bahía Negra. (siehe Anhang).

Cerro Corá

Lage: Amambay, nahe Pedro Juan Caballero (210 Kilometer von Concepción.

Der 5.538 Hektar große Nationalpark Cerro Cora ist das größte Naturschutzgebiet in Paraguay. Der Park ist auch eine wichtige historische Stätte: Am 1. März 1870 fand hier die letzte Schlacht des Paraguayischen Krieges statt.

Auf der Ruta 3 rund um Kilometer 162 befindet sich in der Gebirgskette der "Cordilleren von Amambay" der Nationalpark Cerro Corá (Parque Nacional Cerro Corá), fast 500 Kilometer von Asunción entfernt. Schon von der Autobahn, die in sehr gutem Zustand ist, kann man auf beiden Seiten eine sehr schöne Gebirgslandschaft sehen, auch wenn natürlich auch hier alle Berge keine 900 Meter hoch sind. Der

Nationalpark kann besucht werden. Er wird von der Umweltbehörde MADES verwaltet (Kontakt in Asunción: +595 (0)21 615813 (Durchwahl 115).

Die Gegend war Schauplatz des letzten Kampfes des "Tripel-Allianz-Krieges", bei der auch Marschall Solano López fiel, dessen Namen man auf Straßen überall in Paraguay wiederfindet – wie viele historische und politische Namen.

Nördlich der Ruta (Richtung Pedro Juan Caballero) schlängelt sich der Río Aquibadan durch die Landschaft, dessen Schönheit man vor allem aus der Luftperspektive erkennen kann.

Wenn man möchte, kann man auch noch die restlichen rund 30 Kilometer bis Pedro Juan Caballero fahren. Sie liegt als eine der wenigen Städte in Paraguay mit über 300 Metern deutlich über dem Meeresspiegel und wird von den Einheimischen daher auch als "Terrasse des Landes (Terraza del País) bezeichnet. Die Stadt ist vor allem als Grenzstadt zu Brasilien bekannt und damit ein wuseliges Handelszentrum mit immerhin rund 65.000 Einwohnern. Außerdem ist sie innerhalb Paraguays Hochburg des Drogenhandels und des Schmuggels, in den auch lokale Politiker involviert sind. Als normaler Tourist merkt man davon jedoch gar nichts. Aufpassen sollte man jedoch trotzdem.

El Escondido

Lage: bei Caacupé, rund 50 Kilometer von Asunción

Der Park El Escondido begann als Ort für Familien- und Gesellschaftsveranstaltungen, wurde dann zu einer Touristenherberge und ist heute ein Ökotourismuskomplex. Mit einem schönen Blick auf die Berge hinter Areguá und Patiño sowie auf den See von Ypacaraí bietet dieser Ort nicht nur einen Panoramablick, sondern auch andere Angebote vor allem für Familien: Campingplätze, Zimmer, Schwimmbecken mit Badestrand, Kanufahrten, Fußballplätze, Wanderwege, Grillstationen, die man mieten kann, Aussichtspunkte und die längste Zipline Paraguays (600 Meter).

Manantial

Lage: in Hohenau, 40 Kilometer nordöstlich von Encarnación,

Dies ist ein gepflegter 220 Hektar großer Familienpark mit Schwimmbad (inkl. Rutschen) und anderen Einrichtungen wie Grillplätzen sehr gut touristisch erschlossen. Man kann dort auch in verschiedenen Formen (von Camping bis zu luxuriösen Bungalows) übernachten. Die Preise sind günstig und enthalten schon den Eintritts- und Poolpreis (60.000-450.000 PYG, ca. 7,50-57 €). Der Campingplatz gilt als schönster Südamerikas. Es gibt viele Angebote: Tischtennis, Volleyball, Fußball, Kicker. Es gibt mehrere Tiergehege mit Papageien, Tapiren und anderen Tieren. Sie sind zutraulich und lassen sich auch füttern. Es werden Touren auf einem LKW oder Jeep durch den Park angeboten. Man kann aber auch über Wanderwege oder per Pferd den Park erkunden oder auf dem lokalen

Bach Capi`ibary paddeln. Die urigen Jeep- und LKW-Touren sind besonders spannend, da man durch Bäche fährt und mit einem „fliegenden Fahrrad" über ein Seil den Fluss überqueren kann (*Cabalgata colgante*).

Informationen auf der Website gibt es auch auf Deutsch und Englisch; einige Mitarbeiter sprechen Deutsch.

ⓘ www.parquemanantial.com
Eintritt: 25.000 PYG (zzgl. 25.000 für Pool). Auflüge kosten extra.
🕒 Di-So 9.00-20.00, Mo geschlossen (nicht für Hotelgäste)

Mbaracayú

Lage: 315 Kilometer von Asunción an der Grenze zu Brasilien

Das Biosphärenreservat „Reserva Mbaracayú" umfasst 64.406 Hektar atlantischen Regenwaldes am Fluss Jejui-mi.

Aufgrund seiner wertvollen Flora und Fauna ist es eines der biologisch vielfältigsten Gebiete. Es handelt sich um einen der letzten großen Waldreste im Osten Paraguays. Er ist repräsentativ für zwei Ökosysteme mit hoher Schutzpriorität: den Atlantischen Wald von Alto Paraná und den Cerrado. Das Waldgebiet ist Heimat für zahlreiche Tier- und Pflanzenarten. Bislang wurden zum Beispiel 411 verschiedene Vogelarten registriert, von denen 30 weltweit stark bedroht sind. Zu den 89 verschiedenen Säugetierarten des Parks gehören auch Jaguar, Puma, Tapire sowie viele Amphibien, Reptilien, Fische und Insekten. Die UNESCO hat die Region zu einem von weltweit nur 580 Biosphärenkerngebieten erklärt.

Es wird von der gemeinnützigen Stiftung Moisés Bertoni verwaltet, die sich um den Erhalt des Waldes kümmert, gleichzeitig aber auch mit interessanten Tourismusangeboten auf dieses wertvolle Stück Natur aufmerksam machen möchte. Die Stiftung unterhält auch eine Schule auf dem Gebiet, in der Mädchen (auch Indigene) unterrichtet werden, die auch nachhaltigen Natur- und Umweltschutz lernen. Als Besucher ist man willkommen, diese Schule zu besichtigen und bei den Arbeiten mit den Schülerinnen in Kontakt zu treten,. Es gibt ein Besucherzentrum in Jejuí-mí, das Informationen über das Reservat und die Region sowie zahlreiche Aktivitäten anbietet (teilweise kostenpflichtig): Kanufahrten auf dem Jejuimí-Fluss oder Bogenschießen mit den dort lebenden Indigenen der Gruppe Ache. Es gibt Baumwipfelpfade, und man kann auf 12 bzw. 23 Meter hoch in Bäumen gelegene Plattformen klettern, von denen man eine herrliche Aussicht auf die Mbaracayú-Bergkette hat. Außerdem werden Fahrradtouren, Farmbesuche und Nachwanderungen angeboten. Es gibt auch einen – 50 Kilometer langen – Ausflug zum Wasserfall "Salto Karapá", dem mit 40 Metern höchsten Wasserfall im Reservat. Von diesem aus hat man einen guten Blick auf das Mbaracayú-Gebirge, das die natürliche Grenze zwischen Paraguay und Brasilien darstellt.

Übernachten (auch Camping) kann man auf dem Gelände, auf dem es auch WLAN gibt.
ⓘ www.mbertoni.org.py
💰 Ab 245.000 PYG inkl. Vollpension. Camping 35.000 PYG pro Person (im eigenen Zelt).

✈ Von Asunción aus fährt man die Ruta 3 über San Estanislao bis Curuguaty. Dort biegt man Richtung Norden Richtung Villa Ygatimí ab. Ungefähr zehn Kilometer hinter Villa Ygatimí geht rechts die Straße "Acceso Reserva Natural Mbaracayú" ab, die zum Park führt (rund 21 Kilometer). Da nur bis Curuguaty asphaltiert und der Rest Sandstraße ist, dauert die Anreise mindestens sechs Stunden. Insbesondere die letzten 70 Kilometer sind bei Regen nur mit Allrandantrieb befahrbar.

Wenn man mit dem Bus anreist (z.B. bis Villa Ygatimí), besteht die Möglichkeit der Abholung (kostenpflichtig).

Achtung: Es gibt noch einen zweiten Park, der vom Wasserkraftwerk Itaipú verwaltet wird und „Refugio Biológico de Mbaracayú". Er liegt der Nähe der Stadt Salto de Guiara, über 200 Kilometer nördlich von Ciudad del Este und ist nicht das hier beschriebene Biosphärenreservat!

Mbatoví

Lage: 10 Kilometer von Paraguarí (70 von Asunción)

Das Öko-Reservat Mbatoví ist ein privates Schutzgebiet in Paraguarí, inmitten der Cordillera de los Altos. Seine landschaftliche Schönheit, Quellen, Bäche, Wasserfälle, üppigen Wälder, moosbewachsenen Schluchten, Farne, einheimische Flora und seine gute Infrastruktur, die mit großem Respekt vor der Natur konzipiert wurde, haben ihn zu einem der besten Öko-Abenteuerparks Paraguays gemacht. Es gibt mehrere Rundwege.

Saingo: Eine Reihe von Bungees und Hängebrücken, die in den Baumkronen installiert sind und in Seilbahnen in über 100 Metern Höhe sowie einem Abstieg durch Abseilen an einer natürlichen Wand enden.

Yvaropy-Pfad: Dieser 1.700 Meter lange Weg wurde größtenteils auf alten Pfaden angelegt, der auf Legenden über die Ruhestätten von Kobolden (Yvaropy) basiert, intakt geblieben sind. Diese Tour erfordert eine gute körperliche Kondition.

Man muss vorreservieren, es gibt Vor- und Nachmittagstouren, jeweils ca. 3 Stunden Dauer

💰 Ca. 130.000 PYG (Vorauszahlung nötig)
ⓘ +595 (0)21 444 844 - +595 (0)971 659 820 - www.mbatovi.com.py.
Geeignet für Kinder ab 6 Jahren.

Mundo Guaraní

Lage: Nahe Ciudad del Este (40 km)

Die Hauptattraktion des 18 Hektar großen Circuito Vivencial Mundo Guaraní (Guarani World Experiential Circuit) ist ein 800 Meter langer Lehrpfad mit sechs thematischen Stationen in einem der wenigen Überbleibsel des

atlantischen Regenwaldes innerhalb des Naturschutzgebiets Yguazú.
Indigene Guides der ethnischen Gruppe der Mby'a Guarani führen die Führungen über die Kultur der Guaraní und der Fauna und Flora aus ihrer Perspektive durch. Es gibt audiovisuelle Räume, Beispiele für die Artenvielfalt der Region und die indigene Kultur der Region. Das Gebäude befindet sich am Ufer des Yguazú-Sees, wo es eine Anlegestelle für Flussfahrten gibt. Der Erlebnisparcours wurde nach Kriterien der Nachhaltigkeit und der Inklusion errichtet, in dem es neben einem Ausstellungsbereich auch Vortragsräume, eine Bibliothek, einen Souvenirladen sowie Park- und Campingplätze gibt.

Pantanal mit Fuerte Olimpo/Tres Gigantes

Lage: Anreise über Bahia Negra oder Fuerte Olimpo

Das Pantanal ist das größte Feuchtbiotopsystem der Erde an der Grenze von Paraguay, Brasilien und Bolivien und ein RAMSAR- und IBA-Gebiet (Vögel). Es erstreckt sich über 14.600 Hektar und liegt am Fluss Negro und ist eines der schönsten Gebiete Paraguays, aber nur schwer zugänglich und seit einigen Jahren nicht für Touristen geöffnet. Nach Fuerte Olimpo und Bahia Negra kommt man jedoch.

Landschaftlich ist es ein Traum und touristisch nicht überlaufen (ganz im Gegensatz zum Pantanal auf brasilianischer Seite. Im Pantanal gibt es eine großartige Flora und Fauna. Über 380 Vogelarten, 55 Reptilien, 37 Amphibien, 173 Fische sowie 114 andere Tierarten sind hier heimisch. Die Vögel sind ein wichtiger Bestandteil des Pantanals, darunter der farbenfrohe Matico (Icterus croconotus) und der elegante Jacamar (Galbula ruficauda), der mit seinen leuchtenden Farben verblüfft. Jaguard, Kaimane, Wasserschweine, Affen, Ameisenbären und viele andere Tiere, die teilweise vom Aussterben bedroht sind, leben auch hier.

Tres Gigantes, rund 40 Kilometer von Bahia Negra entfernt, ist das erste Forschungszentrum im paraguayischen Pantanal. Wenn es geöffnet kann man Fotosafaris u.a. mit dem Boot, Vogelbeobachtung, Beobachtung von Säugetieren und Reptilien, Kanu- und Kajakfahrten, Camping, Wandern und vieles mehr machen. Aufgrund der außergewöhnlichen Konzentration von Flora und Fauna gilt es als eines der „Weltwunder".

Die nächstgelegene große Stadt ist **Fuerte Olimpo**, ganz im Nordosten von Paraguay. Wenn man in Fuerte Olimpo ist, sollte man die 535 Stufen auf den Gipfel des Hügels „Tres Hermanos" steigen, um einen großartigen Ausblick auf das Pantanal zu bekommen. Im Hintergrund sieht man bereits brasilianische Gebirgslandschaft.

Auch zum Angeln eignet sich die Gegend sehr. Die Einheimischen bieten ihre Dienste gern Touristen an, die vor allem aus dem benachbarten Brasilien kommen.

Bahía Negra ist der letzte Hafen im Norden des Landes. Die Anreise ist nur per Schiff oder Flugzeug möglich. Die Infrastruktur ist äußerst dürftig, dafür ist es wirklich Natur pur. Dort lebt auch eine kleine Gruppe von Indigenen der Zamuco-Sprachfamilie. Noch weiter nördlich befindet sich nur noch "Hito de las Fronteras", das im Dreiländereck Paraguay, Brasilien und Bolivien liegt.

✈ Die Tour will gut organisiert sein, da An- und Abreise sehr aufwendig sind. Mehr Informationen und Preise hier: https://guyra.org.py/ (nur Spanisch). Zu den Verkehrsverbindungen siehe Anhang.

In Concepción kann man über Vermittlung des Tourismusbüros auch mit einem Frachtschiff ins Pantanal fahren (2023 jedoch nicht möglich). Dies kann man aber fast nur vor Ort organisieren, da sich Umstände, Abfahrtzeiten usw. ständig ändern. Die Unterbringung an Bord ist sehr einfach. Die Kosten für die Fahrt sind aber sehr günstig. Für Passagiere verhältnismäßig gut geeignet ist das Schiff "Aquidabán", das die Strecke Concepción – Fuerte Olimpo – Bahía Negra – Concepción fährt. Dauer bis zur Rückkehr nach Concepción fünf Tage.

San Rafael

Lage: 150 Kilometer südlich von Ciudad del Este oder 40 Kilometer ab Trinidad. Das Urwaldgebiet "San Rafael" gilt als einer der 25 wichtigsten "Hotspots" der Erde. Er stellt mit einer Fläche von 73.000 Hektar (730 Quadratkilometer) eines der letzten Stücke noch erhaltenen Atlantischen Regenwaldes insgesamt und das größte größte zusammenhängende Stück in Paraguay dar. In diesen Wäldern gibt es rund 8.500 endemische, also nur hier vorkommende, Tier- und Pflanzenarten, von denen viele vom Aussterben bedroht sind. Unter den vielen hochwachsenden Bäumen gibt es auch einen "Baumfarn", der mehrere Meter hoch wächst und ein fast magisches Blätterdach bildet.

Der gemeinnützige Verein ProCosara leitet dort ein Reservat und versucht, den Regenwald zu schützen und zu erhalten – mittlerweile ist er auf nur noch sieben Prozent seiner ursprünglichen Fläche geschrumpft – durch Rodungen für Sojaanbau und Holzeinschlag, um das teure Hartholz zu verkaufen. Die ehrenamtlichen Mitarbeiter überwachen den Wald, fördern nachhaltige Landnutzung, arbeiten in der Umwelterziehung und betreiben Öffentlichkeitsarbeit. Dafür bieten sie Touristen die Möglichkeit, den Regenwald kennenzulernen – entweder im Ökologiezentrum durch Vorträge und den Besuch des didaktisch gut aufbereiteten Museums oder durch einen Aufenthalt im Reservat. Man kann in Hütten oder auf dem Campingplatz übernachten, Wanderungen unternehmen oder an geführten Touren teilnehmen. Das Gästehaus bietet Platz für neun Personen. Im Park gibt es vier sehr gut ausgeschilderte Wanderwege. Wer eine Übernachtung oder Führung möchte, muss sich vorher anmelden.

✉ procosara@procosara.org oder +595 (0) 985 710900 (Deutsch).
Website: https://procosara.org/

✈ San Rafael ist mit dem Auto gut zu erreichen, mit dem Bus dagegen nur schwierig. Am besten vereinbart man mit den Mitarbeitern eine Abholung (z.B. in Trinidad oder Ynambú).

Techapyrã

Lage: in der Nähe von Caaguazú
Der Ökopark wird von auch als kleiner „Jurrasic Park" bezeichnet. 2016 eröffnet, bietet er Sport- und Grillplätze, einen Campingplatz, Unterkünfte, ein Restaurant und künstliche Schwimmbecken, die dank der zahlreichen Quellen in der Umgebung mit natürlichem Wasser gespeist werden. Für Adrenalinliebhaber gibt es außerdem einen Parcours mit Hängebrücken, Ziplines mit einer Länge von fast 200 Metern und anderen Attraktionen, die durch den Komplex führen. Ideal für Menschen, die Sport und Ökotourismus miteinander verbinden möchten oder für abenteuerlustige Familien.

Tobatí Hill Adventure

Lage: Umgebung von San Bernardino
In San Bernardino und Umgebung können das ganze Jahr über verschiedene Aktivitäten durchgeführt werden. Der private Anbieter Tobatí Hill Adventure bietet Aktivitäten wie Canopying, Offroad-Fahrten, Kanutouren, Panoramaflug, Abenteuer-Radfahren, Schlangenerlebnis, Buggyfahrten, Segelflüge, Tauchen in einer Lagune, Wandern und Bergsteigen in Tobati.
www.aventuraxtrema.com.py

Wetlands bei Asunción

Lage: Chacoí (bei Asunción)
Direkt hinter Asunción auf der anderen Flussseite befinden sich Feuchtgebiete. Für alle, die wenig Zeit haben, aber einen Eindruck von der Natur bekommen möchten, ist dies eine gute und einfache Möglichkeit. Das deutsche Goethe-Zentrum (ICPA) organisiert Touren (informacion@icpa-gz.org.py).

Ybycuí

Lage: 140 Kilometer südöstlich von Asunción
In diesem 5.000 Hektar großen Nationalpark gibt es ebenfalls Reste des atlantischen Regenwalds – ähnlich wie in San Rafael oder Mbaracayú, aber einfacher erreichbar aus Asuncion. Innerhalb des Parks befinden sich auch die Ruinen der Eisengießerei La Rosada, vermutlich der erste Eisengießerei Südamerikas, sowie 16 Wasserfälle. Die Vegetation ist typisch für atlantischen Regenwald (mata atlantica): Lapacho, Zedern (u.a. der Pterogyne nitens, der nur in Argentinien, Bolivien, Paraguay und Uruguay vorkommt), Johannisbrotbäume und andere.
Zahlreiche Tierarten leben hier: 43 Arten von Säugetieren, 243 Vogelarten (u.a. Zimtkehlschwalben, Elfenwaldsänger, Zimtrot-Schattenkolibri, und mehrere Tyrannenarten) und viele Reptilien- und Amphibienarten sowie Fische. Von den Ruinen der Eisengießerei kann man schöne Wanderungen, u.a. zu einigen Wasserfällen unternehmen.

23. Öko- und Actiontouren im Chaco

Der Chaco mit seinem einzigartigen Ökosystem und seiner Weite bietet viele Möglichkeiten für einzigartige Abenteuer-Ausflüge.

Der Trockene Chaco, die Region von Mariscal Estigarribia bis in den Nordwesten und Westen, bietet öffentliche und private Naturschutzgebiete, Tourismusangebote auf Ranches. Vor allem Ornithologen kommen im gesamten Chaco voll auf ihre Kosten. Insbesondere an den Salzlagunen kann man oft Hunderte Flamingos beobachten.

Die Touren bzw. Parks im Chaco haben den großen Vorteil, dass sie häufig auf Deutsch anfragbar sind, da viele von den Mennonitengemeinden verwaltet werden. Lediglich im hohen Chaco bei den Parks, die von der Regierung verwaltet werden, ist dies nicht der Fall. Vor allem im hohen Chaco ist es aufgrund der Einsamkeit und fast vollständig fehlenden Infrastruktur ratsam, Fahrten nur mit mehreren Fahrzeugen durchzuführen oder sich einer organisierten Tour anzuschließen

Aurora Chaqueña

Lage: 15 Kilometer von Neuland und 10 Kilometer von Fortín Boquerón

Das Campamento Aurora Chaqueña ist aufgrund seiner Lage und Ausstattung ideal für Ausflüge, Camping oder einfach nur zum Entspannen. Es verfügt über zwei Pavillons mit je 50 Betten. Die Küche und der Speisesaal sind für 100 Personen ausgestattet. Der Grillplatz mit Grill und der Aufenthaltsraum in einem Schuppen sind ideal für Veranstaltungen. Es gibt außerdem einen Fußball- und Volleyballplatz und Wege für abenteuerliche Wanderungen durch den natürlichen Busch.

ⓘ Fremdenverkehrsbüro Neuland +595 (0)984 955070

Cañada El Carmen

Lage: Bei Infante Rivarola, (747 Kilometer von Asunción, an der Grenze zu Bolivien)

Das Naturreservat Cañada El Carmen (Reserva Natural Privada Cañada El Carmen) ist ein 4.000 Hektar großes Gebiet im Chaco mit einer ganz anderen Biodiversität – dem des trockenen Chaco. Es beherbergt eine große Artenvielfalt auch gefährdeter Arten wie den Taguá (Catagonus wagneri, Deutsch: Chaco Pekari) und den Jaguar (Panthera onca). Im September 2023 wurde ein sehr großer Jaguar in dem Park gesichtet. Eine geographische Besonderheit ist ein System von Schluchten, natürliche Formationen, die durch Schwemmfächer des Pilcomayo-Flusses entstanden sind. Es gibt zwei Wanderwege (Picada histórica und Guayacán) und Aussichtspunkte.

Das Reservat ist bekannt für seine historische Vergangenheit, denn es war Schauplatz einer der wichtigsten Schlachten des Chaco-Krieges, der Schlacht von El Carmen.

Man kann im Park übernachten oder einen Tagesausflug machen. Übernachtungen haben Abenteuercharakter: Durch die abgeschiedene Lage gibt es nicht immer Strom, das Wasser stammt aus einem unterirdischen Brunnen und ist nicht zum Trinken geeignet, und es gibt auch nur eingeschränkt Telefonsignale (nur PERSONAL funktioniert teilweise). WLAN gibt es gar nicht. Man kann gegen Gebühr über einen Dieselgenerator Strom erhalten. Die Parkverwaltung bietet keine Verpflegung; sie muss von den Besuchern selbst mitgebracht werden, ebenso wie Handtücher und ähnliches. Es gibt auch nur ein Bad, das sich Besucher und Parkwächter teilen. Die Zimmer sind mit Etagenbetten ausgestattet. Es gibt ein großes Campinggelände.
💰 Übernachtung 120.000 PYG, Tagesbesuch 30.000 PYG. Camping 50.000 PYG; Campingausrüstung kann gemietet werden.
🕐 Offiziell 7.00-17.00, nach Absprache mit dem Personal individuell.

CCCI

Lage: Bei Fortin Toledo, ca 50 Kilometer von Filadelfia
Das CCCI (Chaco Center for Conservation and Research) ist ein Forschungszentrum über die sehr gefährdete Tierart Chaco-Pekari (die südamerikanische Art des Nabelschweins), in Paraguay „Taguá" genannt. Es wurde bis 1975 für ausgestorben gehalten.
Das CCI ist gut von den Mennonitenstädten erreichbar und kann gut mit einem Besuch der historischen Orte im Chaco (Kapitel 19) kombiniert werden.
ℹ️ Besuche nach Vereinbarung mit der Stiftung unter +595 (0)975 173 452

Chaco Lodge

Lage: 70 Kilometer nördlich von Cruce de los Pioneros.
Die „Laguna Chaco Lodge" ist ein RAMSAR-Gebiet (Feuchtgebiet von internationaler Bedeutung), nicht weit entfernt von Campo Maria. Die in Privatbesitz befindliche Chaco Lodge ist die größte Salzlagune des mittleren Chaco. Es gibt Wanderwege auf dem Gelände, auf denen man wilde Tiere beobachten kann (das Gelände ist mit 2.500 Hektar größer als 3.000 Fußballfelder). Am Rand der Lagune gibt es einen Aussichtspunkt, von dem man u.a. Flamingos oder Coscoroba-Schwäne beobachten kann.
ℹ️ Ein Besuch ist mit Erlaubnis möglich (+595 (0)981 940050/ 0983 594 783.

Laguna Capitán

Lage: 35 Kilometer von Loma Plata
Das Campamento Laguna Capitán ist ein Naturreservat, in dem Vögel und andere Tieren beobachtet werden können. Es bietet Unterkunft (inkl. Camping), Grill und typische mennonitische Verpflegung. Man kann auch Pferde mieten.
💰 Ca. 100.000 PYG pro Person.
ℹ️ Besuche nach Vereinbarung: +595-(0)983 344 463.

Salzlagunen (Lagunas Saladas)

An den Salzlagunen im Chaco kann man nicht nur die bizarre Landschaft der Salzlagunen, sondern auch eine einzigartige Flora und Fauna erleben.

Flamenco-Lagune: Beobachtung von Flora und Fauna in den Salzlagunen.

ⓘ Information und Anmeldung zu den Salzlagunen über das Tourismusbüro in Loma Plata oder in den Hotels. Man kann allein hinfahren oder eine Tour mit Führung buchen (die Wege sind nicht asphaltiert und je nach Wetter teilweise schwer passierbar). Ronald Klassen Tel +595 (0)981 203 568.

Campo Maria:
Lage: 80 Kilometer von Loma Plata bzw. 60 Kilometer ab Cruce de los Pioneros
Das 9.000 Hektar große Gelände und die Ranch gehören der mennonitischen Kooperative Chortitzer und sind aufgrund der Lage und der gut befahrbaren Straßen in rund 1,5 Stunden erreichbar. Auf dem Gelände gibt es einen Aussichtspunkt, von dem man die Landschaft und Vögel sehr gut auch von oben betrachten kann.
ⓘ Besuch nach Vereinbarung unter +595 (0)986 689027.

Selva Serena

Ein etwa 1.500 Hektar großes Naturreservat, in dem man die verschiedenen Landschaften und die für den zentralen Chaco typische Vielfalt an Flora und Fauna findet.
ⓘ Kontakt: Fremdenverkehrsbüro Neuland +595 (0)984 955070.

Teniente Enciso

Lage: Ca. 700 Kilometer von Asunción und 100 Kilometer von der Grenze zu Bolivien im Hohen Chaco
Der wunderschöne Nationalpark (Parque Nacional Teniente Agripino Enciso) ist unbedingt eine Reise wert, zumal er mittlerweile gut erreichbar ist, auch wenn er von Asunción aus weit entfernt ist
Der Park im hohen Chaco ist eine der schönsten Gegenden von ganz Paraguay in Bezug auf Flora, Fauna und Landschaft. Er wird vom Umweltministerium bewirtschaftet – ein großes Torschild mit dem Namen des Parks und ausgebildete Parkranger heißen die wenigen Besucher willkommen, die es bis dorthin treibt.
Der Nationalpark nimmt eine Fläche von 44.000 Hektar ein. Man fährt kilometerlang einsame Wege entlang, gesäumt von Pflanzen, die es teilweise nur hier im trockenen Chaco gibt und die zum Schutz und wegen der Trockenheit und Hitze fast ausnahmslos Dornen oder Stacheln haben. Man kann sich nicht satt sehen an den Baumlandschaften, die in den von Wasserhyazinthen überdeckten Lagunen stehen und eine zauberhafte Landschaft von Grüntönen zaubern.
Es gibt zahlreiche Tierarten in dem Park: Füchse, Kugelgürteltiere, Papa-

geien, Uhus, Jaguare, Pumas, Ozelote, Tapire, große Ameisenbären, Gürteltiere und drei Pekariarten, darunter das bis 1975 für ausgestorben gehaltene Chaco-Pekari (südamerikanische Art des Nabelschweins), sowie Reptilien wie Kaimane, Klapperschlangen, grüner Leguan und Schildkröten.

Durch den Park führt ein zwei Kilometer langer kreisförmiger Wanderpfad, der Rest ist mit einer Machete zu erkunden.

Gleichzeitig bietet der Park als historische Stätte auch einen kulturellen Ausflug: In dem Gebiet gibt es Picadas und Schützengräben aus der Zeit des Chaco-Krieges (1932-1935).

Es gibt ein Besucherzentrum sowie eine Gemeinschaftsunterkunft für 20 Personen. Camping ist auch möglich, dafür muss jedoch vorab eine Genehmigung eingeholt werden. Wasser und Lebensmittel muss man jedoch selbst mitbringen.

✈ Man sollte für eine Tour in diesen Nationalpark mindestens fünf Tage mit An- und Abreise einplanen.

ⓘ Der Park wird von der Umweltschutzbehörde bewirtschaftet, ein Mitarbeiter wohnt vor Ort und beantwortet Anfragen (Tel. +595 0983 454 405). Telefon der Zentrale in Asunción: +595 (0)21 615 813.

💰 Der Eintritt ist frei (bitte aktuell nachfragen); die Übernachtung ebenfalls, über einen Kostenbeitrag freut man sich aber, darf diesen aber gesetzlich nicht einfordern.

Yaragüi

Lage: Etwa 90 Kilometer von Loma Plata entfern zwischen den Orten Lolita und Paratodo.

Dieser mit einem Zeltplatz angelegte Park bietet mehrere natürliche Lagunen und einen Wanderweg.

Zur Infrastruktur gehören Fußball-, Volleyballplätze und Grillplätze.

ⓘ Besuche können mit der Chortitzer Tourismusabteilung +595 (0)981 200 535 vereinbart werden.

24. Ranchübernachtung und Rodeo

Sowohl in Ostparaguay als auch im Chaco haben sich viele Rinderfarmen entschlossen, sich für Touristen zu öffnen und ihre Anwesen so angepasst, dass sie Besuchern Erholung bieten. Komfortable Zimmer, inheimische Speisen, Ausritte oder Kutschfahrten, Natur-Beobachtung, Angeln und Abenteuer sind Teil des Angebots.

In fast jeder Region gibt es Angebote, und nahezu täglich eröffnen neue, teilweise außergewöhnlich schöne, Posadas (Gästehäuser) ihre Pforten. Daher empfiehlt es sich, bei Interesse selbst nach geeigneten Angeboten zu recherchieren.

Auf http://turismorural.org.py (nicht immer erreichbar) sind Ranches aufgeführt, die sich dem Verband "APATUR" für ländlichen Tourismus angeschlossen haben. Die Website ist zwar nur auf Spanisch, aber gut verständlich und die dort registrierten Ranches zeigen detailliert und informativ ihr Angebot. Dennoch sollte wie bei allem in Paraguay man nicht davon ausgehen, dass die Informationen noch aktuell sind und immer vorsichtshalber nachfragen. Alle Anbieter sind im Allgemeinen gut auf Touristen eingerichtet und offiziell registriert. Sie bieten eine zwar rustikale und einfache Unterbringung, aber dennoch meist mit eigenem Bad, Frühstück bzw. Verpflegung (vielfach mit Produkten vom eigenen Grundstück), oft mit Pool und Klimaanlage an. Die Aktivitäten umfassen üblicherweise: Reiten, Kutschfahrten, kleine Zoos, Wanderungen bzw. Geführte Touren, Fotosafaris, Traktorfahrten, Angeln, teilweise Jagden (z.B. Rothühner) und ähnliches, je nach Lage und Ausrichtung. Oft führt auch ein kleiner Bach durch das Gelände, in dem man baden kann oder der Anbieter hat einen kleinen Hügel auf oder in der Nähe des Grundstücks. Meist kann man – je nach Saison – auch bei den einzelnen Arbeiten zusätzlich zu Fütterungen zusehen, wie beispielsweise Impfungen, Markierungen und vieles andere mehr.

Man kann aber auch andere, ebenfalls sehr interessante Ranches durch eine einfache Internetsuche mit den Stichwörtern "Granja", "Estancia" oder "Rancho gut recherchieren, um entsprechend der eigenen Bedürfnisse ein passendes Ziel zu finden. Oft sind die Ranches und Granjas auch sehr gut für Reisen mit Kindern geeignet.

Diese Angebote wurden verstärkt während der Corona-Pandemie geschaffen, um den Paraguayern Inlandstourismus näher zu bringen. Daher sind die Angebote – auch weil es kaum echte internationale Touristen im Land gibt – sehr auf paraguayische Bedürfnisse zugeschnitten, die beispielsweise oft in großen Gruppen reisen.

Die nachfolgenden Beispiele sind keine Empfehlungen, sondern sollen die Vielfalt und Möglichkeiten aufzeigen.

Farm Oñondivemi
Lage: J. A. Saldivar (rund 20 km von Asuncion)
Eine Farm mitten in der Natur, an einem Fluß mit vielen Aktivitäten (u.a. Reiten, verschiedene Tiere, Kutschfahrten, Kanu u.v.m.). Wird sehr viel auch pädagogisch für Schulklassen genutzt. Teilweise gibt es landwirtschaftliche Ausstellungen mit Erdbeerverkauf und weiteren Produkten aus der Gegend.

Granja Don Francisca
Lage: Independencia
Die Granja liegt inmitten des Yvytyruzú-Gebirges - ein 120 Hektar großer Bauernhof, dessen Besitzer ein kleines Paradies geschaffen haben. Es gibt Übernachtungsmöglichkeiten, hausgemachtes Essen, einige Tiere, die die Kinder füttern können. Die Granja liegt am Ende einer Schotterstrasse, es gibt also absolute Stille in der Nacht, und man hat einen wunderschönen Sternenhimmel. Von der Granja aus kann man auch viel unternehmen; zum Beispiel zu einem Bach laufen (ca. 1 km), in dem man baden bzw. mit Steinen einen Brücke bauen kann. In der anderen Richtung (ca. 2 Kilometer) gibt es einen Wasserfall mit Badebach. Die Granja liegt im Schatten eines Berges den man auch besteigen kann (ist ausgeschildert). Dies ist etwas abenteuerlich, teilweise muss man sich an Seilen hinaufziehen, aber für aktive Kinder gut machbar. Oben kann man auch zelten. Der Aufstieg dauert ca. 1,5 Stunden, aber immer durch dichte Bäume, so dass das auch im Sommer gut machbar ist.
ⓘ Granja Francisca, Ruta de tierra a 17 KM de Melgarejo, +595 (0)981 548626, eva.parini1@gmail.com - http://granjafrancisca.blogspot.com/

Haras la Valtellina
Lage: Altos (rund 30 Kilometer von Asunción).
Es ist eine familiengeführte Granja auf einem Grundstück von etwa 100 Hektar, das eine Menge zu bieten hat. Hauptaktivität ist das Reiten. Es gibt verschiedene Routen, für Anfänger und Fortgeschrittene. Auch Ziplining gibt es.
ⓘ https://haraslavaltellina.com/

Rodeo
Es gibt zwei Großveranstaltungen, auf denen man als Tourist sehr einfach ein Rodeo ansehen kann. Beide liegen im paraguayischen Winter: Zum einen auf der "EXPO" genannten Messe auf dem Ausstellungsgelände in Mariano Roque Alonso. Sie findet jährlich rund zwei Wochen lang im Juli statt. Zweitens die "Expo Rodeo Trébol" im Chaco, meist Mitte August jährlich für rund eine Woche. Beides sind große und jährlich stattfindende Landwirtschaftsausstellungen, die sich – ähnlich wie die "Grüne Woche" in Berlin auch explizit an normale Verbraucher beziehungsweise Toursten richten. Es gibt in Paraguay sehr viele Veranstaltungen, die das Wort "EXPO" im Titel tragen und meist auf eine Messe deuten. Die Veranstaltung in Mariano Roque Alonso ist dabei die, die lediglich "EXPO" heißt

und auch international bekannt ist, alle anderen haben zusätzlich im Namen noch andere Begriffe, die die Veranstaltung genauer beschreiben.

Daneben gibt es noch mehrere kleinere landwirtschaftliche Messen, beispielsweise die jährlich im Mai stattfindende Expo Rodeo Neuland, ebenfalls im Chaco in der Kolonie Neuland, oder die Expo Santa Rita, ebenfalls im Mai jedes Jahr. Alle vier genannten Veranstaltungen bieten auch Rodeo für die Zuschauer, und ihr jeweiliges Programm kann unter dem Namen der Messe leicht im Internet recherchiert werden.

Überall auf dem Land gibt es immer wieder kleinere Rodeos, die jedoch leider auch nur lokal angekündigt werden und auch keine Website haben. Hier sollte man einfach Einheimische fragen, die gern weiterhelfen. Da es in Paraguay nur selten gut organisierte Informationen – gleich welcher Art – im Internet gibt, sind sie es auch untereinander gewöhnt, jemanden zu fragen, der jemanden kennt, der die gesuchte Sache oder Ort kennt. Am Ende kommt man so, wenn auch etwas ungewöhnlich, meist zu einer nützlichen Information.

Fast über all auf dem Land kann man in der Natur ausreiten

25. Wandern im Ybytyruzú-Gebirge

Bei der Anreise nach Independencia kommt man an weitläufigen Flachebenen, den sogenannten *"campos naturales"* vorbei, die einer afrikanischen Buschsavanne ähneln. Schon aus der Ferne fällt das Ybytyruzú-Gebirge auf – für paraguayische Verhältnisse ein großes Bergmassiv, das für eingefleischte Bergfans jedoch mit einer maximalen Höhe von 842 Metern (Cerro Tres Kandú) eher harmlos ist. Weitere „hohe" Berge in der Gegend sind der Cerro Amor (760m) und Cerro Akatí (650m).

Die Landschaft ist wirklich sehenswert, und man kann einige kleine Schätze entdecken. Die Bezirksverwaltungen haben sich in den letzten Jahren viel Mühe gegeben, Wanderpfade (*senderos*) eingerichtet und auch Informationsmaterialien erstellt, um die Gegend für Touristen interessanter zu machen, ohne dass es nun überlaufen zu nennen wäre.

Am Ybytyruzú-Gebirge erlebt man noch eine unverfälschte Natur mit starkem tropischen und subtropischen Bewuchs. Durch die besondere Lage und Lebensverhältnisse ist die Artenvielfalt in dieser Gegend mit seinem atlantischen Regenwald die reichhaltigste in ganz Südamerika! Es gibt hier beispielsweise subtropische und tropische Pflanzenarten und mindestens 1.500 verschiedene Tierarten. Nach der Bucht von Asunción ist das Ybytyruzú-Gebirge die größte Station von Zugvögeln. Von großer Bedeutung ist die Süßwasserreserve unter dieser Region – der Acuífero Guaraní –, welcher auch die Quellen und Bäche mit erstklassigem Wasser versorgt.

Das Massiv sorgt für ein Mikroklima, das vor Nachtfrost schützt. Die vielen Quellen und Bäche begünstigen ein starkes Pflanzenwachstum. Höhepunkte dieser Landschaft sind verschiedene Wasserfälle (*Salto*), die man teilweise mit dem Auto, teilweise wandernd besuchen kann. Besonders bekannt ist der Salto Suizo mit einer Höhe von 55 bis 60 Metern. Weitere sind der Salto Cantera, Salto Pa´í, Salto Rojas.

1990 wurde der Nationalpark Ybytyruzú (Parque Nacional Ybytyrusu) mit einer Fläche von 30.000 Hektar in Betrieb genommen.

Wie viele geographische Bezeichnungen stammt der Name des Gebirges aus dem Guaraní (*yvyty*=Berg/Hügel; *rusu*=groß). Geologisch handelt es sich um eine Formation aus dem Palaeozoikum. Sie ist damit 225 Millionen Jahre alt und besteht hauptsächlich aus hellem Sand bis zu sehr harten Steinmassen wie Basalt. Die Gebirgskette ist rund 40 Kilometer lang. Noch heute findet man in dieser Gegend verschiedene Fossilien und große Vorkommen an versteinertem Holz (Dendrolithe) – Beispiele sind auch in der Zentrale von SENATUR in Asunción ausgestellt.

! Bei SENATUR sowohl in Asunción als auch in Villarrica gibt es eine sehr schöne Broschüre zum Thema Wandern inklusive Karten. Auch sie ist zwar nicht vollständig korrekt, gibt aber sehr gute Anhaltspunkte.

Wanderweg Cerro Tres Kandú: Der höchste Berg Paraguays mit 842 Metern kann bestiegen werden. Der Wanderweg ist ab der Stadt Gral Eugenio Garay (rund 41 Kilometer südöstlich von Villarrica gelegen) ausgeschildert. Dorthin kommt man über die Ruta 8, die man südlich aus der Stadt Richtung Ñumí herausfährt. 1,8 Kilometer nach der Durchfahrt durch Ñumí biegt man in die einzige dort abgehende Straße nach links ab und fährt weiter Richtung Eugenio Garay.

Von Asunción aus kann man die rund 200 Kilometer bis Eugenio Garay auch mit dem Bus fahren (rund vier Stunden Fahrtzeit) und steigt dann rund drei Kilometer vom Fuß des Bergs aus. Dort ist auch bereits der Campingplatz ausgeschildert. Es beginnt ein Weg auf den für Ostparaguay so typischen rot-braunen Sandwegen (Wasser und Sonnenschutzmittel nicht vergessen!). Schon dieser Weg ist auch für junge Menschen recht anstrengend.

Bevor man am Berg ankommt, gibt es eine kleine Besucherzentrale, wo man das Auto abstellen und auch einen Führer engagieren kann. Der permanente Aufstieg des rund drei Kilometer langen Wanderwegs ist anstrengend. Der gesamte Weg ist jedoch gut beschildert und es gibt auf der Strecke 15 Haltepunkte mit Erklärungen über Flora, Fauna und Geschichte der Region. Am Fuß des Tres Kandú gibt es auch einen kleinen Campingplatz. Auch auf dem Gipel darf man campen. Für den Aufstieg sollte man mindestens 3,5 Stunden einplanen. Sobald man beginnt aufzusteigen, verändert sich das Landschaftsbild und man ist wirklich in einem kleinen Dschungel. Der Weg wird häufig von größeren Steinen oder herumliegenden Baumstämmen unterbrochen, die überklettert werden müssen, teilweise auch bergauf, so dass man mit Händen und Füßen klettern muss. Und wenn man auf halber Strecke glaubt, jetzt habe man den harten Teil erlebt, kommt ein Schild, das darauf hinweist: *"Cuidado – Inicio de la zona empinada"* (Achtung: Beginn der steilen Zone). Kleiner Trost: teilweise sind Seile zum Festhalten gespannt.

Hat man den Aufstieg geschafft, belohnt die Aussicht über die Weite der Landschaft. Für Paraguayer ist ein so hoher Aussichtspunkt spektakulär, während Touristen sicherlich eher den ungewöhnlichen und naturbelassenen Aufstieg sowie die Flora und Fauna genießen.

Übrigens befindet sich auf dem Aussichtspunkt ganz oben ein Haus, das einmal als Wochenendhäuschen für den Diktator Stroessner gedacht war. Aber bevor das Haus fertig gestellt wurde, wurde der Diktator gestürzt, so dass er nie in den Genuss kam, es zu nutzen.

Wanderweg Wallfahrtsort „Santuario"
Das auf Spanisch "Santuario Ecológico Jardín Cerrado del Ybytyruzú Mariano Franciscano" genannte Wandergebiet Santuario ist bei Paraguayern ein sehr beliebtes Wandergebiet, da es

Naturerlebnis und religiösen Ausflug miteinander verbindet.

✈ Es liegt rund 8 Kilometer von der Stadt Gral Eugenio Alejandrino Garay bzw. 53 Kilometer südöstlich von Villarrica. Der Weg führt ab Villarrica durch die kleine Stadt.

Ein Wegweiser in Gral Eugenio Alejandrino Garay weist gut sichtbar darauf hin. Dieser Abzweigung folgend fährt man neun Kilometer über eine rote Sandstraße; der Santuario selbst ist aber sehr gut ausgeschildert. Die Strecke ist wenig spektakulär, bietet aber einen hervorragenden Eindruck vom Leben auf dem Land und der typischen Landschaft in Ostparaguay mit ihren weiten Landflächen, unbefestigten Wegen, kleinen Wohnhäusern, Zuckerrohrplantagen und vielem anderen mehr. Man kann ihn bei Trockenheit mit jedem Fahrzeug befahren, allerdings muss man bei Kleinwagen etwas aufpassen, dass das Auto auf den tiefen Furchen nicht aufsetzt. Schließlich kommt man an einem Zaun mit einem typischen Holztor an, das sich, auch wenn es geschlossen ist, ohne Schlüssel öffnen lässt.

Im „Geschlossenen Garten" (Jardín Cerrado) gibt es zwei Wanderwege:

Der eine „Via Crucis" genannte rund 1.500 Meter lange Weg ist mit seinen zahlreichen christlichen Hinweisen, Bildern und Statuen interessant für Menschen, die ein wenig in Kontemplation versinken möchten, zum anderen aber auch wegen der noch direkt spürbaren Natur ein wirkliches Kleinod. Es gibt zahlreiche Baum- und Pflanzen- sowie Tierarten. Mit ein wenig Glück und Aufmerksamkeit kann man hier Affen, Gürteltiere und zahlreiche Vogelarten antreffen.

Ein anderer Weg führt etwas stärker bergauf - aber nicht so anstrengend wie der Aufstieg zum Tres Kandú – und bietet immer wieder spezielle Monumente, die einzigartig sind:

Auf 250 Meter Höhe die Grotte der „Señora del Ybytyruzú" mit Altar und einer Statue der Jungfrau von Lourdes in Menschengröße inmitten eines kleinen Wasserfalls. Die Grotte wird umsäumt von einer Art Zuschauertribüne, auf der 200 Personen Platz haben. Auf 350 Metern Höhe liegen die "Santo Rosarío" genannten mannshohen Glasfaserbilder auf Stein des Bildhauers Gustavo Laterza, die sich wie übergroße Grabsteine plötzlich in den Weg stellen. Auf 450 Meter Höhe kommt man an einem neun Meter großen Holzkreuz aus dem wertvollen Lapachoholz mit einem lebensgroßen gekreuzigten Christus vorbei.

ⓘ +595 (0)541 42657, +595 (0)981 311 641 oder +595 (0)982 552 311

Wanderweg Akatí-Itá Letra:
Der Cerro (Berg) Akatí ist mit 657 Metern Höhe zwar nicht der höchste „Berg" Paraguays, kann aber bis fast ganz oben mit dem Auto erreicht werden. Die Aussicht von diesem Berg ist wirklich schön, wenn natürlich auch nicht spektakulär. Von hier startet ein drei Kilometer langer Wanderweg (240 Meter Höhendifferenz) zu den „Itá

Letra" genannten prähistorischen Felsmalereien (siehe Foto auf dieser Seite). Die Wanderung dauert rund drei Stunden und ist mittelschwer. Auf dem Weg kann man kurze Abstecher zu diversen Wasserfällen (San Vincente, Pa´i und Mbyju´i) machen. Der Weg ist gut ausgeschildert und so kommt man am Ende des Wegs an den Felsenmalereien an, deren Datum und Ursprung bis heute nicht genau geklärt werden konnten. Man nimmt jedoch an, dass die Felsen als Unterstand für Guaraní-Indianer gedient haben.

✈ Man fährt von Villarrica über die kleine Stadt Melgarejo und biegt dort in die Straße "Calle Cerro Akatí" Richtung Süden ein. Nach rund 17 Kilometern wird diese Sandstraße auf den letzten zwei Kilometern bis zum Gipfel/Aussichtspunkt auf 657 Metern Höhe ein wenig schwierig, zumindest für kleinere Autos und auf dieser Art Straßen unerfahrene Fahrer. Geländefahrzeuge haben auch nach Regen kein großes Problem. Die Anfahrt ist auch zu Fuß oder mit dem Rad machbar – abhängig von der eigenen Konstitution.

Die Felsenmalereien von Itá Letra

Teil IV

Thematische Ausflüge

26. Indigene (Maká-Reservat)

Die Maká-Indigenen sind einer der verschiedenen Stämme, die in Paraguay leben. Sie wurden 1933 aus dem Chaco nach Ostparaguay umgesiedelt, wo es drei größere Siedlungen gibt: in Asunción (Mariano Roque Alonso), in Ciudad del Este (siehe Kapitel 11) und in Encarnación. Das größte ist das in der Gegend der Puente Remanso in Mariano Roque Alonso am Río Paraguay, wo die Maká seit 2011 in einem 14 Hektar großem Reservat leben. Sie konnten ihren alten Lebensstil als Jäger und Sammler nicht mehr aufrechterhalten und verdienen ihren Lebensunterhalt mit Holzschmuck- und Webarbeiten. Im Dorf ist man auf Touristen eingestellt und stellt gern und mit viel Stolz die verschiedenen Einrichtungen vor. Gegen ein Trinkgeld ziehen die Maká ihre traditionelle Kleidung an und zeigen auch Tänze. Vieles wirkt zwar recht touristisch, weil die Maká auch daran gewöhnt sind, ihr Leben und Arbeit Fremden zu zeigen, aber die Sitten und Bräuche, die sie zeigen, die Häuser und die Art zu leben, sind nicht gestellt, sondern spiegeln die aktuelle Wirklichkeit wider. Die gezeigte traditionelle Kleidung und Gebrauchsgegenstände wie zum Beispiel Textiltaschen sind alle handgefertigt. Ihr tägliches Leben aber unterscheidet sie sich nicht so stark von anderen Paraguayern: Sie tragen die gleiche moderne Kleidung wie Latein-Paraguayer, benutzen Facebook und Handy.

In dem Dorf leben nach offiziellen Angaben rund 1.400, nach Angaben der Maká selbst 2.360 Menschen. Es gibt ein Gemeindehaus, eine eigene Dorfschule und einen Dorfplatz und seit neuestem ein öffentliches Gesundheitszentrum.

✈ Mit dem Auto fährt man von Asunción nach Mariano Roque Alonso. Dort biegt man in die Straße „Ruta Transchaco" Richtung Brücke „Puente Remanso" ein, als wenn man in den Chaco fahren würde. Nach etwas über einem Kilometer auf dieser Straße Richtung Brücke kommt eine Ampel, an der man in die asphaltierte Straße rechts abbiegt (sie heißt „Rca. de Colombia", ist aber nicht beschildert). Dieser Straße folgt man sechs Querstraßen lang und biegt dann rechts ab (genau eine Querstraße nach der großen Firma "Petersen Industria y Hogar" auf der rechten Seite, ca. 900 Meter ab der "Ruta Transchaco"). Direkt am Anfang dieser Pflasterstraße sieht man bereits rechts ein Gelände mit Sportplätzen – dies ist bereits das Gelände der Maká – und fährt weiter bis zum Eingang. Dort begrüßt ein großes Schild "Bienvenidos – Entrada a la Comunidad Maká" (Willkommen – Eingang zum Maká-Dorf) die Besucher.

Mit dem Bus fährt man am besten mit Bus Nr. 2, 5, 44 oder 46 (der 46er fährt u.a. an der "Mariscal López" in Asunción und hat Villa Hayes als Ziel) bis zur Haltestelle „Parada 3, Avda. Colombia"; von dort aus ist es ein Kilometer zu Fuß bis zum Eingang des Reservates.

Nr. 18 Exkurs – Indigene in Paraguay

Rund die Hälfte der etwa 140.000 Indigenen, die derzeit (Stand 2023) in Paraguay leben, gehören der Sprachfamilie des Guaraní an, die gleichzeitig zweite Amtssprache des Landes ist. Die nächstgrößere Gruppe (rund 27.000 Menschen) sind die Indigenen der Sprachfamilie der Lengua-Maskoy, zu denen Stämme wie Enlhet (Lengua), Angaités, Snapanás, Guanás, Maskoy gehören. Rund 19.000 Personen umfassen die Stämme der Sprachfamilie des Mataco-Mataguayo, zu denen beispielsweise die Nivacles (auch Chulupíes genannt), Maká oder Majui gehören. Die beiden kleinsten Sprachfamilien sind die der Zamuco und des Guaricurú, mit insgesamt nur 5.500 Personen.

Die Maká-Indios fallen insbesondere im Stadtbild in Asunción auf, da sie ihre Handwerkskunst an verschiedenen Stellen verkaufen, u.a. im historischen Stadtzentrum und auf dem Flughafen, jeweils an kleinen Ständen auf dem Fußboden. Der erste Kontakt mit ihnen war im Jahr 1927 in der Nähe des Ortes Fortín Nanawa im paraguayischen Chaco, rund 100 Kilometer westlich von Pozo Colorado.

Die Ayoreos, die zur Sprachfamilie des Zamuco gehören, sind erst sehr viel später „entdeckt" worden. Wie bei vielen indigenen Stämmen gibt es diverse Untergruppen. Am isoliertesten lebten die der Ayoreo-Totobiegosodes, die erst in den 1940er/1950er Jahren durch Mennoniten kontaktiert wurden, die sich in ihren Gebieten ansiedelten.

Geleitet und vertreten werden die Stämme durch einen Häuptling (*cacique* genannt), und die paraguayische Regierung unterhält eine Organisation zum Schutz der Indigenen, das INDI (Instituto Paraguayo de Indígena), das dem Bildungsministerium zugeordnet ist. Seine Aufgabe ist, die Rechte der Indigenen durchzusetzen, die Beteiligung der Indigenen und ihrer Siedlungen am offiziellen Leben zu ermöglichen und dies mit anderen Institutionen zu koordinieren.

Von links oben nach rechts unten: 1 Ziplining (hier in Mbatovi) – 2 Klettern und Abseilen ist in zahlreichen Parks möglich (hier bei Tobatí) – 3 Gruppe von Indigenen in Paraguay – 4 Zuckerrohrtransport auf dem Land – 5 Landschaft im Chaco – 6 Mannshohe Termitenhügel

27. Klosterübernachtung

In einigen Klöstern in Paraguay gibt es die Möglichkeit zu übernachten – als Tourist ohne religiösen Hintergrund mit Übernachtung in schöner ruhiger Umgebung, oder mit religiösen Aktivitäten (Teilnahme an Meditation oder Messen). Auch hier gilt wie fast überall, dass die Orte zwar Touristenangebote haben, aber nicht überlaufen sind. Folgende Klöster sind gut erreichbar und auf Touristen eingestellt:

Das **Kloster Tupasy Maria** ist eine Meditationsstätte des Benediktinerordens. Es liegt in der Nähe von Ayolas. Man übernachtet in schlichten Unterkünften und darf an den Messen teilnehmen.

✈ Man fährt auf der Ruta 1 Richtung Encarnación, passiert Santa Rosa und biegt kurz hinter San Patricio (rund 265 Kilometer ab Asunción) auf die Straße nach Ayolas ab. Nach 12 Kilometern biegt man kurz vor Santiago rechts auf eine Sandstraße ein. Bis hier kann man die Fahrt problemlos mit dem Auto oder mit einem Bus (der nach Encarnación fährt – in Santiago aussteigen) machen. Die Sandstraße ist aber nicht immer gut befahrbar, und daher fahren die Busse nicht immer (wenn sie fahren, halten sie direkt vor dem Kloster). In diesem Fall holt das Kloster die Übernachtungsgäste mit einem eigenen Fahrzeug ab.

ⓘ Tel.: +595 (0)782 20034 oder +595 (0)983 110 640. Mail: tupasymaria@benedictinos.org.py

Casa de Retiro Atyrá: Dieses Kloster besticht durch seine herrliche Lage und wunderschöne Anlage und Innenarchitektur (siehe Kapitel 7), die nicht nur von Ausflugsgästen besucht werden kann, sondern auch für Events gebucht werden kann und in dem man auch übernachten kann. Jedes Zimmer ist schlicht aber schön eingerichtet, verfügt aber – damit der Gast sich wirklich entspannen kann – nicht über Telefon oder Fernseher.

✈ Von Asunción kommend sieht man das Kloster schon von weitem bei der leicht abschüssigen Anfahrt auf Atyrá. Mit dem Bus kommt man ebenfalls einfach zum Kloster, man muss ab dem Terminal Atyrá einen Bus mit Fahrtziel "Atyrá San Vicente" nehmen. Wenn man sich Atyrá nähert, sollte man dem Busfahrer sagen, dass man in der Nähe von Marianela aussteigen möchte. Die Fahrer kennen das Kloster alle. Ab dem großen Tor, an dem auch Marianela steht, ist es bis zum Hauptgebäude ein Fußweg von rund einem Kilometer. Alternativ bittet man den Busfahrer, am Taxistand in der Nähe von Copaco (staatliche Telefongesellschaft) auszusteigen und nimmt von dort ein Taxi.

ⓘ Kontakt: +595 520 20172

Beide Klöster haben auch einen angeschlossenen kleinen Laden, in dem man nicht nur Devotionalien, sondern auch hervorragende handgemachte Spezialitäten aus den Klostergärten kaufen kann, wie beispielsweise Honig, Marmelade oder Liköre.

28. Unternehmensbesichtigungen

In vielen Regionen und Städten Paraguays kann man auch Unternehmen besuchen. Dabei gibt es eine große Bandbreite von einfachen, noch manuell ausgeführten Produktionsstätten bis hin zu wirklich industrieller Produktion. Ein Blick über den Tellerrand lohnt sich unbedingt! Eine kleine Auswahl findet sich nachfolgend.

Chaco
Im Chaco kann man in verschiedenen mennonitischen Genossenschaften einen tollen Einblick erhalten, was alles mit großem Engagement in einem eigentlich widrigen klimatischen Umfeld möglich ist. Das Gute im Chaco ist, dass Sie die Anfragen auf Deutsch stellen können und die Rückmeldungen sehr zuverlässig sind. Die Genossenschaften Fernheim, Chortitzer und Neuland bieten verschiedene Touren in Loma Plata, Filadelfia und Neuland an: Besichtigungen von Molkereien, Schlachthöfen und anderen innovativen Produktionsbetrieben in der Region, wie z. B. Erdnuss-, Honig- und Süßwarenproduktion. Auch den Radiosender ZP30 oder die Berufsschule kann man nach Vereinbarung besichtigen.

Chortitzer Genossenschaft: Besichtigung der Anlagen des Werks Trébol, einer der größten **Milch- und Milchproduktfabriken** (Yoghurt, Käse usw.). Nach Vereinbarung unter +595 (0)981 200 535 oder unter turismo@chortitzer.com.py.
Cooperativa Multiactiva Neuland: Anfragen an Fremdenverkehrsamt Neuland unter +595 (0)493 240 201 oder cultura@neuland.com.py.
Fernheim Genossenschaft: Anfragen an das Fremdenverkehrsamt unter +595 (0)491 41 7380, +595 985 820 746 oder turismo@fernheim.com.py.
Tucos-Fabrik: Herstellung von **Marmeladen** und Sirup aus exotischen Früchten aus dem Chaco. Besuche nach Vereinbarung unter +595 (0)981 114 655.
Mani-Kelwá Fabrik: Die Fabrik produziert **Erdnussriegel** und exportiert diese auch. Führungen durch die Fabrik sind nach Vereinbarung möglich, Kontakt: +595 (0)491 417 609.
PICSA (Apicultura del Chaco): **Honigverarbeitung**sbetrieb in Neuland. Kontakt unter +595 (0)493 240 201 oder cultura@neuland.com.py.
Neuland Pickles: Fremdenverkehrsamt Neuland unter +595 (0)493 240 201

Ostparaguay:
In der Nähe von Encarnación gibt es ebenfalls mehrere Unternehmen, die gern Touristen ihre Produktion zeigen.
Yerba Mate: In Bella Vista kann man die Yerba-Mate-Fabrik der Firma Lauro Raatz (Marke Pajarito) besichtigen. Besichtigungstermine werden individuell koordiniert. Bei der Führung werden zunächst ein Video gezeigt und Grundlagen des Yerba Mate

erklärt, bevor die eigentlichen Produktionsanlagen besichtigt werden. Darüber hinaus können auch die Felder besucht werden, auf denen organischer Yerba angebaut werden. Telefon: +595 (0)767-240-240 oder E-Mail: info@pajarito.com
Mit dem Bus fährt man ab Asunción bis zum Busbahnhof von Encarnación. Von dort fährt man mit einem weiteren Bus auf der Ruta 6 bis zur Kreuzung von Bella Vista. Da es bis zum Fabrikeingang auf dem großen Gelände recht weit ist (1,5 km), kann man von dort auch ein Taxi bis zum Eingang nehmen. Mit dem Auto fährt man bis Bella Vista; ab dort ist die Fabrik ausgeschildert.
Die Tourismusbehörde SENATUR hat weitere Fabriken auf ihrer sogenannten „Yerba-Rute" (Ka´a Rape) im Programm. Die Route verläuft entlang der Ruta 06 und beginnt in der Stadt Encarnación, führt durch Capitán Miranda, Nueva Alborada, Jesús, Trinidad, Hohenau, Obligado, Bella Vista und endet in Capitán Meza.

Fischzuchtstation in San Cosme y Damián (Estación de Piscicultura de San Cosme y San Damián): Hier werden einheimische Fischarten wie Boga, Pacú, Surubí, Goldbrasse oder Flusslachs gezüchtet. Sie befindet sich 60 Kilometer von Ayolas entfernt im Bezirk San Cosme y Damián. Es handelt sich um eines der größten und modernsten Zentren für die Fischproduktion.
Besichtigungen: Montag bis Sonntag von 08:00 bis 12:00 Uhr und von 13:30 bis 17:00 Uhr. Kontakt und Info: www.eby.gov.py/estacion-de-piscicultura-de-san-cosme-y-damian, Tel. +595 (0)972 22 2276, E-Mail: recepcion.visitas@eby.gov.py.

Die deutsche Firmengruppe Weig hat mit Cartones Yaguareté in **Luque und Villeta** zwei beeindruckende **Fabriken für Recyclingpapier und -karton**, die nach Absprache besichtigt werden können. Anfragen (spanisch) per WhatsApp: +595 (0)986 401539.

(Kunst)Handwerk: Ganz neu seit 2023 gibt es eine "Kunsthandwerksrute" (Ruta Nacional de la Artesanía), in der verschiedenen Handwerksbetriebe, die eigens dafür geschult wurden, ihre Manufakturen zeigen. Eine Rute mit Betrieben in Areguá - Pirayú – Tobatí ist bereits aktiv, mehrere andere in der Vorbereitung. Kontakt und Terminvereinbarung: https://ruta.artesania.gov.py.
Die Läden für Ñandutí in Itauguá sind meist in Kombination auch Manufakturen – gehen Sie einfach mal rein und fragen nach!

Darüber hinaus organisiert die Tourismusbehörde SENATUR gibt es mehrere "Themenruten" ähnlich wie die Yerba Mate-Rute oben oder die Rumrute (Ruta de Caña) im nächsten Kapitel. Sie heißen – nicht zu verwechseln mit dem gleichen Begriff wie Autobahn – "Ruta de (gefolgt vom Thema)". Es gibt eine Ruta de Aopo'í, Ruta de Queso (Käserute) und vieles andere mehr. Ein Nachfragen bei SENATUR lohnt sich! Informationen auf der (nicht immer funktionierenden) Website sind meist nicht aktuell.

29. Ruta de Caña (Zuckerrohrschnaps-Tour)

Die "Ruta de Caña" ist eine neue Spezialtour rund um das Thema Zuckerrohrschnaps (Caña), erst Mitte 2016 eingeführt. Sie wird von wenigen offiziellen Touranbietern, u.a. Terranova und Discover South America, durchgeführt und findet einmal im Monat statt (aktuelle Daten müssen erfragt werden).

Die Tour führt rund 64 Kilometer ins Land Richtung Ciudad del Este in die historische Stadt Piribebuy. Für Paraguayer ist die rund 22.000 Einwohner große und Stadt sehr bedeutsam. Sie wurde 1636 gegründet und war von 1869 für einige Jahre bis zum Ende des Tripel-Allianz-Kriegs zwischen Paraguay und Argentinien, Brasilien und Uruguay Hauptstadt des Landes, bevor dies wieder Asunción wurde.

Der Name Piribebuy kommt – wie so viele geographische Bezeichnungen – aus dem Guaraní und bedeutet "leichter Schauer/Frösteln" (*piri vevuy* = *suave escalofrio*), da die zahlreichen Bäche in der Stadt stets für leichte Abkühlung sorgen.

Die Besichtigungstour beginnt mit einer **Geschichts-Tour** durch die Stadt Piribebuy mit einem geführten Museumsbesuch im "Museo Histórico Pedro Pablo Caballero". Anschließend geht es auf Zuckerrohrfelder, auf denen man noch Ochsenkarren bei der Arbeit sehen und verschiedene Produkte, die aus Zuckerrohr hergestellt werden, probieren kann.

Hierauf folgt ein Besuch der Fabrik von Fortín, in der es einen kompletten Rundgang durch die Fabrikanlage gibt, während der sowohl der Destillationsprozeß, Reifung sowie zahlreiche Hintergrundarbeiten vorgestellt werden, bevor auch diverse Cañasorten verköstigt werden können. Während der Tour wird ein Halt zum Mittagessen gemacht, das die Teilnehmer auf eigene Kosten bestellen können.

ⓘ Anmeldungen: info@discoversouthamerica.info oder receptivo@terranova.com.py

💰 150.000 PYG für Einheimische; 45 US Dollar für Ausländer. Der Preis beinhaltet sämtliche Tourelemente inklusive Transport.

⌛ Ganztagesausflug (Abfahrt um 7.00 Uhr, Rückkehr ca. 16.00 Uhr)

! Die Tourismusbehörde SENATUR führt immer wieder neue Aktvitäten ein – so gibt es nun seit Anfang 2018 eine neue Tour "Ruta Ao Po'i" über die spezielle Verarbeitung von Baumwolle nach Villarrica und Yataity sowie eine zum Thema Yerba Mate. Es lohnt sich daher, immer auf aktuelle Hinweise zu achten bzw. nachzufragen!

Nr. 19   Exkurs – Caña, der paraguayische Rum

Caña – paraguayischer Zuckerrohrschnaps – ist ein traditionelles Getränk in Paraguay. Er ähnelt dem Rum in der Hinsicht, dass der Grundstoff für beide Alkoholika – ebenso wie für den Aguardiente, zu dem auch der brasilianische Cachaça gehört – Zuckerrohr ist und wird daher auch oft in der Kategorie Rum geführt. Während man für Rum jedoch vorwiegend die Melasse (Überreste der Zuckerproduktion) verwendet, nimmt man für caña den sogenannten *"miel de caña"*(wörtlich übersetzt "Zuckerrohrhonig"), der aus gepresstem frischem und reifem Zuckerrohr direkt gewonnen wird. Hierzu wird frisches Zuckerrohr an die "Fabrik" angeliefert (die meisten sind kleine Familienbetriebe). Die Zuckerrohrstangen werden in eine von Zahnrädern angetriebene Walze geschoben, das herausfließende Zuckerwasser wird aufgefangen, gefiltert und in riesigen Behältern, oft handgemauert, auf offenem Feuer gekocht. Dadurch verdampft das das Wasser mehr und mehr, der Zucker dickt ein und wird und durch das Karamelisieren ganz dunkel. Diese *"miel de caña"* genannte Flüssigkeit ist dann Ausgangsprodukt für verschiedene Verwendungszwecke. So wird er gern zum Backen (Torta de Miel), aber auch als Honigersatz (Achtung: sehr dünnflüssig) verwendet – oder eben für den paraguayischen Caña, dem er sein typisches Aroma gibt.

Die Besonderheit der Herstellung von Caña liegt in der Geschichte begründet, als man frische Produkte wie Zuckerrohrsaft mangels Kühlmethoden noch nicht über weite Entfernungen transportieren konnte. Die Lösung bestand eben darin, den gewonnenen Zuckerrohrsaft durch das Kochen haltbar zu machen. In den Schnapsfabriken wie Fortín oder auch Aristócrata wird der *miel de caña* fermentiert und destilliert – ein Prozess, den man auf der "Ruta der Caña" in der Fabrik von Fortín gut besichtigen kann. Daraus entsteht ein stark alkoholhaltiger Schnaps, der schließlich mit Wasser verdünnt wird und in Holzfässern reift oder – im Fall von jüngerem Caña – in Tanks, die befeuert werden, gelagert wird.

Übrigens kann man *miel de caña* nicht nur in jedem Supermarkt kaufen, sondern oft auch *"casero"* (handgemacht) direkt von den kleinen Familienbetrieben, die dann die Produkte oft am Straßenrand verkaufen. Achten Sie einmal besonders darauf, wenn Sie beispielsweise an der Ruta 2 auf der Strecke zwischen Caacupé und Piribebuy fahren!

30. Vogelbeobachtung

Obwohl Paraguay international als Vogelbeobachtungsgebiet noch recht unbekannt ist, bietet es durch seine verschieden Ökosysteme und zahlreichen endemischen Arten insgesamt 712 registrierten Vogelarten eine – teilweise vorübergehende – Heimat. Dies ist deutlich mehr als vergleichbare Landflächen in Argentinien oder Brasilien aufweisen.
BirdLife International, die internationale Organisation zum Schutz von Vögeln, ihrer Lebensräume und der weltweiten Erhaltung der Artenvielfalt, hat für Paraguay insgesamt 57 wichtige Vogelgebiete (IBA´s, *important bird areas*) registriert, die acht Prozent der Landesfläche ausmachen – immerhin eine Fläche wie Berlin-Brandenburg!

Zwei Gebiete, das Naturreservat San Rafael und das Biosphärenreservat „Mbaracayú" sind Heimat für über 400 Vogelarten. Ebenfalls zu empfehlen zum Vogelbeobachten sind die Laguna Blanca und weite Teile des Chaco.

Bisher reisen wenige professionelle oder Hobby-Vogelbeobachter nach Paraguay, daher ist die Vogelwelt insgesamt noch gar nicht umfassend erforscht. Immer wieder werden auch noch neue Entdeckungen gemacht. Auch wenn Paraguay keine rein landesspezifischen endemischen Vogelarten aufweist, gibt es eine Reihe regionaler endemischer Arten. Ein weiterer Vorteil ist, dass viele Vogelarten in nahe beieinander liegenden Revieren leben, so dass man sie in kurzer Zeit sehen kann, ohne besonders weit reisen zu müssen.

Auffällig für alle, nicht nur für vogelinteressierte Besucher des Landes, sind die farbenfrohen Sittiche und Papageienarten vor allem in den verbliebenen Urwaldregionen im Osten. Auch der Tukan ist hier beheimatet. Kolibris sind mitunter auch in den Städten zu beobachten und schwirren auch gern einmal rund um die Hibiskussträucher in den Gärten. Berühmt ist weiterhin der Nandu, größter Laufvogel Amerikas. Viele verschiedene Reiherarten nisten am Ufer der großen Flüsse.

Direkt bei Asunción, auf der gegenüber liegenden Flussseite des Río Paraguay, befindet sich bereits eines der vogelreichsten Gebiete. Die ohnehin zahlreichen Vogelarten werden hier ergänzt durch Zugvögel, die den Fluss als Zugkorridor nutzen. Hier treffen sich sowohl diejenigen, die in der Arktis brüten und die Zeit außerhalb der Brutzeit nach Süden fliegen, als auch jene, die die Graslandschaften und Feuchtgebiete Argentiniens zum Brüten nutzen und während des Winters auf der Südhalbkugel Richtung Norden ziehen. Bislang wurden allein um Asunción 330 verschiedene Arten registriert, womit dies die Hauptstadt der Vögel von ganz Amerika ist. Die besten Orte zum Beobachten sind die

Bucht von Asunción (für Watt- und Ufervögel, Raub- sowie Zugvögel), der Botanische Garten (für Waldvögel sowie einige Arten, die eigentlich eher in feuchteren Wäldern weiter im Osten leben) und Nu Guazú für Wiesenvögel.

Der Chaco ist als Gesamtregion interessant für Vogelbeobachter. Die bereits beschriebene klimatische Teilung in niederen, feuchten Chaco (näher an Asunción) und oberen, trockenen Chaco bringt Habitate für eine große Bandbreite an Vogelarten mit sich.

In den Palmsavannen und Sumpfgebieten finden sich typischerweise Papageienarten wie Schwarzköpfchen oder auch der Halsband-Wehrvogel, der aufgrund seiner charakteristischen Schreie von den Einheimischen einfach "Chaja" genannt wird, Storchenvögel wie der Jabiru oder Maguaristorch, Stirnbandibis oder auch der in Mittel- und Südamerika verbreitete Fischbussard. In sumpfigen Regionen kann man den charakteristischen Gesang der Rohrspottdrossel hören, aber auch den Rotkopfstärling oder sogar den extrem seltenen Dinelli's Doradito (Pseudocolopteryx dinelliana) finden.

In den trockenen Zonen des oberen Chaco kann man besonders leicht den vielfarbigen Chacofinken beobachten, aber auch Chaco-Chachalaka und Steißhühner. Eingefleischte Vogelfans dürfen hoffen, einen Blick auf seltenere Arten wie die Chacoeule, Schwarzfußseriema oder auch Schwarzbauchspechte zu erhaschen. Besonders interessant sind die Salzlagunen des Chaco, die jahreszeitenabhängig von Schwärmen verschiedener Watvogel- und Entenarten besucht werden. Auch seltene Spezies können mit etwas Glück gesichtet werden, so zum Beispiel der Coscorobaschwan, Peposakaenten und Chileflamingos. Insbesondere nachts trifft man im Chaco auch verschiedene Säugetierarten an, wie Tapire, Ameisenbären und Pekaris.

Die beste Zeit zum Beobachten von Vögeln ist von August bis November, aber möglich ist es das ganze Jahr über. Statistisch gesehen sieht jeder Beobachter, der 20 Tage im Land ist, rund 400 Arten.

! Es gibt eine ausführliche Broschüre zum Thema ("Observación de Aves", nur Spanisch) mit einer großen Karte der Vorkommen, Vorstellung einiger Vögel in Paraguay und weiteren Informationen. Erhältlich bei SENATUR.
! Ein sehr guter Ansprechpartner ist auch der international renommierte paraguayische Vogel- und Ökoexperte Alberto Esquivel (wildlife.com.py), der auch Englisch spricht.

Autor: Irene Reinhhold

Nr. 20 Karte – Vogelverbreitung in Paraguay (IBAs)

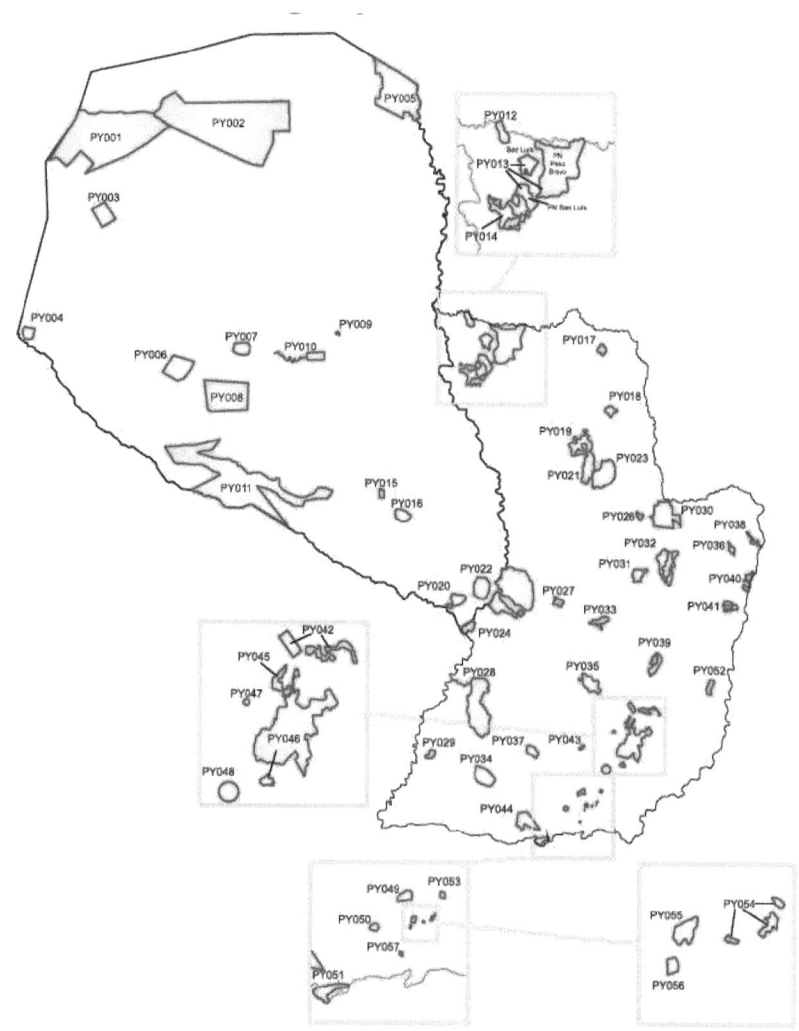

Nr. 21 Besondere Vogelarten in Paraguay

Deutsch (Lateinisch)	Spanisch (ersatzweise Englisch)	Spezielles Vorkommen (Beispiel)
Chileflamingo (Phoenicopterus chilensis)	Flamenco austral	Mittlerer Chaco (Salzlagunen)
Coscorobaschwan (Coscoroba coscoroba)	Cisne coscoroba	Mittlerer Chaco (Salzlagunen)
Fischadler (Pandion Haliaetus)	Águila pescadora	
Gelbhaubenstärling (Xanthopsar flavus)	Tordo amarillo	Süden Paraguays
Graupfäffchen (Sporophila plumbea)	Plumbeous Seedeater	Laguna Blanca
Hahnenschwanz-Tyrann (Alectrurus tricolor)	Yetapá chico	Laguna Blanca
Krauskopf-Blaurabe (Cyanocorax cristatellus)		Laguna Blanca
Lesser Nothura (Nothura minor)	Tinamú menor	Laguna Blanca (einzige Stelle weltweit außerhalb Brasiliens)
Nacktkehl-Glockenvogel (Procnias nudicollis)	Pájaro Campana	In tropischen und subtropischen Wäldern. Nationalvogel
Nandu (Rhea americana)	Nandu	Laguna Blanca
Schwarzhalssaltator (Saltator atricollis)	Black-throated Saltator	Laguna Blanca
Schwarzkopfammer (Coryphaspiza melanotis)	Cachilo de antifaz	Laguna Blanca
Schwarzköpfchen (Chauna torquata)	Inseparable cabecinegro	Chaco (Campo Maria)
Schwarzmasken-Guan (Aburria jacutinga)	Yacutinga pava	Schwarzmasken-Guan (Aburria jacutinga)
Spitzschwanztyrann (Culicivora caudacuta)	Tachurí coludo	Laguna Blanca
Taubenhals-Amazone (Amazona vinacea)	Loro vináceo	Regenwald, Südosten
Wanderfalke (Falco peregrinus)	Halcón peregrino	
Weißbinden-Nonnentyrann (Xolmis velatus)	White-rumped Monjita	Laguna Blanca
Weißflügel-Nachtschwalbe (Eleothreptus candicans)	Atajacamino de ala blanca	Laguna Blanca (einer von drei Orten weltweit)

Einige Beispiele der über 700 Vogelarten, die man in Paraguay zum Teil direkt an den Straßen und Autobahnen ganz nahe sehen kann.

31. Angeln

An vielen Flüssen und Bächen Paraguays kann man gut angeln – eine beliebte Wochenendbeschäftigung der Paraguayer. Einige Städte (u.a. Ayolas und Crateí am Río Paraguay) haben sich auf Angeltourismus eingestellt, wobei der Hauptteil der Angeltouristen aus dem Nachbarland Brasilien kommt. Allein in der Osterwoche besuchen rund 5.000 Angeltouristen Ayolas. Und in der nur 2.000 Einwohner zählenden Stadt Crateí leben 90 Prozent der Menschen vom Tourismus, der hauptsächlich Angeln bedeutet. Der Ort hat sogar eigene Urlaubspakete aus Unterbringung, Essen, Boot, ortskundigen Angelguides und Ausrüstung geschnürt.

Offiziell benötigt man auch als Tourist einen **Angelschein** (die so genannte *pesca deportiva*). Diese wird Umweltministerium (MADES) herausgegeben. Eine Jahreslizenz kostet rund 210.000 PYG, eine Erlaubnis für vier Tage für Touristen (*Permiso Especial de Pesca Deportiva (Extranjero)*) 56.000 PYG. Das Formular gibt es unter: www.mades.gov.py/tramites/pesca-deportiva. Die Beantragung erfolgt persönlich in den regionalen Zweigstellen von MADES. Bei Abgabe des Antrags muss man seinen paraguayischen Ausweis oder den Pass mit Einreisestempel vorzeigen und zwei Passfotos abgeben. Angeln mit Netzen ist verboten. Nachdem sich bislang kaum ein Paraguayer an diese speziellen Vorschriften des Angelscheins gehalten hatte, sollen nun verschärfte Kontrollen eingeführt werden. Schonzeit ist ungefähr vom 1. November bis Ende Dezember, je nach Fluss. Diese Regelung bezieht sich jedoch vor allem auf kommerziellen Fischfang und wird bislang nicht streng verfolgt. Die wenigsten Angler kennen diese Regelung oder den Angelschein überhaupt.

Die meisten Paraguayer angeln ganz einfach mit einem langen Stock, einer Schnur mit Haken und Würmern als Köder, so sie welche finden konnten oder selbstgemachtem festem Brei. Professionelle Angelausrüstung ist aber in Paraguay erhältlich (in Asunción vor allem in Camping-/Jagd-/Outdoorgeschäften). In den Orten, die für Angeln bekannt sind, gibt es meist spezielle Angelgeschäfte.

Fischarten: Häufig vorkommende Fischarten in Paraguays Flüssen sind Adlerfisch, Dorade, Drei-Tupfen-Kopfsteher (*Pseudanos trimaculatus*, spanisch: *tres puntos*), Halbschnabelhecht (*Dermogenys pusillus*; spanisch: *pico de pato*), Katzenwels (spanisch: *bagre* bzw. *mandi'i* auf Guaraní), Pacu (*Myleus pacu*), Piranha, Surubí (eine Welsart). Piranha ist übrigens ein Wort, das aus dem Guaraní stammt und "Zahnfisch" bedeutet.

Besonders gute **Angelgebiete** sind:
- Río Paraguay: Concepción, Crateí, Itaripú, Itapirumí (bei Villeta), Pilar, Remansito, Vallemí

- Río Paraná: Ayolas, Cerrito, Pto. Sara
- Río Tebicuary: Villa Florida

Von Asunción aus schnell erreichbar sind Remansito, Villa Elisa, Arroyos & Esteros, Villa Florida und Villeta.

Remansito ist ein kleiner Stadtteil von Mariano Roque Alonso bei Asunción und liegt ganz kurz vor der Brücke in den Chaco. Man muss direkt vor der Brücke in den kleinen unscheinbaren Weg rechts einbiegen, die nächste Querstraße links einbiegen und bis zum Ufer fahren. Dort gibt es auch Restaurants, die Fisch anbieten.

! Auf Landkarten wird Remansito oft nur auf der Chaco-Seite verzeichnet, aber auch der am Fluss gelegene Teil auf der Seite von Ost-Paraguay wird als Remansito bezeichnet.

Villa Florida liegt direkt an der Ruta 1 und kann daher gut auch als Zwischenstop nach Encarnación oder Yaguaron angesteuert werden. Die Stadt liegt direkt am Fluss Tebicuary mit mehreren Kilometer langen weißen Sandstränden. Dort kann man sowohl Wassersport betreiben als auch gut angeln. In den örtlichen Restaurants gibt es gute Fischgerichte – probieren Sie einmal die Fischsuppe („Pirá Caldo")!

Villeta liegt noch näher an Asunción (rund 40 Kilometer) und ist gut mit Bus und Auto erreichbar.

Ayolas, Cerrito und Corateí erreicht man gut, wenn man in Encarnación und Umgebung (z.B. Jesuitenroute) ist.

! Um Villarrica (speziell Paso Yobai) sollte man wegen des hohen Schwermetallgehaltes in den Flüssen (aufgrund der Goldschürfer, die dort mit Quecksilber arbeiten) auf den Verzehr der geangelten Fische verzichten.

32. Golf

Paraguay verfügt über fünf international anerkannte Golfplätze mit Grüns für Profi- und Amateurgolfer. Alle verfügen über Trainer- und Caddie-Dienste und drei von ihnen haben ausgezeichnete Hotels in der Nähe. Golf ist das ganze Jahr über möglich, auch wenn es im paraguayischen Sommer insbesondere zwischen November und März unerträglich heiß sein kann. Am Ufer des Flusses Paraguay befindet sich der Yacht- und Golfclub Paraguayo (https://resortyacht.com.py) mit 18 Löchern sowie Luxus-Hotelanlagen. Wenige Minuten vom Stadtzentrum entfernt befindet sich der Asunción Golf Club (www.Asuncióngolfclub.com). Rund 45 Minuten mit dem Auto von Asunción entfernt, in der Stadt Arroyos y Estero, befindet sich der Carlos Franco Country & Golf Club, im Besitz des internationalen Golfprofis Carlos Franco. Mit weltweit 32 Turniersiegen ist er Paraguays erfolgreichster Golfer.

In Hernandarias gibt es den Paraná Country and Golf Club. Ganz in der Nähe in Minga Guazú gibt es das Paraíso Golf Ranch Resort & Spa.

Anhang

Verkehrsverbindungen in Paraguay

Nachfolgend sind einige Langstrecken-Busverbindungen vor allem zwischen Asunción und dem Inland aufgeführt. Da sich die Situation immer ändern kann, sollte man dies jedoch nur als Anhaltspunkt verstehen und dies vor der geplanten Fahrt unbedingt prüfen.
Alle Langstreckenverbindungen ins In- und Ausland fahren ab dem Busbahnhof (Terminal) in Asunción ab.
Es gibt eine Online-Plattform, auf der man mittlerweile Fahrverbindungen und Preise recherchieren kann: www.plataforma10.com.py/. Auch einige Busgesellschaften haben Websites mit Fahrverbindungen. Die Plattform funktioniert recht zuverlässig für alle Verbindungen, die von Asunción ins Inland führen, nicht jedoch für den Rückweg. Dann wird meist fälschlicherweise angegeben, dass es keine Verbindungen gibt, was natürlich falsch ist. Da es üblicherweise genauso viele Hin- wie Rückfahrten gibt, ist diese Suchmaschine ein sehr guter Anhaltspunkt. Theoretisch kann man damit auch gleich das Ticket kaufen. Ich persönlich mache es nicht, weil Verbindungen durchaus ausfallen und dann ist es mühsam, sie zu ändern, weil das grundsätzlich nicht vorgesehen ist. Da die Preise aber relativ günstig sind, kann es nervenschonender sein, das Ticket in Ruhe online als auf dem wusiligen Busbahnhof in Asunción zu kaufen. Die Suchmaschine gibt es nur auf Spanisch, aber die Felder sind sehr einfach zu verstehen (siehe Abbildung):

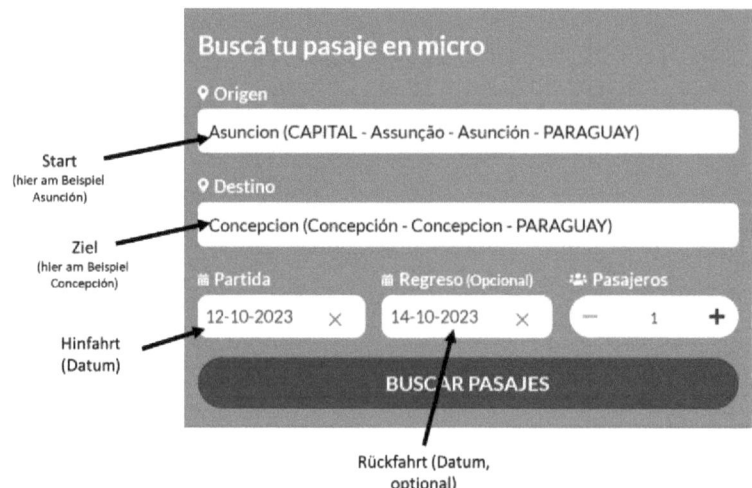

Da Busse (neben Flügen in große Städte) die einzigen öffentlichen Verkehrsmittel sind, gibt es Verbindungen in nahezu jede Stadt und jedes Dorf in Paraguay – ggf. mit mehrfachem Umsteigen und auch mit weiteren Busgesellschaften, die hier nicht aufgeführt sind. Alle sind privat, es gibt keine staatlichen Busgesellschaften. Man sollte – für die Direkt- bzw. klimatisierten Busse (für normale Busse geht das nicht) – immer eine Sitzreservierung machen (was üblicherweise inklusive ist, wenn man das Ticket am Busbahnhof kauft), da fast immer zusätzlich Passagiere aufgenommen werden, so viele, wie in den Bus passen.

Zur groben Orientierung für Inlandsverbindungen per Bus und Flugzeug können die nachfolgenden ausgewählten Verbindungen dienen:

Asunción-Chaco
Angefahren werden die Städte Pozo Colorado, Filadelfia, Loma Plata, Neu-Halbstadt (meist als Neuland bezeichnet), / Mcal. Estigarribia. Man kann überall an der Strecke ein- und aussteigen.
Es gibt zwei große Anbieter für Busfahrten in den Chaco: NASA und Stel Tourismo. Die Fahrtzeit zu den Mennonitenstädten Filadelfia, Loma Plata und Neuland beträgt rund sieben Stunden, der Preis ist 100.000 PYG. Nach Pozo Colorado dauert es rund drei Stunden; der Preis beträgt 50.000 PYG. (viele Fahrten und Anbieter, da die Busse über diese Stadt auch Richtung Concepción usw. fahren). Nach Mariscal Estigarribia dauert die Fahrt neun Stunden, der Preis 100.000 PYG.
NASA bietet auf seiner wirklich guten Website eine gute Übersicht über die Ziele und Preise an: https://gruponasa.com.py/empresa/nasa/horarios

Asunción-Ciudad del Este
Mehrere Busgesellschaften fahren in sehr kurzen Abständen Ciudad del Este an. Die Fahrtdauer beträgt fünfeinhalb bis sechs Stunden, der Preis beträgt ab 100.000 PYG. Es gibt normale Busse und Busse mit Liege- und Schlafsitzen. Zahlreiche Abfahrten nachts zwischen 0.00 und 1.00 Uhr und tagsüber zwischen 7.00 und 19 Uhr.
Anbieter sind unter anderem: Expreso Guaraní, NASA, NSA, RYSA, 28 de Agosto.

Asunción-Concepción
Anbieter für Busfahren nach Concepción sind unter anderem NASA, PYCASU
Die Fahrtzeit beträgt rund sechs bis sieben Stunden, der Preis ab 120.000 PYG. Anbieter sind vor allem La Ovetense und NASA.

Asunción-Encarnación
Encarnación wird in kurzen Abständen von vielen verschiedenen Busgesellschaften angefahren. Die Abfahrtzeiten erfolgen den gesamten Tag und die Nacht über, so

dass man zu nahezu zu jeder Stunde fahren kann. Die Dauer beträgt ebenfalls fünfeinhalb bis sechs Stunden, der Preis je nach Gesellschaft ab 110.000 PYG.

Asunción-Foz de Iguazú (Wasserfälle auf brasilianischer Seite)
Anbieter sind vor allem NSA und Sol de Paraguay (Abfahrt nachts je nach Anbieter; mit Schlafsitzen), Dauer sechs Stunden, Preis ab 155.000 PYG.

Asunción-Fuerte Olimpo
Diese sehr abgelegene Stadt wird nur sehr selten angefahren – hier sollte man sich aktuell vor Ort im Terminal oder telefonisch erkundigen. Preis ab 215.000 PYG.

Asunción-Villarrica
Hier fahren hauptsächlich zwei Busgesellschaften; Guaireña und Yuteña. Busse fahren ab frühmorgens nahezu stündlich, aber nur wenige Male pro Tag als "directo" (mit Klimaanlage, ohne viele Zwischenhalte). Preis ab 55.000 PYG.

Inlandsflüge
Über die üblichen internationalen Suchmaschinen kann man heutzutage sehr gut auch Inlandsflüge zwischen Asunción und Ciudad del Este, Pedro San Caballero, Encarnacion und Pilar recherchieren. Für besondere Ziele, die mit der Militärgesellschaft durchgeführt werden, gilt dies nicht. Diese sind nachfolgend aufgeführt.

Asunción-Bahia Negra, Concepción, Fuerte Olimpo, Vallemí
Es gibt wöchentliche Flüge von Asunción mit kleinen Flugzeugen der Militärfluggesellschaft "Servicio de Transporte Aéreo Militar – SETAM" nach Concepción, Vallemí, Fuerte Olimpo und Bahía Negra. In dieser Reihenfolge werden die Städte nacheinander abgeflogen, sofern es Reservierungen für die Städte gibt. Leider wird dieser Flugservice immer mal wieder aus Sicherheitsgründen, wegen Wetterproblemem usw. unterbrochen, so dass man sich nicht darauf verlassen kann. Die Schwierigkeit besteht aber weniger darin, hinzukommen (wenn Flüge stattfinden) als darin, auch gegebenfalls pünktlich wieder wegzukommen. Wenn man in diese Gegend möchte, muss man sich aktuell erkundigen, ob Flüge stattfinden.
ⓘ Reservierungen und Information bei SETAM unter (keine Website/Festnetz, Telefon +595 (0)983 117 964. In jeder der Städte gibt es lokale Ansprechpartner. Flüge ab/nach Asunción derzeit mittwochs. Einheitspreis 400.000 PYG.

Flüge in den Chaco: In den Chaco gibt es derzeit keine offiziellen Flüge – viele Ranches und Firmen dort haben eigene kleine Flugzeuge und Pisten. Es ist geplant, die Flugplätze in Mariscal Estigarribia und Carmelo Peralta wieder herzurichten, aber Stand September 2023 ist das noch nicht der Fall.

Wichtige Begriffe und Abkürzungen

Spanisch	Deutsch	Bemerkung
Aire	Klimaanlage	Kurz für "Aire acondicionado"
Av.	Straße	Avendia
Balneario	Schwimmbad	Stelle an einem Bach/ Fluss, die zum Baden genutzt wird (kommerziell)
Bombilla	Strohhalm	für Tereré
Calle	Straße	
Caña	Zuckerrohr(schnaps)	Traditioneller paraguayischer Rum
Canopying	Canopying	An Stahlseilen von Baum zu Baum durch den Dschungel gleiten
Canyoning	Canyoning	Abseilen in Schluchten/Wasserfällen
Carne	Wörtlich: Fleisch	Es ist immer Rindfleisch gemeint
Cerro	Berg	Aus europäischer Sicht gibt es jedoch nur "Hügel" in Paraguay
Colectivo	Omnibus	
Cuadra	Straßenblock	Wichtig bei Wegbeschreibungen
Despensa	Tante Emma-Laden	
Estancia	Farm	Große Rinderfarm
Gaucho	Cowboy	Kuhhirte zu Pferd
Granja	Bauernhof/Ranch	Bauernhof, oft mehrere Hektar groß
Gs	Guaraní	Inoffizielle, aber oft genutzte Abkürzung der Währung (PYG)
Guampa	Trinkbecher	für Tereré
Hospedaje	Herberge	Einfache Unterkunft
Iglesia	Kirche	
Lomada	Bremsschwelle	Sleeping Policeman – Straßenschwelle, die Langsamfahren erzwingt.
Mariscal (Mcal)	Feldmarschall	Oft Teil von Straßen-/Ortsnamen
Municipalidad	Rathaus	
Patio de Comida	"Foodcourt"	In Shoppingcentern
Posada	Gasthaus	Einfache Unterkunft
Puente	Brücke	
Rancho	Farm	Seltener für Granja oder Estancia
Ruta	Autobahn	Eher mit Landstraßen vergleichbar
Terminal	Busbahnhof	
Tirolesa	Ziplining	

Stichwortverzeichnis

Abasto 65
Acuífero Guarani 167
Adapter 35
Allee der Bäume 102
Altos 46
Amarilla, Sebastian 126, 132
Ameisenbär 47, 52, 140, 157
Ampel 139
Amphibien 157
Amtssprache 19
Angeln 113, 121, 132, 140, 157, 164, 185
Angelschein 185
Anreise 14
Ao Po'i 45, 178
App 25, 105, 120
Areguá 46, 76, 81, 82
Argentinien 7, 12, 15, 22, 30, 104, 110, 114, 115, 118, 136, 139
Astronomiezentrum 121
Asunción City Tour 61
Atyrá 46, 86, 87, 175
Auto 20
Autobahn *Siehe* Ruta
Autovermietung 16
Ayolas 118, 175, 185, 186
Ayoreo 38
Ayoreos 46, 173
Bahia Negra 157
Bahía Negra 153, 157, 190
Bahnstation 57

Bargeld 14
Barzahlung 30
Basílica de la Virgen de Caacupé *Siehe Kirche Caacupé*
Baumwipfelpfad 155
Bella Vista 117, 118
Benzinpreise 21
Bergsteigen 102
Bildung 146
BirdLife International 180
Bogenschießen 153, 155
Bolivien 12, 22, 30, 136, 139, 146, 148
Bolt 29
Bombilla 37, 46
Bonpland, Aimé 114
Bori Bori 41, 60
Brasilien 7, 12, 15, 22, 30, 42, 101, 104, 110, 136, 154, 155, 157, 185
Brücke
 Héroes del Chaco 139
 Nanawa 125
 Ñandutí (Pasarela de la Cultura) 66
 Puente de la Amistad 108, 111
 Puente Internacional de la Integración 103
 Puente Internacional San Roque

González de Santa Cruz 116
Puente Remanso 139
Brunnen Tupasy Ykuá 84
Buggyfahrten 159
Bus 25, 76
Busbahnhof 30, 94
Busbahnhof (Terminal) 188
Bußgeld 28
Caacupé 82, 85
Caapucú 113
Cabildo 58
Calle Palma 59
Camping 99, 102, 154, 158, 161, 163
Caña 179
Canopying 159
Canyoning 153
Capiatá 46
Carapeguá 46
Carlos Pfannl 97
Carpincho 53
Casa de la Independencia 59
Casa de Retiro 88, 175
Casa del Monte 88
Castellano 19
CAV 45
Centro Cultural 58
Centro Cultural Manzana de la Rivera 58
Cerrado 12, 136, 150, 155

Cerrito 186
Cerro Akatí 167, 169
Cerro Amor 167
Cerro Koi 75, 76
Cerro Memby 130
Cerro Tres Kandú 167, 168
Chacarita 58, 70, 72
Chaco 13, 17, 32, 46, 138, 146, 176, 180
Chaco Lodge 152, 161
Chacoí 140, 152
Chacokrieg 45, 146
Chikungunyafieber 40
Chipa 41, 44, 48, 92, 126
Chorizo 41
Chortitzer 146
Chulupí 173
Churrasquería 42
Ciudad del Este 14, 26, 101, 172, 189
Cocido 43
Colectivo 25
Colón 59
Colónia Independencia 97
Colonia Manitoba 130
Colonias Unidas 117
Comunidad Maká 172
Concepción 46, 125, 128, 158, 185, 189
Congreso Nacional 58
Corateí 185
Cordilleren von Amambay 153
Cordillieren von Amambay 130
Coronel Oviedo 94

Costanera 54, 59, 65, 116, 127, 139
Cowboy *Siehe* Gaucho
Cruce de los Pioneros 135
Cruce de los Pioneros 161
Curuzú Peregrino 87
Dengue 40
Denkmal der Indios 127
Deutsche Botschaft 40
Diebstahl 39
Diktatur 68
Dollar 14
Dünen von San Cosme y Damian 121
Echsen 52
EC-Karten 14
Einreise 15
Eisenbahn 15, 116
Eisengießerei 159
El Escondido 154
Emboscada 30, 58
Empanada 41, 60
Encarnación 26, 115, 116, 189
Encomienda 122
Englisch 19
Entwicklungsland 13
EPP 130
Erdbeeren 73
Erdstraßen 21
Eusebio Ayala 82, 92
Expo 165
Fabrikbesichtigung 86, 118, 144, 177, 178
Fahrplan 30
Feilschen 37
Ferrocarril Central 57

Feuchter Chaco 12, 136, 150
Filadelfia 142
Filigrana 37, 38
Fische 155, 157, 185
Fischsuppe 186
Fischzuchtstation 177
Flamenco-Lagune 162
Flamingo 121, 160, 161
Flaschenbaum 50, 131, 133
Flaschentanz 38, 48
Fleisch 41
Flug (Inland) 190
Flughafen 16, 113
Flughafen (Encarnación) 113
Folter 68
Forschungszentrum 157
Fortin Boquerón 133
Fortín Boquerón 134, 160
Foz de Iguazú 189
Franziskaner 87, 90
Frequenzbereich 34
Friedhof 63
Frühstück 42
Fuerte Olimpo 157, 190
Führerschein 20
Galopera 48
Garganta del Diablo 110
Gaucho 31, 131, 142
Geldautomat 14
Gerichte 41, 49
Geschäftszeiten 16
Getränke 42
Gitarre 46, 48, 113

193

Goethe-Zentrum 159
Golf 186
Gomeria 21, 31
Gran Chaco 136
Gs 14
Guampa 46
Guaraní (Einwohner) 12, 18
Guaraní (Sprache) 12, 19, 122
Guaraní (Währung) 14
Guarania 48
Guave 50, 53
Guavenmarmelade 37
Gürteltier 52, 53, 140
Hafen 59
Handy 34
Hängematte 37, 46
Harfe 38, 46, 48, 93
Hito de las Fronteras 158
Höchstgeschwindigkeit 28
Hohenau 117, 154
Höhlen 131
Honig 176
Horqueta 125
Hospedaje 32
Hotels 32
Humboldt 114
IBA 129, 180
ICPA *Siehe* Goethe-Zentrum
Iglesia Ybaroty 96
Immigranten 19
Impfungen 40
Independencia 97
INDI 173
Indigene 12, 18, 46, 67, 79, 83, 91, 101, 122,

127, 135, 140, 147, 150, 155, 158, 172, 173, 174
Infante Rivarola 148
Inlandsflüge 190
Internet 34
Isla Yacyretá 121
Itá 46, 47, 76, 80, 90, 113
Itá Letra 169
Itapirumí 185
Itaripú 185
Itauguá 79
Jaguar 52, 155, 157, 160, 163
Jesuiten 122
Jesuitenreduktionen 117, 124
Jesuitenroute 113
Jesús 119
Jesús de Tavarangüe *Siehe* Jesús
Jopará 19
Kaiman 52, 76, 90, 157
Kambá Hópo 132
Kanu 155
Kanufahrten 154, 159, 165
Karneval 100, 116
Karumbe 100, 117
Karumbé 94
Kathedrale Nuestra Señora de la Asunción 57
Kathedrale San Lorenzo 74
Kathedrale von Encarnación 117
Kathedrale von Villarrica 96

Keramik 46
Kinder 15, 33, 108, 156, 165
Kirche Caacupé 82
Kirche Iglesia Franciscana 90
Kirche Iglesia Nuestra Señora De La Asunción 96
Kirche San Buenaventura 90
Kleidung 17
Klettern 174
Kloster Tupasy Maria 175
Kokosnüsse 37, 51
Kokosseife 37
Kolibri 52
Kolonialhäuser 73, 79, 97
Kolonien 117
Kraftwerk (Miniatur) 106
Krankenhaus 40
Krankenversicherung 40
Krankheit 40
Kreditkarten 14
Kulturerbe 57
Künstlerviertel 64
Kutschfahrten 165
La Patria 148
Laguna Blanca 129, 152, 180
Laguna Capitán 161
Lambaré 59
Lapacho 50, 53, 91
Latein-Paraguayer 19, 143, 146
Leder 37, 46, 113

Lehmofen (Tatakua) 42
Lehmwerkstätten 86
Lengua 173
Loma Plata 142
Lomada 18, 21
Luque 46
Luz y Sonido 120
Macauba-Palme 51
Maká 46, 101, 172, 173
Malaria 40
Mangoré 113
Maniok 40
Mariano Roque Alonso 139, 172
Mariscal Estigarribia 148, 189
Mate 43
Mbaracayú 180
Mbaracayú 151, 155, 159
Mbatoví 90, 91, 98, 156, 174
Médanos 12, 136, 150
Melgarejo 170
Mennoniten 19, 146, 161
Mercado 4 64
Mercado Municipal 1 95
Messe 165
Miel de caña 179
Mietwagen 21
Mindestlohn 36
Mittagspause 16, 144
Moisés Bertoni 155
Motel 33
Motorrad 23, 135
Mundo Guaraní 103, 156
Museum 158

Archiv des Terrors 68
Casa de la Independencia 59
Casa museo Aimé Bonpland 114
CIGCH 133, 144
Eisenbahnmuseum 61, 98
Fußballmuseum 54, 67
Justizmuseum 68
Keramikmuseum 66
Mennoniten 144
Museo de las Memorias 69
Museo del Barro 45, 66, 72
Museo del Immigrante 58
Museo Histórico Pedro Pablo Caballero 178
Museo Mitológico 78, 81
Museo Municipal "Maestro Fermín López 96
Museo San Francisco de Asis 87
Museo San Rafael 79
Museo Tava Jaguarú 91
Museo Tierra Guaraní 108
Museum der Immigranten 118

Museum für indigene Kunst 66
Museum für zeitgenössische Kunst 66
Open Air Museum 127
Telekommunikation 69
Weinmuseum 78
Musik 78
Mythologie 79
Nachhaltigkeit 150
Nacht- und Partyleben 65
Nanawa (Brücke) 126
Ñandutí 38, 46, 47, 66, 80, 177
Nationalpark Cerro Corá 130, 153
Nationalpark Teniente Enciso 162
Nationalpark Ybytyruzú 167
Neu-Halbstadt 142
Neuland 166
Nivacle 173
Nueva Asunción 140
Obligado 115, 117
Offroad-Fahrten 159
Ökoregionen 12, 136
Ökotourismus 150
ÖPNV 20
Ornithologie 129
Ortsangaben 26
Paddeln 155
Palacio de López 58
Palmen 51
Palo Santo 46, 47, 51

195

Pantanal 12, 136, 150, 152, 157
Panteón de los Héroes 60
Papagei 111
Papst Johannes Paul II 83, 121
Paraguarí 91, 98
Park Manantial 33, 118, 154
Park Manuel Ortiz Guerrero 95
Parlament 58
Parlamentsgebäude 58
Paseo Artesanal 36, 60
Paseo Peatonal Indio José 87
Pedro Juan Caballero 130, 154
Pferdetaxis *Siehe* Karumbé
Pflasterstraßen 21
Pilar 185
Piranha 185
Pirayú 46
Piribebuy 178
Planetarium 121
Polizei 39
Porto 35
Posada 32
Posadas 116
Post 35
Pozo Colorado 125, 140, 142
Präsidentenpalast 54, 58
Preise 36
Prepaidkarte 26
Prepaid-Karte 29

Presidente Franco 102, 153
ProCosara 158
Puerto Sara 186
Puma 155
PYG 14
Radiosender ZP30 176
Rafting 153
Ramón Elías 79
RAMSAR 152, 157, 161
Ranch 113
Recoleta 63
Reduktionen 122
Regen 21
Regenwald 155, 158, 159, 167
Regierungsviertel 63
Reisen mit Kindern 164
Reisezeit 17
Reiten 154, 161, 164, 165
Religion 19
Remansito 140, 185
Restaurant 42
Restaurant Lido 60
Ridesharing 29
Rinder 136
Río Aquibadan 154
Río Jejui-mi 155
Río Monday 102
Río Paraguay 132, 185
Río Paraná 102, 111, 116, 186
Río Tebicuary 186
Ríos, Saturio 69
Roa Bastos 98
Roaming 34
Rodeo 165
Rooftop-Bar 65
Rum 179

Ruta 24
Ruta (Autobahn) 22
Ruta Ao Po'i 178
Ruta de Caña 178
Ruta del Sol 78
Saft 42
Salto Karapá 155
Salzlagune 138, 181
Salzlagunen 162
Samu'u *Siehe* Flaschenbaum
San Bernardino 77, 82, 85, 159
San Cosme y Damián 121, 124, 177
San Ignacio 113
San Juan Bautista 113
San Juan-Fest 49
San Lázaro 131
San Lorenzo 74, 76
San Miguel 46, 113
San Patricio 114
San Rafael 159, 180
Santa Rita 102
Santa Rosa 129
Santa Rosa de Lima 114
Santa Rosa del Aguaray 129
Santísima Trinidad del Paraná *Siehe* Trinidad
Santo Rosarío 169
SantuaRío Ecológico Jardín Cerrado del Ybytyruzú Mariano Franciscano 168
Sapucai 97, 100
Savanne 12, 150
Schlange 52

Schlucht 160
Schmetterlinge 110
Schonzeit 185
Schule 146
Schweinefleisch 41
SEAM 135, 154
Segelflüge 159
Sehenswürdigkeiten 7
Selva Serena 162
SENATUR 9, 16, 60, 61, 167, 177, 181
SETAM 20, 153, 190
Sightseeing-Bus 61
Silberkunst (Filigrana) 46
Silo 114
Skorpion 52
Smartphone 34
Softdrink 42
Soja 114
Sommerzeit 13
Sopa Paraguaya 41
Souvenir 36, 37, 51, 148
Stadtplan 26
Stadtpläne 10
Steckdose 35
Stecker 35
Strand 113, 129, 186
Straßenbahn 15
Straßenlänge 21
Streetart 64, 70, 72
Stroessner 68, 118, 168
Strohhalm (Bombilla) 43
Strom 34
Stromausfall 35
Suchmaschine (Bus) 25, 188

Sudetia 97
Surubí 185
Taguá 160, 161
Tañarandy-Prozession 49
Tapir 52, 53, 88, 155
Tatí Yupí 106
Taubenschießen 135
Tauchen 159
Taxi 15, 27
Telefonzelle 34
Temperatur 17
Teniente Enciso 151
Tereré 37, 42, 43, 44, 46, 89, 117, 118
Terminal 30
Teufelsschlund 110
Tobatí 46, 82, 85, 86
Töpferei 74
Töpferwaren 46
Tourismusbüro 16, 60, 144
Transchaco-Rallye 135
Tres Gigantes 157
Trinidad 117, 119
Trinkbecher (guampa) 43
Trinkgeld 16
Tripel-Allianz-Krieg 45, 92, 93, 178
Tripel-Allianz-Krieges 154
Trockener Chaco 12, 136, 150
Tukan 52, 88, 111
U-Bahn 15
Uber 29
UNESCO 93, 110, 117, 119, 123, 155
Unfall 39

Unternehmensbesichtigungen 136
Vallemí 126, 128, 131, 185
Verfassung 19
Verkehr 20
Versteinertes Holz 167
Verwaltungbezirke 12
Viadukt 98
Villa Florida 113, 186
Villa Hayes 46, 139, 142
Villarrica 45, 100
Villeta 185
Visum 15
Vögel 107, 125, 136, 140, 159, 161, 167
Vogelarten 52, 111, 140, 155, 157, 180
Vogelbeobachtung 129, 160
Vogelpark 111
Vorfahrt 28
Vori Vori Siehe Bori Bori
Währung 14
Wallfahrtsort 168
Wandern 154, 158, 159, 160
Wanderweg 161
Warndreieck 28
Wasserfall 90, 159, 169, 170
   Salto Cristal 98
   Salto Karapá 151
   Salto Monday 102, 109, 153
   Salto Suizo 167
Wasserkraftwerk 104, 109

Wasserschwein (Carpincho) 52, 95, 157
Wasserversorgung 147
WC-Papier 33
Wechselstube 14
Wetlands 140, 152, 153, 161
WhatsApp 34
Winterzeit 13
WLAN 21, 34, 156
World Trade Center 32
Yacaré *Siehe* Kaiman
Yacyretá (Wasserkraftwerk) 118
Yaguarón 46, 90, 94, 113
Yataity 45, 178
Yby Yaú 130
Ybycuí 159
Ybytyruzú 167
Ybytyruzú 96, 97, 100
Yerba Mate 118
Ykua Pytã 95
Ypacaraí 46
Ypacaraí-See 75, 77, 82
Yvytyruzú Siehe Ybytyruzú
Zeitplanung 22
Zeitumstellung 13
Zeitverschiebung 13
Zementfabrik 132
Ziegelei 86
Zika 40
Ziplining 153, 154, 165, 174
Zoll 15
Zuckerrohr 93, 174, 179
Zuckerrohrschnaps 179

Fotonachweise

SENATUR: Seite 44 (5), Seite 38 (1, 2), Seite 53 (3-6), Seite 54 (1-3), Seite 85 (2), Seite 100 (5), Seite 109 (1-3), Seite 133 (2), Seite 138 (1, 2), Seite 115 (1), Seite 124 (1, 5), Seite 128 (3), Seite 151 (1-3), Seite 174 (2-3, 5), Seite 184 (1-2, 4). Fotos im Text: Seite 63, 91, 95, 103, 120, 166, 170.
Sonia Riquelme: Seite 128 (2, 6), Seite 174 (6).
Magali Steinfatt: Seite 85 (6), Seite 100 (1,2, 4)
Kerstin Teicher: Seite 31 (1-4, 6), Seite 44 (1-4, 6), Seite 38 (3-5, 7), Seite 53 (1,2, 7), Seite 54 (5, 6), Seite 72 (1-3) Seite 76 (1-6), Seite 85 (1,3-5), Seite 85 (2-6), Seite 100 (3), Seite 133 (1, 3, 4), Seite 124 (3, 4), Seite 128 (1, 4, 5), Seite 174 (4), Seite 184 (3, 5). Fotos im Text: Seiten 26, 47, 63, 65-68, 81, 88, 99, 114, 130, 141, 145.
Klaus Teicher: Seite 31 (5), Seite 124 (2). Foto im Text: Seite 102.
Tourismusbüro Hohenau: Seite 115 (2)

Über die Autorin und weitere Bücher über Paraguay

Dr. Kerstin Teicher, 1967 in Berlin geboren, studierte Betriebswirtschaftslehre und Japanologie in Berlin, Tokyo und Kassel. Seit war über 20 Jahre in verantwortlichen Positionen in der deutschen Wirtschaft tätig und hat zahlreiche Reisen nach Japan, Lateinamerika und Europa unternommen. Seit 2005 lebte sie lange in Paraguay und bereist regelmäßig das ganze Land mit unterschiedlichen Verkehrsmitteln.

Sie ist in regelmäßigem Austausch mit Anbietern vor Ort und schreibt als Journalistin für das Monatsmagazin "Die Zeitung" über Paraguays Wirtschaft, Politik, Kultur und neueste Enwicklungen im Tourismussektor (www.diezeitungparaguay.com).

Kochbuch Paraguay
100 traditionelle und moderne Rezepte aus Paraguay – mit Tipps zu Zutaten und Zubereitungsmethoden sowie Bezugsmöglichkeiten. Übersicht Kräuter/Gewürze – viele farbige Abbildungen – Beiträge von Spezialisten, u.a. über Guaraní von Wolf Lustig mit Rezeptbeispiel, vier mennonitische Rezepte. Rezeptbeispiele: Sopa Paraguaya, Käsebrötchen (Chipa), Mbeju, Empanadas, Fisch-Eintopf, Panierte Aubergine, Bori Bori, Kichererbseneintopf mit Mangold, Asado (Barbecue), Oster-/Weihnachtsrezepte, Maracuja-Mousse, gegrillte Ananas, Tereré, Guavenmarmelade, Taubenbraten, geflochtenes Rindfleisch.

Autor: Kerstin Teicher - ISBN: 978-3735795021 - Preis: 14,90 €

Roman: **Blumen im Feuer**
Der harmonische Alltag der Familie Breglia in der paraguayischen Hauptstadt Asunción wird eines Tages unterbrochen durch einen schwerkranken Jungen, der an der Tür um Essen bettelt. Beim Versuch, ihn und seine Familie zu unterstützen, treffen die Breglias auf immer mehr Kinder und Jugendliche, die dem Crack verfallen sind. Die Familie beschließt zu helfen und den Spuren des Drogenhandels in ihrer Nachbarschaft nachzugehen. Dabei stoßen sie auf unheimliche Zusammenhänge mit den skrupellosen Erben von Diktator Stroessner...

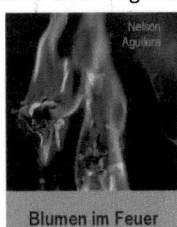

Dieses Buch von Nelson Aguilera (geboren 1961 in Asunción) ist der erste Roman eines paraguayischen Autors in deutscher Sprache nach denen des weltberühmten Roa Bastos. Der Roman liest sich nicht nur spannend, sondern zeigt in fiktionaler Weise zahlreiche Aspekte des Landes und ist einer der wenigen aktuellen Romane lateinamerikanischer Literatur für ein allgemeines Publikum in deutscher Sprache. Übersetzung: Irene Reinhold.

Autor: Nelson Aguilera (2018).   ISBN: 9783746009490   Preis: 12,90 €

Anekdoten aus Paraguay - Der Mann mit der Leiter, wie man Hochzeit in Paraguay feiert und warum deutsche Mehrfachsteckdosen in Paraguay verboten sind.

Lustiges, Skurriles, Verblüffendes ist der Inhalt dieses Buches, das in anekdotenhaften Episoden persönlich erlebte Geschichten aus Paraguay erzählt. Der Alltag in dem Land ist oft absurd und zum Verzweifeln, kann aber auch erheiternd sein und dem Besucher aus dem Industrieland die wirklich wichtigen Werte des Lebens verdeutlichen. Lassen Sie sich überraschen von Geschichten, die kafkaesk, amüsant oder vom Geiste des Gesetzes von Murphy durchdrungen sind. Das Buch enthält speziell zu den Geschichten angefertigte Karikaturen des paraguayischen Künstlers Jorge Pavon.

Herausgeber: Kerstin Teicher   ISBN: 9783734785405   Preis: 9,80 €

Erfolgreich im Paraguaygeschäft

Paraguays Wirtschaft ist seit Jahren stabil bei hoher Geldwertstabilität. Grund genug,

sich bei einer Investitionsentscheidung in Lateinamerika Paraguay genauer anzusehen. Neben Erfolgsbeispielen unterschiedlicher Unternehmen zeigt die Autorin Erfolgsfaktoren auf, die sie aus zahlreichen Interviews ausgewertet hat. Das Buch behandelt alle wichtigen zu berücksichtigenden Aspekte, wenn man in Paraguay geschäftlich aktiv werden möchte: Rechtsformen, Steuern, Unternehmensgründung, Finanzinvestitionen, Personal, Marketing, Umgang mit Paraguayern, Geschäftsalltag, Organisatorische Hinweise (z.B. Verkehr, Geld/Banken, Wirtschaftsvokabular), Ausführliches Stichwortverzeichnis.

Autor: Kerstin Teicher (2023)   ISBN: 978-3-7357-9400-0 - Preis: 16,90 €

Das Chaco Familienkochbuch

Über 100 Rezepte, die man im paraguayischen Chaco problemlos mit und für die Familie kochen und backen kann. Hier finden sich zahlreiche traditionelle Rezepte der Mennoniten, die zum Teil noch aus Russland stammen. Daneben gibt es viele Rezepte, die auch aus der amerikanischen und deutschen Küche zu den Mennoniten gefunden haben. Zumeist wurden diese wegen des anderen Klimas und anderer Lebensmittel in Paraguay etwas abgewandelt. Nicht zuletzt enthält die Sammlung auch landestypische paraguayische Gerichte, die die Mennoniten mit in ihren Speiseplan aufgenommen haben.

Autor: Brenda Sawatzky, Carola Esau   ISBN: 978-3734782619   Preis: 8,90 €